U0583511

China Nonprofit Review Vol.27 2021 No.1

主　　编：王　名
副 主 编：马剑银
执行主编：蓝煜昕
编　　委：赖伟军　李长文　李朔严　罗文恩　宋程成　俞祖成　张　潮
编辑秘书：田秀丽　刘瑜瑾
刊物支持：深圳市文和至雅公益基金会

学术顾问委员会：
白永瑞（韩国延世大学）
陈金罗（北京大学）
陈锦棠（香港理工大学）
陈旭清（中央民族大学）
大卫·霍顿·史密斯（David Horton Smith, 美国波士顿学院）
邓国胜（清华大学）
丁元竹（国家行政学院）
高丙中（北京大学）
官有垣（台湾中正大学）
郝秋笛（Jude Howell，英国伦敦政治经济学院）
何增科（北京大学）
华安德（Andrew Watson，澳大利亚阿德莱德大学）
黄浩明（深圳国际公益学院）
贾西津（清华大学）
江明修（台湾政治大学）
康保瑞（Berthold Kuhn，德国柏林自由大学）
康晓光（中国人民大学）
莱斯特·萨拉蒙（Lester Salamon，美国约翰-霍普金斯大学）
林尚立（中央政策研究室）
罗家德（清华大学）
马长山（华东政法大学）
马克·西得乐（Mark Sidel，美国威斯康星大学）
山内直人（Naoto Yamauchi, 日本大阪大学）
沈　原（清华大学）
师曾志（北京大学）
天儿慧（Amako Satoshi, 日本早稻田大学）
陶传进（北京师范大学）
托尼·塞奇（Tony Saich，美国哈佛大学）
王　名（清华大学）
王绍光（香港中文大学）
温铁军（中国人民大学）
吴玉章（中国社会科学院法学研究所）
谢寿光（社会科学文献出版社）
徐家良（上海交通大学）
雅克·德富尔尼（Jacques Defourny, 比利时列日大学）
杨　团（中国社会科学院社会学研究所）
张　经（中国商会行业协会网）
张秀兰（北京师范大学）
张严冰（清华大学）
周延风（中山大学）
朱晓红（华北电力大学）
（以上均按首字母排序）

本刊编辑部地址：清华大学公共管理学院429室
电话：010-62771789
投稿邮箱：chinanporev@163.com
英文版刊号：ISSN：1876-5092；E-ISSN：1876-5149
出版社：Brill出版集团
英文版网址：www.brill.nl/cnpr

中国非营利评论

第二十七卷 2021 No.1

清华大学公益慈善研究院
明德公益研究中心
主办

SSAP 社会科学文献出版社
SOCIAL SCIENCES ACADEMIC PRESS (CHINA)

本刊得到深圳市文和至雅公益基金会的资助

文和至雅基金会

WENYA FOUNDATION

自立 · 立人 · 纯粹 · 感恩

卷首语

这一卷的编辑出版又推迟了。正值清华 110 周年校庆，借此机会谈谈清华的大学公益。

在清华 110 周年校庆的一系列庆典中，“大学·公益”论坛格外亮丽。

这是邱勇校长力推的五个大学系列论坛之一，旨在传播清华近年来积极探索的大学公益之道。

大学公益，作为公益慈善事业的重要组成部分，和社会公益一样，将志愿服务、慈善捐赠等公益资源动员起来，通过组织、项目等各种形式致力于解决社会问题，帮助受益者改善他们的生活状况，提高福利水平，积小善为大善，集跬步至千里，是实实在在的大爱善行，结出了丰硕的公益果实。

然而，大学公益之道显然还不止于此。依我理解，基于清华的探索，大学公益表现出三个特点。

首先，大学公益延伸了大学的教育、人才培养和科学研究，通过公益服务于社会，在践行各种公益项目及创新探索中，将大学的课堂移到了田间地头，让学生在公益实践中成长进步，把科研论文写在了祖国大地上，从而让大学扎根于社会，回馈于社会，在公益中践行大学的社会责任。是可谓“明明德”也。

其次，大学公益发挥了大学的特长和优势，在向受益者提供物质帮助的同时，传递了更多的科学、技术、知识、人文等智力和精神上的火种，点亮了受益者的自信和自强不息的内在动力，帮助他们走上奋斗之路，从而用大学的专业、智慧及教化，激活了蕴藏在受益者内心的公益驱动力。是可谓“亲民”也。

最后，大学公益通过广大师生、校友的无私奉献和踊跃参与，使其养成

"先天下之忧而忧，后天下之乐而乐"的君子情怀，创造大学向善的公益价值，集聚正能量，让公益之善树植根校园，春风化雨，让大学之果实内化公益，厚德载物，提高和扩大了公益参与者的精神境界和生命维度。是可谓"止于至善"也。

是故，大学公益在实践中起到了"明明德"、"亲民"和"止于至善"的三重作用，我概括为：大学因公益而益大益亲民，公益因大学而益高益明明德。我想，这大概就是"大学公益之道"的指向吧！

在"大学·公益"论坛上，工业工程系硕一学生朱明媛讲述了加入研究生支教团赴青海支教一年的感人心得，建筑学院副教授张弘讲述了创建乡村振兴工作站、助力乡村发展的精彩故事，经济管理学院退休教授陈章武讲述了赵家和老师创办兴华助学基金会薪火相传、为寒门学子雪中送炭的动人事迹，计算机系教授陈文光介绍了接力援建青海大学计算机系的对口支援项目取得的可喜成就，继续教育学院党委副书记张文雪分享了清华教育扶贫远程教学网 18 年来投身教育扶贫的深切体会。此外还以短视频的形式播放了学生公益社团的精彩活动，各院系及附属医院等以社会实践等创新形式开展的"无止桥"项目、"清田"工作站、"梦之网"项目、"白衣乡路"项目、非遗研培项目、"乡村领头雁"项目、"先心病救助"项目、"包虫病救助"项目等，展示了清华大学教育基金会接受社会各界捐赠推进一流大学建设的过程。

除了种种感人的大爱善行，在清华所践行的大学公益中，也包括我们的探索。23 年前，清华在国内率先成立了致力于公益研究的清华 NGO 研究团队，耕耘至今，硕果累累。今天，在清华的教学体系中有 20 多门与公益相关的课程，在清华的人才培养体系中有公益慈善方向的硕士和博士研究生，清华和民政部联合设立了国家级智库清华大学公益慈善研究院，由清华和对外友协共同发起的"世界公益慈善论坛"已连续举办了四届，成为全球公益慈善领域的一个重要的国际交流平台，等等。当然，还包括我们出版和发表的 130 多本专著、近千篇中英文论文，培养的 60 多位出站博士后，毕业的 300 多位硕博士研究生，以及出版的《中国非营利评论》中英文刊等。

孟子曰：先觉觉后觉。清华所践行的大学公益，还处于探索起步阶段。大学与公益如何在优势上更加互补？如何在体制上更加协调？如何在机制上更加融合？大学公益与社会公益之间如何有效链接与深度合作？大学和大学之间能否构建公益共同体？公益慈善作为一门新兴学科当如何建设，如何发展？等等，这些问题都是大学公益在实践中需要面对和解决的。随着大学公益的进一步展开和推广，我们坚信：文武之道未坠于地，在人。将会有越来越多的师生和校友参与进来，大学公益的创新形式必将越来越多，领域越来越广，机制越来越完善，成果越来越丰富，在蓬勃发展的中国公益慈善事业中发挥越来越大的作用，为人民美好生活和人类命运共同体的建设做出更加积极的贡献！

100 多年前，在清华学校成立 3 周年之际，梁启超先生做了题为《君子》的主题演讲。他以《周易》乾坤两卦的象辞为训，激励清华学子自强不息，厚德载物，当为君子，胸怀天下！今天，在 110 周年校庆之际，清华大学走在新时代的历史征程上，用大学公益的实践感恩人民，回馈社会，积极响应时代的召唤：大学之道，公益天下！

王　名

2021 年 4 月 20 日

于清华园

目　录

专　稿

慈善文化专题

论　文

CONTENTS

Case Study

Observation & Reflection

Research Reference

商会论纲*

王　名　张祺好**

【摘要】商会组织在不同社会文化中发展出不同样态，理论上我们将其作为经济治理的一种机制，与市场和国家等其他治理机制形成替代和互补关系。我国商会起源甚早，发展过程漫长而曲折，虽在改革开放后有较大发展，但与域外商会相比，仍有一些差距。商会带有天然的公共属性，并以此为发挥功能的基础。为实现商会的核心价值，体现商会市场公器之效能，在全面依法治国的背景下，应当尽快推进商会立法工作，完善社会主义市场经济法律体系，引导商会制度的发展与改革方向。保持开放的姿态吸纳整合，让商会通过立法走向前台，是深化改革和发展经济的必然要求，也是对构建“共建共治共享”社会格局的贡献和回应。

【关键词】商会；商会史；公共性；法治化

《中国大百科全书》将“商会”定义为：“由城市工商业者组建的民间行业组织，分两种类型：一指城市商人按其经营商品的类别划分组建的行业性组织；一指由多个行业性商会组建的跨行业协调组织。”（中国大百科全书编委会，1993）英文译为“Chamber of Commerce”。它作为重要的市场中介组织，从某种

* 本文为国家社科基金重大项目“中国特色社会体制改革与社会治理创新研究”（项目编号：16ZDA0077）的阶段性成果。

** 王名，清华大学公共管理学院教授；张祺好，清华大学公共管理学院博士后。

意义上讲，是商品生产和交换日益发达的必然产物。

在我国的商会研究历程中，1949 年以前，对“商会”的理解常与资产阶级联系在一起，因此在 20 世纪 80 年代以前本国学者对商会的研究甚少。及至 1980 年冬，在章开沅的倡导下，以苏州档案馆为首，开启了商会档案整理工作（冯筱才，2001：148～167）。关于商会史的研究大致经历了从政治史范式，到现代化史范式，再到公共领域和市民社会理论范式（马敏，2009：134～139）的转换，总体来说，对近代商会的研究内容分为商会与政府间的关系、商会的内部治理问题、商会与社会治理的关系、商会自身如何发挥作用四个方面。在研究现代商会的著述中，对商会与政府互动合作的研究成为热点和重点，人们开始认识到商会是独立于政府的自治组织，而不是与政府有隶属关系的行政单位，但是关于商会的定位问题在学界却没有完全达成共识。多数学者会用法团主义理论解释商会制度形成的进路，但这一进路是否能准确适用于中国商会的发展还有待商榷。

一般来说，商会的组成方式可分为因地缘结成、因行业结成、因身份结成三种。通常来讲，世界各国（主要以发达国家作为样本）的商会按照成立和运作方式不同，分为三种类型：其一，多元主义模式，这种模式以英美两国为代表，主要特点是政府不对商会进行行政性授权，只做常规性规定，商会的优胜劣汰完全依靠市场竞争，故而也称市场主导型商会；其二，法团主义模式，以德法两国为代表，这种模式的商会被赋予公权力，是公法人，可以从政府获得资金支持，承担较多公共职能，因此受政府监督较多，就它与政府间权力分配模式来说，属于政商合作型商会；其三，混合主义模式，这种模式以日本为代表，商会只承担一小部分政府职能，受政府资金支持较少，相对于法团主义模式来说监管较为宽松①，这种模式的商会就成立和发展来讲都有政府参与的痕迹，就权力分配来说商会弱于政府，所以也称为政府主导型商会。不同地区的商业文明因不同的环境和历史而呈现出不同的发展样态，不同样态的商会表现出不同的组成方式和不同的社会职能。商会并不是每个单位简单拼凑在一起的联合，而是因某种共同联系聚集在一起的联盟。

中国现今的商会组织在社会组织分类中归属于社会团体大类，内部又分为

① Pligrim, M. & Bonn, R. M., “National Chambers of Commerce: A Primer on the Organization and Role of Chamber Systems”, http://www/cipe.org/sites/default/files/publication-docs/Chamber_Primer.pdf, 2012-08-28.

登记管理机关在民政部门且没有主管单位的商会、行业协会，和主管单位为工商联的商会、行业协会。通常前者的会员成分较为复杂，后者的会员为民营企业和民营企业家。两者在社会定位和组织功能上较为相似又略有不同，最大不同在于工商联主管的商会、行业协会是中国共产党领导下统战体系的重要组成部分，目的在于引导和支持非公有制经济发展壮大。而前者是我国经济建设和社会发展的重要力量。在本文对我国商会组织的叙述中，除特别说明外，不将两者刻意分开。

一　回溯：商会之沿革与发展

我国早在战国时期就有“百工居肆”之说，后出现多种形式的行会商会。近代商会随资本主义而来，并取代旧式商会行会而成为资本主义的助推器。清末民初，我国商会一度兴盛并建制乃至立法以规范，但新中国成立后商会经改造被纳入工商联体系，成为社会主义建设者，旧制度被废止。经十年动乱后重新出发，商会终于走到了社会主义市场经济的轨道上。改革开放40多年，特别是近20年来，各种商协会发展迅速，基本形成民政部门登记、民间商协会和工商联指导的商会共同服务于社会主义市场经济的商协会体系。

（一）古代商会之滥觞

在我国，商人结社起源甚早，但留下的文字资料很少。究其原因，或在于传统史学习惯记述帝王将相家国兴亡之大事，工商业者结社之类的小事则难登大雅之堂。好在商人并非等闲之辈，规模较大的行会差不多都设有会馆或公所，立有石碑或刻字在墙壁上，有的也留有不少文字书简，使得我辈后人得以窥见其一斑。据全汉昇总结，我国有记载的古代商会或行会，大致可分为五种：第一，因祭祀相同神灵而聚集起来的商人；第二，在异地的商人同乡抱团而成的团体；第三，因反抗官府欺压而形成对抗的商人联盟；第四，因行业保护目的而设立的团体壁垒；第五，因家族手工艺传承而形成的行业共同体（全汉昇，2016：2~6）。

最早关于商人结社的古籍记载可追溯到2500多年前的《论语》，子夏曰：“百工居肆以成其事，君子学以致其道。”[①] 其中“肆”即为工匠结社或商会的

---

① 见《论语》第十九篇《子张篇》。

原型。

唐宋时期商会行会盛行。据《唐六典》和《唐会要》记载，唐时商人结社已出现“行头”“牙人”等职别划分，彼时商会行会名为“行”。到唐后期，各行产生了一些议事行规，并对入行人员有技术和地域等要求。及至宋元明清时期，行会衍生发展，各行各业皆置为“行”，盖有工商、市井、江湖三类。其一曰工商行会，属手工作坊商业之行会，特点在于政府控管色彩较浓，有赋役课索、市场管理、协调互助、维权共济的职能；其二曰市井行会，乃娱乐服务消费兴趣之结会，包括酒行、食饭行、药市、赌钱社、球社、书会等；其三曰江湖行会，为江湖诸业之帮会，如镖行、丐帮、命相行、包车会（行）等。

明清时期，随着水陆运输的发达，商人结社出现了另两种以地缘为基础的新形式——会所和公馆。同一地区的商人在外地营生、子女赴京考试途中需栖息之所，为了维护本帮人的利益，寻求保护，在这样的背景下会所公馆逐渐成立。与过去的行帮不同，会所公馆是自发组织形成的，不带官方性质，且在业内影响较大。

（二）近代商会之曲折

及至清末，国门被列强的坚船利炮打开，通商频繁，外国商会开始进驻。彼时，中国商人也开始建立仿西制的商会。虽由官方督办，但实则顺应了救亡图存、经济自保的趋势。清政府鼓励商会发展。1899年，中国出现第一个民间版的商会章程《拟中国建立商业会章程》。1902年，盛宣怀力推上海商人联合成立上海商务总会，其被称为近代中国第一商会。1903年，清政府新增商部，颁发《奏定商会简明章程》及《商会章程附则六条》。到1912年，全国各地（不含西藏）先后成立商务总会，包括57个全国总会，871个分会。新式商会隶属于商部，与旧商会不同，因国难当头，政府力量薄弱，商会实质是独立于商人和政府之外的第三方组织，其特征有三。其一，商会的建立具有民间性和广泛参与性。商会并非由官方自上而下组建，而是一个地域或一个行业中的诸多商人彼此间达成共识才成立的。如在上海，是由上海商业会议公所改组而成，业董们认为：“今欲为中国商人兴利……（应）仿照洋商商务总会，能合中国商人为一体，兴起诸善。”① 上海商务总会成立的时间比清政府正式成立商部早

① 严廷祯：《上海商务总会历次奏案禀定详细章程》，第24页。

一年，同样比清廷颁布《奏定商会简明章程》早了一年。其二，商会在积弱积贫的国运下成为商人抱团取暖的靠山。列强侵华，中国不仅在军事上受打压，经济上也遭盘剥，商会以“振商、保商”为宗旨，在一定程度上成为商人的有力依靠。清朝实业家张謇评价道：“自各处设立商会……即渐有不受留难需索于局卡之思想，一遇前害，辄鸣不平，不复如以前噤声忍受。”① 商会还是沟通商人与官府的渠道，商人需和官方交涉之许多事，一般都经由商会转达或代办（虞和平，1990：39～51）。其三，商会具有独立财产，主要来源于会员缴纳的会费和捐赠，并不靠政府拨款，故商会并非官办机构。

如此发展的商会渐在全国各地及各领域都呈活跃之势。自1905年上海商务总会领导的抵制美货运动成功后，商会便频繁涉足政治，加之宪治思潮传入国内，各地商会参政议政热情更趋高涨。此种热情为刚成立的北洋政府所不容，故以商会的存废为题引发了政界与商界的一场论战。1914年，袁世凯政府试图通过《商会法》加强对商会的管控。但新法一公布立刻引起商界强烈反对，袁世凯被迫收回成命。直至袁世凯去世后，北洋政府一片乱象，无暇顾及商会的发展，但商会存废之争从未消停。1929年，南京国民政府重新修订了《商会法》和《商会法施行细则》。国民党上海市党部为彻底“整理”上海总商会，甚至专门制定了“上海商会改组条例”，明文规定：新的商会必须“服从当地国民党的指示和命令，并受当地执政机构管辖”。商会又从清末相对独立的地位回到了协理政府的办事机构地位。

（三）现代商会之改造

新中国成立后，曲折发展而来的商会在地位和职能上又发生了重大转变。社会主义改造时期，面临国民经济恢复之要务。在政治上，新国家的国体是无产阶级专政的社会主义国家，而商会及同业公会却代表着资产阶级的利益。且在国统时期，资产阶级曾与政府联合镇压过工人运动，是无产阶级的对立面（魏文享，2001：46～69）。然而，商会及同业公会联系着广大的公司、行号和私营工商业者，组织效能不容小觑。于是，如何利用商会这一制度资源使其服务于新政府的事业成为必须正视的问题。1951年，为发挥工商业在社会主义建设中的作用，中央人民政府政务院召开会议，副总理陈云在会上做报告指出：

① 《张季子九录·实业录》第三卷，第30页。

"现有工商联的会员有三种成分：同业公会的团体会员、企业单位的会员、特邀人士……同业公会经费和人员很多，工商联不能调动，这是不合理的，但不要一下打乱同业公会。"（陈清泰，1995：20）当时对商会改造的政策主要有三点，一是欢迎发展，二是指导专业，三是加强领导（即加强国营经济和国家计划的领导）。将商会改造成工商联组织，同时完成新民主主义革命未完成的任务，对资本主义工商业进行改造。

1952 年 8 月 1 日，中央人民政府政务院第 147 次会议审议批准了《工商业联合会组织通则》（以下简称"通则"），这是新中国成立后中央政府颁布的第一部关于建立工商联的法规。"通则"的颁布起到了调动工商各界人士的积极性的作用，各省、市、县工商联纷纷成立。同年年底，全国各级工商联组织已达 1045 个。1952 年 8 月，政务院颁布指导商会组织健康发展的规范性文件——《工商业联合会组织通则》。这一系列举动所产生的效果为资本主义工商业的社会主义改造打下了基础。1953 年，中国共产党在全国基本解放、人民政权初步稳固的政治形势下，开始对商会进行全面干预与改组，在原商会改组的基础上正式成立了中华全国工商业联合会，在全国层面和省市层面都成立了树状结构的工商联组织，层层组建的目标是让它成为符合社会主义新生政权需要的工商团体。在新的政治经济情势下，工商联被全面纳入中国共产党的统战组织和政府的经济管理体制之中，性质和职能与原来的商会及同业公会全然不同。

十年动乱期间，工商联的工作中断，相当一部分原工商业者惨遭迫害。"文革"后期，在周恩来总理的指示下，工商联和各民主党派中央开始逐步恢复工作。1979 年 10 月 19 日，邓小平在中央领导同志会见各民主党派和全国工商联第四届会员代表大会全体代表时指出，各民主党派和工商联都是我国革命的爱国的统一战线的重要组成部分；肯定了各民主党派、工商联过去发挥了重要作用，指出在新的历史时期仍然具有重要地位和不容忽视的作用，希望各民主党派、工商联在促进社会主义现代化建设和促进祖国统一等方面，做出新的更大的贡献（邓小平，1994：203～206）。

十一届三中全会之后，我党坚持贯彻实事求是、拨乱反正的方针路线，相继出台了发还被抄财物、归还被占私房、做好政治安排等一系列对待原工商业者的政策，工商联积极协助党和政府落实有关工作，稳定了原工商业者拥护党和国家的立场。全国工商联第四届会员代表大会趁热打铁地提出了"坚定不移跟党走，尽心竭力为四化”的行动纲领，工商业者顺应时势积极响应这一纲领，紧紧围绕着党的经济建设中心工作有所作为，在十年磨难后迎来了新的春天。

（四）改革开放以来工商协会之发展

改革开放以来，我国工商协会的发展虽经历了一定的曲折，但总体呈上升趋势。尤其是近20年来，各类工商协会呈迅猛发展之势。改革开放后第一个十年，随着经济体制的全面改革和开放，我国各类工商协会在数量上出现了一个相对平稳的增长高潮；在第二个十年，经过社会团体管理体制上的调整及两次清理整顿，工商协会的数量增长相对停滞，甚至减少；在第三个十年，随着市场经济的全面发展和深化改革的实施，各类工商协会进入新的数量高速增长期。

前文所述我国商会组织内部分为两大类的原因在于，我国现在的行业协会成立进路并不是由过去的行会自然而然演变而来，在新中国成立之初对商会、同业公会全面整改中，过去的商会组织全部被纳入工商联的管理范围，现代的行业协会分两种成立方式，一部分是在政府改革中由原政府部门转化而来，另一部分是国务院直属事业单位代替政府实施行政管理职能。

20世纪80年代初，国务院根据“按行业组织、按行业管理、按行业规划”的原则，相继组建中国食品工业协会、中国包装技术协会、中国饲料工业协会等数个行业协会。据统计，1980年至1985年底，共组建了包括电子、机械、化工、轻工、冶金、煤炭、建材、医药、铁道、交通等32个部门在内的162个全国性行业协会（刘剑雄，2006：9）。到80年代末，政府机构改革进一步深入，撤销了包括省市二级行政性公司在内的一大批行政性公司，随之又兴办了一系列行业组织。1993年，中央将专业经济部门的行业管理机构分为两类，一类改为行政性控股公司，也就是现在的国有资产经营实体，另一类是国务院的直属事业单位，即行业总会，其职能为代替政府进行行业管理，比较典型的如中国纺织总会和中国轻工总会。

到了20世纪90年代中后期，行业协会真正得到大规模发展，1998年国务院裁撤了绝大部分专业经济部委，进行机构改革，代之成立的是一大批官办色彩浓厚的行业协会，这些行业协会承载着政府部门转移的职能。这个时期是行业协会大规模发展的时期。据不完全统计，中央政府各个部门当时将200多项职能转移给了行业组织。到2001年，相继成立了中国商业联合会、中国纺织工业协会、中国物资流通协会等10个综合性行业协会，政府同时授权给这些行业协会对其他多个协会进行管理。在这场国务院机构改革中，过去由国家行政机关行使的职能基本上交由这些行业协会和联合会行使、承担。到2002年，行业协会的数量增加至30000多个，占全国社会团体总量的25%以上，及至2004年，行业协会比前两年增加了10000个之多，约占到全国社会团体总量的1/3。自2015年起的“脱钩改革”① 也大多针对这一类行业协会商会。

而工商联在1992年邓小平南方谈话以后，明确了继续改革开放并大力发展社会主义市场经济的战略，中共十四大提出“正确认识和处理计划与市场的关系”，《中共中央关于经济体制改革的决定》提出“突破把计划经济同商品经济对立起来的传统观念”，为我国全面进入市场经济注入了活力。1993年10月，在中华全国工商联第七届会员代表大会上，明确了在社会主义市场经济体制中更好发挥工商联作用的大方向，强调工商联在加强统战工作的同时要突出经济性和民间性。在国务院的批准下，全国工商联正式向民政部登记注册了“中国民间商会”这一社团法人的新名称和身份，标志着中国商会的发展在工商联的领导下形成了统一体制。

2006年7月，在《中共中央关于巩固和壮大新世纪新阶段统一战线的意见》中再次强调了工商联的统战地位，要求工商联充分发挥在非公有制经济人士参与国家政治和社会事务中的主渠道作用。工商联指导下的商会拥有了更加便捷的参政议政通道。2007年，国务院办公厅发布《关于加快推进行业协会商会改革和发展的若干意见》。同年11月，在中共中央、国务院致中华全国工商联第十次会员代表大会的贺词中，明确提出“充分发挥工商联在非公有制经济人士参与政法和社会事务中的主渠道作用，在非公有制经济人士思想政治工作中的重要作用，在政府管理非公有制经济方面的助手作用，在我国行业协会商会改革发展中的积极作用”。

实际上，最初工商联直属的商会与以其他官方形式成立的行业协会都对政党和政府起着辅助管理的作用，民间性并不强，它们的功能也一度因为政策要

① 所谓脱钩改革，即行业协会商会与原主管行政单位脱钩，旨在促进行业协会商会的市场化和社会化。党的十八届三中全会后行业协会商会与政府的脱钩改革列入国务院机构改革和职能转变方案的时间表。2015年中共中央办公厅和国务院办公厅印发《行业协会商会与行政机关脱钩总体方案》，脱钩改革正式开始。

求而产生变化，自主性较弱，创新能力较差，与传统形成的商会几乎没有传承。也就是说，改革开放后的商会、行业协会虽然同样有商会之名，却是一种新兴事物。初期的商会建设也是摸着石头过河，在数量上持续增长，却没有形成科学稳定的制度。2007 年，国务院办公厅颁发 36 号文件，对行业协会商会的职能进行了概括，大致梳理了商会、行业协会的作用。在政策文件中，并未对商会、行业协会进行区分，两者除了牵头部门和会员的经济成分有别之外，没有本质区别，但两者又并不等同。比如为了激发行业协会商会的市场活力，恢复行业协会商会本真，做到政会分离，国务院发文对行业协会商会限时脱钩，但脱钩单位并不包括工商联直属商协会。2010 年中发 16 号文件《中共中央国务院关于加强和改进新形势下工商联工作的意见》指出，对于工商联直属商协会，不仅不被列入脱钩范围，反而需要加强领导，确保党中央的全覆盖，这是由工商联的统战属性所决定的。

及至 2013 年召开的十八届三中全会，明确指出“经济体制改革是全面深化改革的重点”，突出了“市场”地位，重新定位了政府与市场的关系，政府放权于市场，诸多市场因素各司其职，给商会发展带来了巨大的机会。政府松口，市场机制逐渐成形，一部分被外放的权能必然由社会组织承接，而与市场联系最为密切的商会自然成了优化市场中资源配置的最佳载体。国务院总理李克强在 2013 年 3 月 18 日主持召开的新一届国务院第一次常务会议中进一步确定实施《国务院机构改革和职能转变方案》的具体任务分工，要求“出台规范非许可审批项目设定和实施的具体办法，抓紧制定对行业协会商会类、科技类、公益慈善类、城乡社区服务类社会组织实行民政部门直接登记制度的方案”。实行民政部门直接登记方案也就是取消原有的双重审批限制，这一举措将大大降低登记注册门槛，更有利于商会获得合法身份。按照国务院办公厅的要求，民政部、国家发改委会同国资委等部门，需要共同研究决定，确定一批商会试点其拟定的“行业协会商会与行政机关脱钩方案”，同时试点“一业多会”体系。到 2015 年，则“基本完成”行业协会商会与行政机关脱钩，并出台实行“一业多会”的具体办法。[①] 2015 年 7 月 8 日，中共中央办公厅和国务院办公厅联合颁布了《行业协会商会与行政机关脱钩总体方案》，行业协会商会正式开始

① 参见 2013 年 3 月 28 日国务院办公厅发布的《关于实施〈国务院机构改革和职能转变方案〉任务分工的通知》。

了“去行政化”进程。

随着市场经济的发展，新兴商业模式越来越多，商事关系也越来越复杂，这时行业协会的指引作用逐渐被凸显出来，就更加要求行业协会商会是能够代表自身领域利益的组织。近年来，国家政府也出台了一系列措施探索社会组织的改革路径，比如建立公共服务购买清单，鼓励社会组织参与公共项目建设，以激发社会组织活力；推行社会组织备案制度，降低四类组织的准入门槛；实施“证会分离”，要求社会组织限时与行政机关脱钩，回归社会组织本来作为独立治理参与者的角色。这些改革措施都有一定成效，但也有许多不足。政府购买公共服务的清单形式重于实质，除了少数经济发达地区（如广州），多数地区的重大公共项目仍是采取传统方法进行招投标，其中的利益链条难以被打破；备案制降低了准入门槛，但造成社会组织数量剧增，部分基层管理部门因为考虑到管理难度增加而推进得并不积极；“去行政化”进程也还在摸索阶段，中间有许多操作上的困难，解决方案还在论证当中。

从 2016 年 8 月第一批全国性行业协会商会脱钩试点工作开展以来，已先后有三批共计 438 家全国性行业协会商会被纳为脱钩试点。脱钩改革的目标之一是激发全国性行业协会商会的活力，使一些“僵尸协会”和“影子协会”活起来。而调研之后可喜地看到，不少商会确实为了存续被激发了潜力，脱钩后行业协会商会发展和运行状况有所改善。行业协会商会与行政机关脱钩之后，工作机制更加灵活，活动也更加自由，不再需要主管单位审批，也可以按照自己的意愿开展活动，不会束手束脚。会员用脚投票，他们认可的商会自然公信力更胜以往。现今商会的负责人多数是企业家，他们的思维更加活泛，不论在办公经费的来源上、日常经费的增值上、商会的运营上，都更加多元化，开始形成市场化雏形。同时，商会也能承担一定的政府职能，通常是以政府发包课题或购买项目的形式获得，虽然在实施中还有一些问题亟待解决，但不难看出，商会的公共性增强，自主性增强，正在为更好地整合市场资源做准备。

总的来说，现代商会正在脱钩改革的大背景中探索新的生存和发展模式，改革开放后的商会与旧时商会有明显区别，首先，现代商会作为市场经济体制的一部分，可以更能动地参与到市场运行中，不再是政府控制市场的触手；其次，现代商会的运作方式更多样化，更重视会员权益，以服务会员为首要目标；再次，脱钩改革之后的商会逐渐回归到社会团体组织的本真，对公共事务理所当然的管理权限降低，公共资源占有比重有所降低，这一点对商会未来参与社会治理的发展来说将是个挑战。

二　比较：域外商协会

在当今世界上许多发达国家和地区，如美国、德国、日本及我国香港、台湾地区，商协会是社会经济生活中不可或缺的重要存在，并因其体制、历史及文化的差异而形成各具特色的不同发展模式。因篇幅所限，这里仅举德国、日本和美国为例，概览三种他国较为典型的商会发展模式。

（一）德国：法团主义模式的商会

法团主义模式的商会以欧洲大陆为代表，最主要的特点是商会承担着一部分政府管理职能，但并非受制于政府，其第一要务仍是代表会员利益，且其地位受法律保护，足以与政府平等沟通，以维持市场自由竞争秩序，有利于经济发展。

德国商会是欧洲大陆商会的代表，它主要采取商会、协会共同发展的模式，分为三大系统：其一是德国雇主协会联邦联合会及其所属的行业雇主协会，该协会是商人组织体系中的社会政策支柱；其二是工业联邦联合会及其所属的各地、各行业、零售商等各类联合会，会员占全国工业企业总数的70%以上；其三是工商会组织，它是该体系中唯一的公法组织，是区域政策支柱，要求工商企业强制入会。这三大系统从性质来看分为半官方性质（工商会）、民间自发组织（行业协会）和不同阶层联合[①]（雇主协会和工业联合会）三种类型。德国的商、协会系统一方面维持了市场自由竞争，另一方面又保持了社会平衡，对德国“社会市场经济模式”的形成起到了重要作用。

德国工商会有着很高的社会地位，法律规定企业必须入会。全德共72家工商会、32个外贸协会，代表着150多万家工商企业，担负着管理职责，其最高组织为德国工商大会。德国的工商会与欧洲大陆法系其他国家的商会没有本质区别，但其历史悠久，如纽伦堡工商会和汉堡工商会早在17世纪就已出现。德国于1956年颁布了《工商会法》，以保障会员及商会的权益并规范其组织形式

① 联邦德国的雇主协会和工业联合会属于不同阶层的联合组织，它们在某些方面和某种程度上渗透着政党的特点。

和行为。该法规定，工商会的职能主要包括：保护会员利益，振兴商业活动，表达业界诉求并倡导政策，开展与交易及产业有关的业务活动等。就法律地位而言，工商会属公法社团法人；在组织形式上则按区域设立，属跨行业组织。德国工商会的资金来源主要是注册企业缴纳的会费，但会费会对中小企业有一定的保护性免除，政府并不另向工商会拨款。在实践中，德国工商会发挥的主要作用，是就经济问题向各级政府、议会、法院和其他协会提出意见和建议，代表并维护会员企业合法权益，协调会员企业间利益关系，促进工商业及整个国民经济的健康发展。

（二）日本：混合主义模式的商会

混合主义模式的商会以日本为代表，其特点在于国民经济受政府引导特征明显，作为市场中介组织的商会等经济团体自然也呈现出政府主导模式。形成根源在于商会成形时间较晚，市场经济并不十分成熟，没有形成固定的市场治理机制，所以需要政府对商会加以引导，培育和扶持商会的建立。

日本政府在大萧条和第二次世界大战期间，塑造了以行会（商会）为主导的经济秩序①，同时商会也担负着促进经济发展的职能，特别是在对中小企业的帮助和维持市场秩序上，商会的服务会对中小企业有所偏重。日本的经济团体最初还肩负着帮助日本战后经济复苏的职能，政府的职能开始从保护私人企业的自由转变为维持经济危机时的政治稳定和为战争分配资源，因此由政府引导商会发展是必然趋势。但从体制上看，政府主导的商会并非隶属于政府的行政机构，仍有独立的法律地位、自主的决策体制和相对独立的职能，保持着与政府平等合作、讨价还价的独立性。

日本的商会在发展过程中同时受到大陆商会和英美商会的影响，日本商会吸收这两种模式而形成了自己的特色，具体来讲，相比于欧洲大陆商会，日本商会入会较自由，更接近于英美商会，但从监管层面来看，它的监管模式趋近于欧洲大陆商会，政府监管力度较大。在日本，各类商协会统称为经济团体，在其成立的过程中分化出按照区域组建（综合类）和按照行业组建（专业类）两种类型。前者，即按照区域组建的经济团体显现出更强的公共利益导向，这

① 尽管日本努力模仿德国模式，力图创造一个广泛的以行会为主导的经济秩序，其效果却比德国弱得多。在日本，强制性的产业行会实际上由私有部门操控。虽然效果相对较弱，但是以行会为主导的经济秩序在战后日本经济中表现出惊人的持续性。

类团体因其在协调区域发展和国民经济发展中的重要作用逐步形成了较为突出的地位，其中日本经团联、日经联、商工会议所、同友会被称为“日本财界四团体”。按照行业组建的经济团体主要协调着日本的进出口贸易，在流通领域的地位举足轻重，其领导人多数在业内德高望重，一言九鼎，行业协会在实践中甚至可以不需要许可、签章、配额申报等管理手段，许多规矩约定俗成，在尊重传统习俗的前提下只要不违背公序良俗，便能得到迅速有效的执行，大大提高了办事效率。但是日本行业协会也有严密的规章制度和组织流程，运作监督机制健全，并不会因此出现一人专断或是某企业独大的情况（金柏松，2010）。虽然政府主导商会，但是政府并不直接管理企业，而是通过法规和政策来引导工商业发展，其最主要的引导手段就是依靠经济团体向会员传达政令，提出要求和建议，日本90%以上的企业都参加了经济团体（李恒光，2001：43～45），因此保证这些组织活动与政府目标相协调就能促进国民经济发展。

日本财界四团体中，商工会议所就其职能和运作方式来看具有自下而上的民间性，于我国的商会更有参考价值。它创立于1876年，在1892年就已在全国有了15个类似机构，同年，为了加强联合，成立“商业会议所联合会”，1922年6月更名为“商工会议所联合会”，其合法性由1953年颁布实施的《商工会议所法》确立。二战以前实行强制入会，二战之后改为自愿入会。商工会议所从性质上看是民间组织，在法律地位上是特别认可法人，它是区域性的综合经济团体，分为市商工会议所和日本商工会议所两个层级，市商工会议所采取一市一会制度，其会员是工商业者，日本商工会议所的会员是各市商工会议所，属于团体会员性质。符合条件的工商业者均可申请入会，退会自由，但“特定商工业者”① 每年必须到所在地的商工会议所登记。商工会议所设“法定台账”并需缴纳一定费用。商工会议所的主要职责与活动均以会员企业为中心，主要开展各种面向会员的服务，并就涉及会员利益的政策问题向政府有关部门及国会等提出咨询建议，此外还定期在全国举行技能鉴定考试，开办培训班，帮助企业提高员工的专业技能。其核心职责在于扶持中小企业，促进日本经济

① “特定商工业者”是指日本独有的特定商工业者制度中所指代的商工业者，形式上属于非会员，同时满足资本或实缴资金达到1000万元以上和固定雇用人员20人以上两个条件，营业地区属于《商工会议所法》规定的东京23个区，这样的个体或法人都是“特定商工业者”。

发展，虽受政府指引，但仍以经济职能为重。

（三）美国：多元主义模式下的商会

美国的商会组织因为市场经济发达同样也比较发达，而且追溯商会组织的历史，其创建与美国建国几乎同时。美国商会的会员入会是审核制，商会活动宗旨是促进民间商业发展，限制政府在政治、经济生活中的过分干涉，增进个人自由、促进市场竞争、发展美国经济。商会经费来源有两部分：一是会费，会费缴纳多少取决于会员自身的营业水平和会员在商会中的层级①高低；二是相关企业自愿赞助、举办培训和活动的创收。美国的商会是完全独立的商业组织，总部设在华盛顿，是由同业公会、专业协会、地区商会、商行、公司甚至个人组成的联合会。美国商会会员数量庞大，发展至今，在美国的社会、政治、经济生活中都有着举足轻重的作用。

从商会与政府间关系来看，政府通常不对商会的建立和运行进行干涉，只是作为意见征询者，一般情况下不介入商会活动。美国商会主要以民间团体的形式存在，它不以营利为目的，是否加入商会取决于工商业者对商会的认可程度高低和他们自身的意愿。商会自身设有课题小组研究国际业务、法治领域相关问题、对中小企业的服务方向等，因此它们的政策对策研究都是相当独立的（金柏松，2010）。

从商会开展活动来看，美国商会主要侧重于以下几个方面：其一，开展国际业务；其二，参与公共活动，包括参与政策制定和相关法律的商讨；其三，舆论影响，商会有自己的传播企业，通过这些传播企业可以不断扩大自己的影响力，提高话语权；其四，参与商事审判；其五，扶持中小企业，针对中小企业开展服务，促进中小企业的发展。这些活动的目标都非常明确：一来加强建设并改进竞争性的企业制度，保持经济活力，提高美国人民的生活水平；二来在保持政府代表性的同时限制政府权力，协助商人和企业主以有组织的自愿行动来解决问题，减少政府的干预；同时，在意识形态上，致力于使商人和其他人士成为消息更加灵通、思想更加活跃而且更富有责任心的公民，协调个人的价值和尊严。当然，在对外交往中，商会也有不可忽视的作用，能够增进美国在世界事务中的政治经济利益，保持美国反对战争威胁的强大生产能力和力量。

---

① 美国商会会员按照地位划分为高端会员、资深会员、一般会员、公司会员和个人会员，不同级别的会员享受的服务也不尽相同。

美国商会的成长和发展模式与国家的意识形态有着莫大关系，美国不是集权式政府，法律体系也是以判例为主的普通法系。在这样的国家中社会组织权力相对较强，自主能力较强，市场竞争也相对自由，因此其商会以市场为主导，倡导自由竞争，是完全非官方性质的商人组织。商会以各种形式渗透到经济生活的方方面面，商人最初成立商会的目的是对抗有害于其殖民地经济势力的政府行动，促进商业发展，扶持工业，解决贸易分歧，因此商会是非常活跃的组织。

三　功能：商会的公共性意蕴

（一）商会公共性的内涵

商会的公共性建立在“公共性”理论框架之中，关于公共性的理论在西方知识体系里早有学者进行过讨论，近代以来，哈贝马斯、阿伦特、罗尔斯等都是对公共性的研究做出卓越贡献的代表人物。总体来说，西方理论界对公共行政公共性的探讨大致分为两个时期：其一是对传统公共行政范式进行质疑与反思的时期，其二是从多角度自觉构建公共行政公共性的时期。东西方文化和价值观的差异塑造了两种不同的公共性：西方是以人为本、私权公域的公共性，强调公共利益和公共领域；中国则是以仁为本、天下为公的公共性，注重里仁与良知（王名，2019）。中国传统的公共性依靠与利益相对的里仁和与权力相对的良知维系，因此在中国语境中，旨在促进社会共同进步的社会组织天然地被赋予了成为公共性载体的能力。日本东京大学的研究员李明伍在研究了中国传统社会的特点和历史发展进路之后，将其概括为“某一文化圈里成员所能共同（其极限为平等）享受某种利益，因而共同承担相应义务的制度的性质”（李明伍，1997：108～116）。也有学者从公共行政的角度将公共性定义为“行政主体在秉持社会公共利益至上性的价值判断，并在制度和行为上将维护和实现公共利益作为思考与行动的根本出发点和最终旨归的一种‘利他’属性，并且，这种公共性的是指内涵需要在行政主体、行政体制、行政方式、行政理念等种种形式方面加以体现”（张雅勤，2017：292）。

虽然公共性的概念较多在行政管理领域被提及，但它的成立并不完全取决于“公共部门”提供“公共产品”，也就是说，公共性并不必然是行政机关进行公共行政时才拥有的属性，但公共性与公共行政必然有着联系。公共性应该是取决于某种制度或行为促进公共福祉的增加，能够形成一套顺应历史自发演化、发展的规则，有效地使稀缺资源满足人们的需求。

商会具备公共性的基础在于自身性质，它是一种制度安排，且在宏观上受制于国家与社会权利的关系。区别于社会组织的公共性，商会公共性的特殊性在于它与市场经济的关系，商会生长于市场经济之中，对市场经济发展和社会发展都有贡献。从经济学角度来看，商会能够提供准公共产品和一定量的公共产品，而且商会会员和商会本身都在经济生活中占有极大比重，它们是市场经济的参与者，是最直接与市场发生关系的单位，甚至有能力促成经济领域新的秩序形成。在此基础上，商会的公共性内涵至少可以归纳为四个方面。

第一，社会生活的共有性，即对社会不特定公众产生利害影响。

理论上的商会作为组织化私序，是经济治理的一种机制，与市场和国家等其他治理机制形成替代和互补关系（Streeck & Schmitter，1985：119～138）。它本身是一种非市场的、介于企业和政府之间的组织形式，从交易成本理论的角度看，商会相对于其他市场机制的优势是能够节省交易成本。商会能够“以协会内部的监督、管理成本代替企业间经常反复出现的谈判、签约以及履约的交易费用”（郑江淮、江静，2007：55～61）。从另一方面来说，商会可以弥补市场失灵及政府失灵所导致的治理缺陷，相对于政府而言，行业协会商会更贴近市场，更了解行业、企业和市场信息，其决策和运行更容易被会员企业监督，从这个意义上来看，商会更多承担的是政府补充职能。但不论从商会对经济活动产生的影响还是对市场产生的影响来看，它最终所产生的溢出效应都不会仅是针对商会会员的，它能够形成一套制度规则，对整合经济生活中的物质资源和权力资源产生影响。

第二，社会政策的可表达性，即可以满足社会建言机制，或本身就是一种传递诉求的机制。

产生公共言论是西方公共领域理论的重要表征，也是推动国家治理能力进步的方式。商会的公共言论并不特别表现为对社会治理形式和对国家政治体制的建议，而是由于它与市场经济的特殊关系，公共言论更多表现为对市场主体的调整、对市场供需的调整。商会的出现如同一条纽带将社会、市场、政府联系在了一起，它的生成机理就决定了商会作为沟通政府与社会的桥梁有天然优势。毋庸置疑，商会可以充当相关群体的利益代言者或是组织化载体，也可能作为客观第三方观察市场之后给出合理化建议，这些都表现为对公共生活的议题具有可言性。

第三，社会利益的利他性，即最终的目的和评价体系是以完善公共福祉和社会公共事业为标准的。

这里的利他性与利己性并不是相对立的概念，利他的最终目的也不是利己，而是一种整体性的公共能力提升。商会的利他性表现为它的发展壮大建立在会员单位同步壮大的基础上，它会代表某个利益群体，但不是利益群体本身，通过推动利益群体的发展而获得共荣的结果。更重要的是，它是一个公允的平台，由自由意志支配，并不受制于某种势力——比如大会员单位，比如行政机构。它守护着市场的底线和行业的良知。这就让商会有了管理公共事务的能力。

第四，政治价值的可治理性，即在治理功能上有合法性，或是有能够发挥治理功能的可塑性。

商会可治理性功能发挥的基础是商会自身的复合属性。从组织形式来说，商会乃商人之结社；从制度本质来说，商会是市场机制，能降低交易成本，通过在竞争中求和，以诚信促成对彼此行为的约束，降低市场价格，达成互利共赢；从组织功能来说，商会是集体行动，以会员制方式结成共同体，交往互动，求同存异，内约外联，以共识为宗旨，以互益为基础，行民主之权利，谋共荣之大局；从资源占有来说，商会是社会资本，基于相互信任而交往，通过友好交往而互惠，在互惠互利中谋求合作并实现共创共赢；从政治立场来说，商会是公共领域，以平等开放为原则，以交往商谈为形式，交流思想，探寻共识，表达诉求，倡导政策。因此，商会的公共性天然表现为一种参与国家治理的方式。

从我们的研究来看，商会的公共性内涵可以概括为：商会即商主体基于对良性市场关系的共同追求和对公共事业的责任承担进行交流、表达、倡导的公共平台。

（二）商会公共性的决定因素：商会与政府的关系

商会与政府间关系大致可以分为三类：第一类是商会具有极强的民间性，自主独立进行治理，也就是协会治理（associational governance）（Campbell et al.，1990），被归类为多元主义；第二类是国家（政府）直接进行管理，没有中间组织介入，不存在商会这一组织形式，特点在于国家权力强大，所以被称为国家主义（Grant，1993）；第三类介于两者之间，表现为政府积极参与民办商会的治理和活动，西欧国家大体都属于这一模式（Eising，2009），即法团主义，商会理论学者 Schmitter 还进一步区分了“国家法团主义”① 和“社会法团主义”② 两个亚类型。

前文我们提到中国的商会类型不可简单用法团主义进路概括，究其原因应该对中国体制特征和风格有一个清楚的认识。我国的社会形成于大一统之中的历史渊源决定了国家体制构建进路与美国这种以民主理念立国的国家大不相同，就目前的研究成果来看，对我国商会的看法总的来说有三种：第一种认为商会是政府授权对行业进行管理的机构③；第二种认为商会是企业与政府之间的协调机构；第三种认为商会是企业自发自愿组建而成的民间自治性组织。第一种认识主要针对的是行业协会，第二种认识是从法团主义视角对商会定位的概括，第三种认识是基于多元主义视角对商会的看法。

我国社团现有一些比较明显的特征，如通过强有力的政府进行行政控制④、行政化层级结构、单一的功能分类、对社团数量明确限制⑤等，这些都表现出我国对于各类社会组织的管理模式具有“强”国家法团主义特征。也有不少学者针对中国社会组织的特点给出了一些结论，认为中国社会组织具有层级性和垄断性以及兼具国家控制与自主性的两面（Pearson，1994）；《社会团体登记管

---

① 在国家法团主义模式中，上述种种特征是经过国家自上而下的强力干预而形成的，即通过种种行政化或者直接明文规定的方式，国家赋予某些社团以特殊的地位，而对其他竞争性社团则根本不给予合法地位。

② 在社会法团主义模式中，某些社团享有的特殊地位是通过自下而上的竞争性淘汰过程形成而非国家指定的，同时竞争性社团的出现在国家的法律监管体系中并没有得到禁止，只不过由于国家的力量毕竟强大，已经获得国家支持或承认的社团拥有丰厚的经济、政治和社会资本，新兴的社团无法通过竞争撼动其垄断性或主宰性地位。

③ 处于脱钩阶段的行业协会商会，其责任承担正从行政责任向社会责任靠拢。

④ 见《社会团体登记管理条例》（1998 年 10 月 25 日国务院令第 250 号发布，根据 2016 年 2 月 6 日《国务院关于修改部分行政法规的决定》修订）第三条，“成立社会团体，应当经其业务主管单位审查同意，并依照本条例的规定进行登记”；第六条，“国务院有关部门和县级以上地方各级人民政府有关部门、国务院或者县级以上地方各级人民政府授权的组织，是有关行业、学科或者业务范围内社会团体的业务主管单位”；第九条，“申请成立社会团体，应当经其业务主管单位审查同意，由发起人向登记管理机关申请登记”。

⑤ 见《社会团体登记管理条例》第十三条第二款“在同一行政区域内已有业务范围相同或者相似的社会团体，没有必要成立的”。

理条例》中有许多限制社团自主性的条款，限制成立异地分支机构、限制横向联合等，制约了社团能力提升（Hildebrandt，2011：970～989）；中国的商会是政府对经济实体干预权的延续（马秋莎，2007：126～138）。这是由中国本土情境所决定的，中国是一个幅员辽阔、人口众多的国家，不同层级的社团在不同层级的行政区域内从事利益表达的活动，呈现鲜明的地区性、行业性色彩（Kennedy，2005）。

如果从实证研究角度来观察中国商会与国家的关系，不少学者的态度便是认为确有国家法团主义的特征，但也不完全如此。因为在实证调研中，中国的许多地方政府与商会虽有国家法团主义的形式，却没有国家法团主义的内涵。如澳大利亚学者安戈（Jonathan Unger）在20世纪末对中国个体、私营企业的商会和工商联开展的个案研究发现：个体户组成的协会与政府的关系徒有法团主义的形式而无实质，实际上就是政府部门的外延；而面向大企业或商人的工商联合会，话语权掌握在主要成员手中。这两种类型的商会都偏离了国家法团主义结构的原初意义（Unger，2008）。在中国，这样的组织形式并不少见。再如美国学者福斯特（Kenneth Foster）在20世纪末对山东烟台地区的调查发现，在那里，商会“嵌入”官僚体系中，或者为了反映国家意志力和权力为各个利益相关部门所用（Foster，2002：41～65）。“尽管改革以来中国的社会空间得到了较大发展，社会群体日渐活跃，并且在20世纪90年代以来日益呈现出与法团主义高度相似的制度特征，但这并不足以表明中国的国家与社会关系已经是或正在走向（国家）法团主义，因为缺乏相应的社会组织基础，这种制度相似性呈现出来的不过是一种‘形似神不是’的法团主义表象。”（吴建平，2012：174～198）但通过个案研究也有一些乐观的声音，如康晓光和韩恒基于个案研究，认为商会相对于其他类型的社会组织，因为其对政治权力的挑战不强而提供公共物品的能力较强，因此从政府处获得的自主性要比一般的社会组织强很多（康晓光、韩恒，2005：73～89）。郁建兴和周俊对温州商会的研究发现，虽然国家力图它们加强控制，但是商会还是积极参与行业治理，并不断因获得政府的赋权而获得发展，这种国家与社会相互赋权的发展模式远比社团一味寻求增强独立性的发展模式更为可行（Yu & Zhou，2013：394～408）。张建君发现，在私营企业发达的地区（如温州），商会自主性强于集体经济发达的地区（如无锡）（Zhang，2007：209～231）。美国学者毛学峰（Andrew Mertha）认为中国的社会正在变得日益多元化，使得碎片化威权主义1.0版演化为了碎片化威权主义2.0版（Mertha，2009：1～18）。随着市场经济的兴起和改革的深入，非国家主导的商会数量呈逐年上升趋势，国家主导的商会数量却呈逐年下降趋势。在1990年以前，以自上而下方式建立的商会（包括主管部门牵头组建的商会）占45%左右，但2000年后下降到22%左右（张长东、顾昕，2015：5～13）。从这些例证可以看出，随着社会发展与制度改革，政府与商会的关系也在不断发生着变化，商会自主性增强，社团能力在逐渐提升。

西方法团主义的演进历史在某种程度上就是市民社会对抗国家（Arato，1981：3～47），或借助国家力量推动社团发展（Evans et al.，1985），抑或是双方都主动寻求与对方建立公私伙伴关系以治理公共事务（Wang，1999：231～249）三种模式的体现。国家在最开始应付新的社会问题时会采取压制态度，之后国家基于各种理性考量，开始采取“胡萝卜加大棒”的政策（Wiarda，1981）。但随着政治体制的自由化和民主化，国家与社会之间不再是剑拔弩张，两者达成合作伙伴关系是社会法团主义的常态。以西方经验反观我国的商会发展，它们作为国家变革的一部分，有一大半商会是从国家体制中剥离出来的，其他的也对国家政策资源依赖严重，在这种情况下几乎不可能产生第一种对抗式路径。而第二种模式确实是我国过去行业协会商会成立的模式，但随着政府职能转变，国家倡导进一步发挥商会力量，把更多服务工作转移给民间非营利性组织，政府职能改革也在不断深入，一个国家与社会相互增权或者说市民社会与国家协同发展的局面还是可以期待的（顾昕等，2006：103～112）。但之所以不能完全将法团主义理论套用在我国商会发展路径上，是因为西方法团主义从本源上就以一种社会内生力量为基础，这种内生力量有愿望并有能力与国家沟通，而中国的商会并不存在这样的生成方式。

新时代的商会作为社会组织中代表商人群体利益的组织，应该发挥表达商人诉求、规范行业行为、促进行业发展的积极作用，这是商会成为良性的社会组织的基本要求。现在掣肘商会发展的内部主要因素就是行政色彩过浓，也就是许多人提到的“政会难分”现象，这个问题是从商会自身结构如事业单位内部滋生的，如果不打破现有的行政性格局，那么商会不论是性质还是决策都无法完全代表商人群体，也无法成为纯粹的公共领域。但这并不代表商会与政府之间存在对抗关系，而是利用商会的公共性适配国家制度，从合作国家视角参与公共事务的表达。

四　保障：立法与改革并行

党的十八大以来，全面依法治国被纳入“四个全面”战略布局中，立法是主体发展的重要外部保障。且我们应该认识到，商会虽然定性为社会组织，但它与其他社会组织在经济生活中扮演的角色是不同的，它的外部性要远远强于其他社会组织。近20年我国商会数量激增，但自新中国成立以来我国一直没有商会立法。有关商会的规范性文件主要有三：一是1989年6月国务院发布的《外国商会管理暂行规定》，二是国务院先后于1989年和1998年颁布的两个《社会团体登记管理条例》（2016年修订）[①]，三是2016年相关部门制定的《行业协会商会综合监管办法（试行）》。商会的改革和功能发挥必须有稳定的制度作为保障，而非长久依托于行政规章和部委条例。从保障商会自治角度而言，在法治之下的自治才是正当且稳固的自治。商会虽是非营利法人，却有其不同于其他社会组织的特殊性，它本身具有很强的外部性；商会也不同于机关、基层自治组织等特别法人，它所行使的权能不应来自行政机关。商会规范的合法性只能来源于国家立法。

商会立法具有外在和内在两方面的意义：外在是商会行动合法性来源，是统一职能标准的指引；内在是商会内部建设的需求，是对集体行动风险的防控。

我国社会团体的发展经历了一个特殊的历程。从制度现状而言，在模式选择上具有鲜明的法团主义色彩，这使得有关我国社会团体法律制度的完善与德国公法社团制度具有一定的契合度。回顾我国社团20年来的复苏与发展，主要是国家授权的产物，是国家权力逐渐缩小的结果，更是政府职能转变的体现。特殊的背景、特殊的制度目标决定了制度选择的必然之路。在中国政府与社会的对比格局中，政府始终处于绝对主导地位，因此我国的社团发展几乎都是以法团主义模式推进的。随着社会的发展和开放程度加大，社会组织在发展，也是走向一种政府与社会互相增权的模式，特别是许多具有中介属性的社会组织，例如行业协会、商会这类社团组织，它们承担着一部分过去由政府部门行使的管理职能（包括规

① 尚有《社会组织登记管理条例》未出台，此条例也将对商会制度做出规定。

章制定权、强制征收会费权、纪律处分权等），成为分担公共行政的主体。基于我国商会组织本身的属性，商会法必然会赋予商会一定职权。但基于商会成员皆为商人的基本特征，商会立法也不能完全脱离其私法的本质属性。

商会组织是我国社会主义市场经济的重要组成部分，为商会立法就是完善和规范社会主义市场经济中一个重要经济参与主体的过程，因此商会立法必须遵循社会主义市场经济的基本原则，在制度设计上要以社会主义市场经济大局为重，符合社会主义市场经济的价值理念。商会立法不同于行业协会立法，更不同于社会组织立法。相对于内部治理还有待厘清的行业协会，商会立法应该先行，并由工商联牵头。在立法中明确商会的法律地位，确定商会的权利义务职能，完善商会的准入退出机制，以促进商会发展、促进社会主义市场经济发展为目标，制定一部主体法和行为法相结合的法律。

五　结语

党的十九届四中全会聚焦于国家治理体系和治理能力建设，新时代下的商会制度建构与改革正是国家治理体系和治理能力现代化的重要体现。世界各国都在顺应变革推进经济发展和治理转型，我国也正处于改革深水期，商会与政府关系同样也处于转型时期。

商会改革依赖于外部环境塑造和自我能力提升两个方面。政府在持续深化“放管服”改革的大背景下，深刻转变职能，坚持市场化、法治化、国际化原则，用法治思维看待市场问题，平衡好“掌舵”和“划桨”的关系，实现改革措施的法治化和规范化，善于自我改革、自我超越，大力发展合作治理、共同治理机制。同时，商会也应当不断提高自身水平，为经济增长增添活力；创新沟通服务方式，健全公共领域空间；积极承担社会责任，引导企业参与公共事务。加快制度化、科学化、规范化的步伐，在国家治理体系和治理能力现代化进程中发挥作用、有所贡献。

只有建立科学规范的商会制度体系，才能实现商会核心价值，才能应对国际未来发展，才能构建充满活力的社会治理共同体！

参考文献

陈清泰主编（1995）：《商会发展与制度规范》，北京：中国经济出版社。

邓小平（1994）：《各民主党派和工商联是为社会主义服务的政治力量（一九七九年十月十九日）》，《邓小平文选》第二卷，北京：人民出版社。

冯筱才（2001）：《中国商会史研究之回顾与反思》，《历史研究》，第5期。

顾昕等（2006）：《公民社会与国家的协同发展——民间组织的自主性、民主性和代表性对其公共服务效能的影响》，《开放时代》，第5期。

金柏松（2010）：《法国、美国和日本商会的运作及可供借鉴的经验》，行业协会商会网，12月22日。

康晓光、韩恒（2005）：《分类控制——当前中国大陆国家与社会关系研究》，《社会学研究》，第6期。

刘剑雄（2006）：《改革开放后我国行业协会和商会发展的研究》，《经济研究参考》，第16期。

李恒光（2001）：《试论国外商会的功能定位 组织构建及其经验借鉴》，《甘肃省经济管理干部学院学报》，第4期。

李明伍（1997）：《公共性的一般类型及其若干传统模型》，《社会学研究》，第4期。

马秋莎（2007）：《比较视角下中国合作主义的发展：以经济社团为例》，《清华大学学报》（哲学社会科学版），第2期。

马敏（2009）：《改革开放以来的中国商会史研究》，《史学理论研究》，第3期。

全汉昇（2016）：《中国行会制度史》，郑州：河南人民出版社。

吴建平（2012）：《理解法团主义——兼论其在中国国家与社会关系研究中的适用性》，《社会学研究》，第1期。

王名（2019）：《公共利益是共建之据、共治之由、共享之依——公共利益决定社会治理的公共性》，《北京日报》，9月9日，第14版。

魏文享（2001）：《近代工商同业公会的社会功能分析1918—1937——以上海、苏州为例》，《近代史学刊》第1辑，武汉：华中师范大学出版社。

虞和平（1990）：《近代商会的法人社团性质》，《历史研究》，第5期。

张雅勤（2017）：《公共性视野下的国家治理现代化》，北京：人民出版社。

郑江淮、江静（2007）：《理解行业协会》，《东南大学学报》（哲学社会科学版），第6期。

张长东、顾昕（2015）：《从国家法团主义到社会法团主义——中国市场转型过程中国家与行业协会关系的演变》，《东岳论丛》，第2期。

中国大百科全书编委会（1993）：《中国大百科全书》，北京：中国大百科全书出版社。

Arato, A. (1981), "Civil Society against the State: Poland 1980 - 1981", *Telos* 47, pp. 3 – 47.

Campbell, J. L., et al. (eds.) (1990), *Governance of the American Economy*, New York: Cambridge University Press.

Evans, P., et al. (eds.) (1985), *Bring the State Back in*, New York: Cambridge University Press.

Eising, R. (2009), "The Political Economy of State-Business Relations in Europe: Interest Mediation", *Capitalism and EU Policy Making*, London: Routledge.

Foster, K. (2002), "Embedded within State Agencies: Business Associations in Yantai", *The China Journal* 47, pp. 41 – 65.

Grant, W. (1993), "Business Associations in Eastern Europe and Russia", *Journal of Communist Studies* 9 (2), pp. 86 – 100.

Hildebrandt, T. (2011), "The Political Economy of Social Organization Registration in China", *The China Quarterly* 208, pp. 970 – 989.

Kennedy, S. (2005), *The Business of Lobbying in China*, Mass: Harvard University Press.

Mertha, A. (2009), "Fragmented Authoritarianism 2.0: Political Pluralization of the Chinese Policy Process", *The China Quarterly* 200, pp. 1 – 18.

Pearson, M. (1994), "The Janus Face of Business Associations in China: Socialist Corporatism in Foreign Enterprises", *The Australian Journal of Chinese Affairs* 31, pp. 2 – 26.

Streeck, W. & Schmitter, P. C. (1985), "Community, Market, State-and Associations?: The Prospective Contribution of Interest Governance to Social Order", *European Sociological Review* 1, pp. 119 – 138.

Unger, J. (2008), "Chinese Associations, Civil Society, and State Corporatism: Disputed Terrain", in Unger (ed.), *Associations and the Chinese State: Contested Spaces*, N. Y.: M. E. Sharpe.

Wiarda, H. J. (1981), *Corporatism and National Development in Latin America*, Boulder: Westview Press.

Wang, X. (1999), "Mutual Empowerment of State and Society: Its Nature, Conditions, Mechanism, and Limits", *Comparative Politics* 31 (2), pp. 231 – 249.

Yu, J. X. & Zhou, J. (2013), "Local Governance and Business Associations in Wenzhou: A Model for the Road to Civil Societyin China?", *Journal of Contemporary China* 22 (81), pp. 394 – 408.

Zhang, J. J. (2007), "Business Associations in China: Two Regional Experiences", *Journal of Contemporary Asia* 37 (2), pp. 209 – 231.

Industry Associations and Chambers A Theoretical Summary

Wang Ming & Zhang Qihao

[**Abstract**] The development of Industry Associations and Chambers is different in different social cultures. Theoretically, we regard it as a mechanism of economic governance, forming a substitution and complementary relationship with other governance mechanisms such as the market and the state. China's Industry Associations and Chambers has a long and tortuous history. Although it has a great development after the reform and opening up, there are still some gaps compared with foreign chambers of Commerce. The Industry Associations and Chambers has a natural public attribute, which is the basis of its function. In order to realize the core value of Industry Associations and Chambers and reflect the efficiency of Industry Associations and Chambers's market instruments, we should promote the legislation of Industry Associations and Chambers as soon as possible. It is an inevitable requirement for deepening reform and economic development to maintain an open attitude, absorb integration and let the Industry Associations and Chambers go to the front stage through legislation, it is also a contribution and response to the construction of the social pattern of "sharing benefits through collaboration and joint governance".

[**Keywords**] Industry Associations and Chambers; History of Industry Associations and Chambers; Publicity; Rule by Law

中国互联网公益研究述评（2006～2020）

——基于 CiteSpace 知识图谱的分析*

宋　奇　张　楠　梁蕙竹**

【摘要】 互联网公益（或称互联网慈善、微公益、网络公益、网络慈善等）是目前中国公益慈善领域的研究热点，但目前缺少较为全面的研究整理和总结，本文整理了2006～2020年中外学者发表和出版的相关论文及著作，基于CiteSpace软件分析出该领域研究的四个主要子领域：众筹与募捐研究、公益组织与公众研究、公益传播研究、微公益研究。在界定梳理互联网公益的定义以后，本文分别讨论各个子领域的具体研究进展。研究发现，各学科基于自身理论视角和问题意识研究互联网公益的相关议题，理论和方法较为多元，但也存在研究深度不足、实证研究不规范等问题。基于互联网公益研究的现状与不足，本文指出了一些尚待回答的研究问题，如进一步辨析互联网概念，超越技术决定论、基于主体（组织与人）行为的跨学科研究，和方法论的规范化。

【关键词】 互联网公益；CiteSpace；募捐；公益传播；微公益

---

* 基金项目：教育部人文社会科学研究青年基金项目“基于区块链技术的公益慈善创新模式研究：组织结构、功能与影响因素分析”（项目编号：19YJC630213）。

** 宋奇，华中科技大学当代中国研究院研究员，博士，研究方向：互联网公益、媒介政治；张楠（通讯作者），北京交通大学经济管理学院讲师，博士，研究方向：互联网公益、网络营销；梁蕙竹，密苏里大学新闻学院学生，研究方向：新闻学（融媒体方向）。

中国互联网公益是一个新兴的社会领域，腾讯“九九公益日”、蚂蚁森林、微信捐步数、罗尔事件等不但进入广大互联网用户的生活，推动公益慈善行业的大众化，而且引起了新闻传播学、公共管理学等学科的学术讨论。根据民政部提供的数据，2019 年互联网募捐超过 54 亿元，同比增长 68%，互联网募捐信息平台上有 109 亿人次点击、关注和参与，同比增长 28.6%。① 2020 年新冠肺炎疫情期间通过互联网募捐 18.67 亿元，参与人次达 4954 万。每年在互联网上发生的大规模公益捐赠和公益行为，已经成为当下中国公共管理、互联网和公益慈善领域最重要的公共参与之一。

根据《2017 中国互联网公益发展报告》的分析，我国互联网公益经历了 1.0、2.0 阶段，正式进入 3.0 阶段（北京师范大学中国公益研究院、国际公益学院，2018）。互联网公益 1.0 阶段即“公益 + 互联网”，其特点是公益行业或公益活动只是把互联网作为其使用的工具；互联网公益 2.0 阶段即“互联网 + 公益”，其特点是互联网与公益的关系更为密切，互联网成为主导，公益成为“互联网 +”的一部分。而互联网公益 3.0 阶段，是指互联网与公益真正融为一体，公益本身带有互联网基因，互联网也具有很强的公益内在属性，二者联袂将互联网的创新基因与公益向善的力量相结合，不断推动互联网公益迭代发展。

在募捐之外，互联网助力公益慈善事业，使得公益透明度大大提升，公众可以随时了解、监督项目进展和善款使用情况，公众的慈善信任得到一定提高。同时，互联网公益渗透到公益慈善的多个领域，在精准扶贫、减灾救灾、教育助学、生态环保、大病救助等多方面取得了较为丰硕的成果。但是，互联网公益由于发展处于较为初期阶段，也面临着较多挑战，如相关法律法规细则有待完善，公益组织对互联网技术的有效使用及人员培训亟须加强，慈善组织行为需要规范与公众信任感知需要提升。

因此，本文将从学术研究视角整合并分析中国互联网公益的相关研究成果，在整理并明晰互联网公益定义的基础上，具体探究互联网公益研究的集中领域、发展特点、进展等。本文基于 CiteSpace 软件的知识图谱分析，认识这一领域的知识生产特点，并全景式回顾了 2006～2020 年的各类相关中英文研究成果。数据来源方面，中文文献来源为中国知网检索期刊论文、国家图书馆检索专著，

① 2019 年我国通过互联网募集善款超 54 亿元，参见：http://www.xinhuanet.com/2020-07/17/c_1126251160.htm，最后访问时间：2020 年 8 月 6 日。

英文文献来源为滚雪球方式获得专著与论文。CiteSpace 软件是一款对知识域进行可视化分析的软件，这一软件基于共引分析理论和寻径网络算法，通过绘制知识生产图谱完成学科的发展分析，可以发现合作、共现关系，输出高频关键词、学科来源等数据（陈悦等，2015：242～252）。基于此，本文提出四个研究子领域，分别为众筹与募捐研究、公益组织与公众研究、公益传播研究、微公益研究，并在介绍各领域具体研究进展后，评析现有成果的发现、不足，提出可行的未来研究方向。

一　基于关键词的 CiteSpace 知识图谱分析

互联网公益是一个发展中的研究领域，在概念使用上尚未达成完全一致。基于文献阅读经验，本研究采用“互联网公益”“互联网慈善”“网络公益”“网络慈善”“微公益”五个关键词进行检索，以最大范围涵盖互联网公益的相关研究成果。在中文期刊发表方面，截至 2020 年 7 月 20 日，在中国知网期刊数据库中限定中文范围内，以关键词检索得到 509 篇文献，以主题词检索得到 1215 篇文献。为了保证较高的查全率，选择主题词的检索结果。对前述五个概念分别进行主题词检索发现，“互联网公益”有 328 条结果，“互联网慈善”有 77 条结果，“网络公益”有 214 条结果，“网络慈善”有 107 条结果，“微公益”有 571 条结果，其中有部分论文重叠。

为保证本研究的学术性，在录入 CiteSpace 软件前，对于主题词检索文献结果进行手动处理，包括：（1）删除新闻报道、会议通知、时评、感谢信等非学术文章，如《互联网天地》《中国社会组织》等期刊发表了大量这一类文章；（2）删除实际研究内容与互联网公益无关的成果，如部分文献（尤其是高校思想政治研究）将微公益定义为“微小行为的公益”，而非基于微博或微信等互联网平台的公益（许英，2019：54～61），也有部分文献使用“语文网络公益课程”“网络公益直播讲座”“基础理论网络公益培训”等表述，这些成果与本研究无关，均删除。经过以上处理，共得到 487 篇有效文献，其历年变化趋势如图 1 所示。

以下具体分析历年变化发现。

第一，从研究数量变化来看，互联网公益正在吸引越来越多的学术关注，反映了社会领域发育以及相应知识积累过程。2006 年出现第一篇学术论文，讨论互联网公益广告，随后在 2013 年和 2017 年论文数量分别有了显著增长。

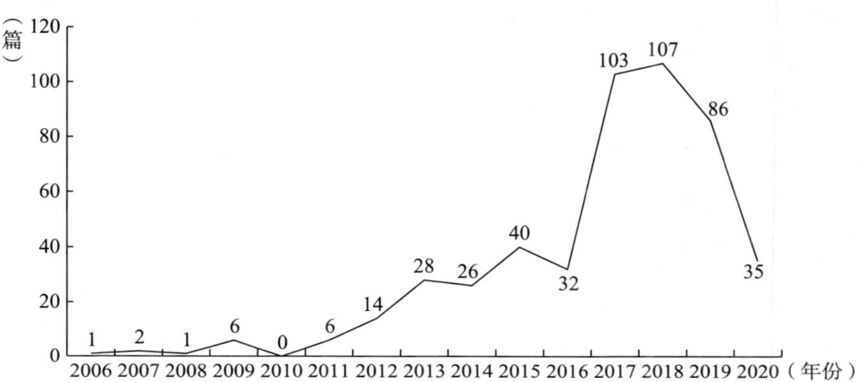

图 1　互联网公益中文期刊论文数量变化趋势（2006～2020）

注：2020 年数据截至 7 月 20 日。

第二，从文章发表层次来看，本研究基于 CSSCI 期刊、CSSCI 扩展版期刊和其他期刊的分类，得到以下统计结果（见图 2）。CSSCI 期刊论文占比为 11%（56 篇），CSSCI 扩展版期刊论文占比为 6%（27 篇），二者合计 17%（83 篇），此外还有 83%（404 篇）的论文发表在其他期刊上。

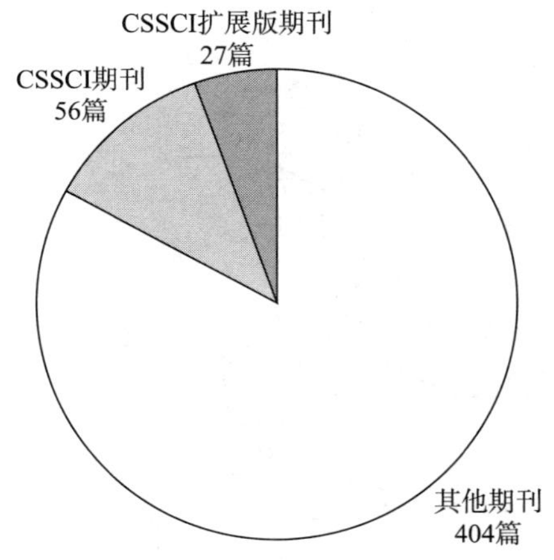

图 2　互联网公益中文期刊论文发表层次（2006～2020）

第三，从研究内容变化来看，互联网公益研究的发展可以分为三个阶段：（1）2006～2010 年为起步阶段，主要研究互联网公益广告、媒体公益活动的互联网转型；（2）2011～2016 年为分化阶段，关注点开始多元，微公益、公益组织、舆论事件等细分领域纷纷出现，部分研究采用规范的社会科学方法论，提供了对于互联网公益最早的实证分析，比如，宋道雷、郝宇青（2014：28～38）的论文将互联网公益（即网络公益）称为中国公益研究的三大类别之一，用一小节进行了简要介绍，是目前最早的研究综述；（3）2017 年至今为全面铺开阶段，成果数量有了明显增长，一些领域的研究得到深化，尤其是《中华人民共和国慈善法》出台后，互联网公益的法律规制成为讨论热点。

进一步，本研究使用 CiteSpace 软件统计已发表中文论文的关键词及其相互关系，以此绘制这一领域的知识图谱。关键词是论文研究领域主题的高度概括，图谱中的节点代表研究中出现的关键词，字越大意味着关键词出现的频率越高。节点间连线代表关键词的共同出现关系，线越粗，不同关键词共同出现的频率越高，我们也就可以认定其是研究较为集中的一个子领域。利用 CiteSpace 中关键词分析功能生成关键词网络知识图谱，在 Selection Criteria 为 g-index（k = 25），LRF = 2.0，LBY = 8，e = 2.0 的情况下，得到图 3。

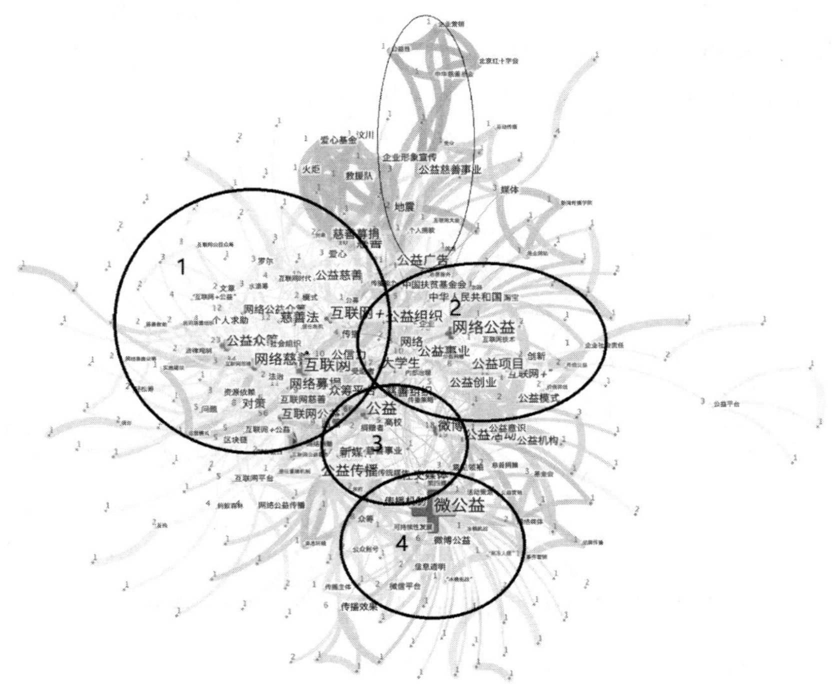

图 3　互联网公益研究知识图谱及研究聚类分析（2006～2020）

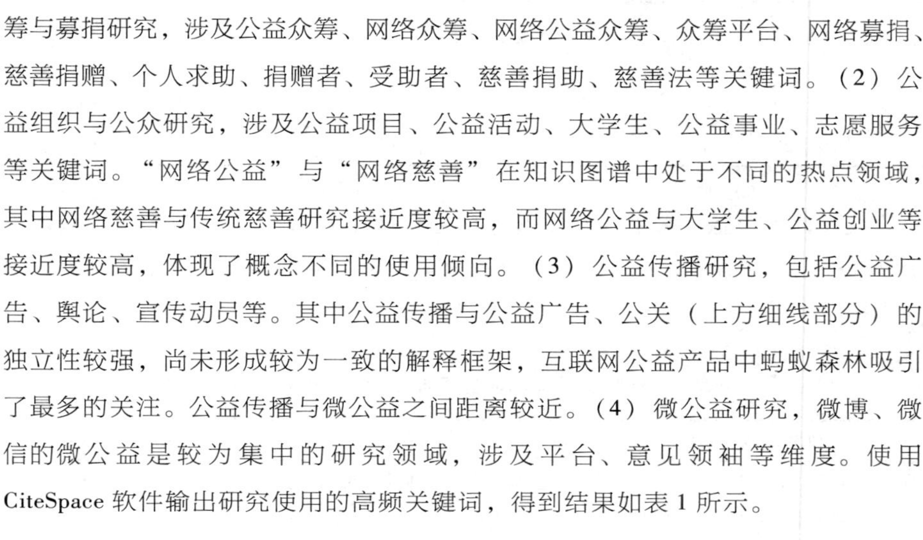

通过对关键词图谱的分析，我们析出四个相对较为集中的研究领域。（1）众筹与募捐研究，涉及公益众筹、网络众筹、网络公益众筹、众筹平台、网络募捐、慈善捐赠、个人求助、捐赠者、受助者、慈善捐助、慈善法等关键词。（2）公益组织与公众研究，涉及公益项目、公益活动、大学生、公益事业、志愿服务等关键词。“网络公益”与“网络慈善”在知识图谱中处于不同的热点领域，其中网络慈善与传统慈善研究接近度较高，而网络公益与大学生、公益创业等接近度较高，体现了概念不同的使用倾向。（3）公益传播研究，包括公益广告、舆论、宣传动员等。其中公益传播与公益广告、公关（上方细线部分）的独立性较强，尚未形成较为一致的解释框架，互联网公益产品中蚂蚁森林吸引了最多的关注。公益传播与微公益之间距离较近。（4）微公益研究，微博、微信的微公益是较为集中的研究领域，涉及平台、意见领袖等维度。使用 CiteSpace 软件输出研究使用的高频关键词，得到结果如表 1 所示。

表 1　中国互联网公益研究高频关键词（2006～2020）

排序	关键词	频次
1	微公益	87
2	网络公益	70
3	公益	66
4	互联网公益	56
5	“互联网 +”	35
6	公益众筹	35
7	互联网	34
8	网络慈善	34
9	公益传播	27
10	公益广告	21
11	公益活动	19
12	微博	18
13	新媒体	17
14	大学生	17
15	公益组织	16
16	慈善法	12
17	网络募捐	11

续表

排序	关键词	频次
18	公信力	10
19	慈善	10
20	公益事业	10

鉴于网络公益、公益、互联网等关键词属于对整个研究对象（互联网公益）的描述，无法归入特定子领域，将其他关键词分别归入四个研究领域（见表2）。

表2 高频关键词的研究领域归属（2006～2020）

研究领域	关键词	词频
众筹与募捐研究	公益众筹、慈善法、网络募捐	58
公益组织与公众研究	公益组织、公益活动、大学生、公益事业	62
公益传播研究	公益广告、公益传播、新媒体、公信力	75
微公益研究	微公益、微博	105

基于对具体文献的阅读，辨析四个研究话题的主要学科背景来源，结果如表3所示。互联网公益涉及法学、传播学、社会学、心理学、管理学等，各个学科从自己的理论资源和问题意识出发进行研究。从这个角度说，互联网公益是一个十字路口式的研究领域。从正面来看，理论视角与方法丰富，对于互联网公益这样一个新兴的、庞杂的对象，可以避免内卷化。从负面来说，缺乏一个统一的理论，各个学科自说自话，不能实现学术对话，从而导致低水平重复多，限制了研究的深化。

表3 各研究领域学科背景分析

序号	研究领域	主要学科
1	众筹与募捐研究	法学、心理学、管理学
2	公益组织与公众研究	社会学、管理学
3	公益传播研究	传播学
4	微公益研究	传播学、社会学

在期刊论文外，也有著作和学位论文关注这一领域。在国家图书馆和京东

网同样以“互联网公益”“互联网慈善”“网络公益”“网络慈善”“微公益”检索，得到 10 本著作，具体情况如表 4 所示。其中，4 本是资料汇总、1 本案例介绍、1 本理论研究、3 本实证研究、1 本工具书。硕、博士学位论文共 239 篇，其中博士学位论文 2 篇。限于篇幅，不再讨论学位论文的研究情况。

表 4　互联网公益研究著作情况

书名	作者	出版年份	出版社	内容性质
《网络慈善》	李健等	2012	企业管理出版社	资料汇总
《互联网公益影响力》	北京市互联网信息办公室与首都互联网协会	2015	同心出版社	资料汇总
《中国网络慈善风云录》	八分斋	2015	中国商业出版社	案例介绍
《互联网 + 公益：开启全民公益时代》	北京市互联网信息办公室与首都互联网协会	2016	北京日报出版社	资料汇总
《互联网 + 公益产业链发展报告》	郑筱婷	2016	经济科学出版社	理论研究
《互联网 + 公益：玩转公益新媒体》	王瑾、周荣庭	2016	电子工业出版社	工具书
《互联网 + 微公益发展研究》	蒲清平、张伟莉	2016	中国民主法制出版社	实证研究
《微博公益传播涵化效果研究》	刘绩宏	2017	中国传媒大学出版社	实证研究
《中国互联网公益》	陈一丹等	2019	中国人民大学出版社	资料汇总
《微公益社会公益价值创造机理与路径研究》	钱玲、杜兰英、芦琼莹	2019	科学出版社	实证研究

注：搜索著作范围限定于 2020 年 7 月之前出版。

此外，本文初步介绍了英文学术界对中国互联网公益的研究，具体文献检索方式是：对 2006 ~ 2020 年公益慈善研究的权威国际期刊 *Voluntas* 和 *Nonprofit and Voluntary Sector Quarterly*（*NVSQ*）发表的论文进行筛查，并在 Google Scholar 上以“Internet philanthropy in China”为关键词检索。通过这一方法，得到了 7 篇英文论文和 2 本英文著作中的章节（book chapter）。需要说明的是，为确保概念边界的清晰有效（互联网公益具体定义将在下一节中讨论），本研究聚焦狭义的公益慈善，将环保运动等排除在外，得到的结果较少。英文文献将被纳入各个子领域中在下文进行介绍。

二　互联网公益研究的当下动态：定义、进展与问题

本部分首先整理互联网公益定义的内涵和外延，在此基础上，围绕众筹与募捐研究、公益组织与公众研究、公益传播研究、微公益研究四个子领域，具体阐述相关研究进展，并分析存在的问题。

（一）互联网公益的定义

根据联合国开发计划署（2016）的界定，互联网公益（即联合国开发计划署所使用的互联网慈善）与传统公益有如下区别（见表5）。

表5　传统公益与互联网公益比较

	传统公益	互联网公益
捐赠方	更年长，个人或基金会	更年轻，网络化的个人
捐赠形式	定期捐赠，大额捐赠	规模和性质不同，可包含非财务捐赠，可能基于事件或项目
中介机构	公益或非营利组织和基金会	可以绕过基金会或涉及私人合作伙伴
受益方	个人事业，贫困群体	多种多样，可针对个人
信息	有限，“单行道式”	透明度更高，传播速度更快，“迂回式”

资料来源：联合国开发计划署（2016）。

在现有研究中，互联网公益被认为是在互联网上策划、发起、组织，并在互联网或现实中完成的公益活动（罗莹等，2015：20～24），或者互联网技术介入公益全过程（刘秀秀，2018：158～163，192～193）。本研究认为，互联网公益是公众、公益组织等行动者基于志愿主义（voluntarism）通过互联网进行的公益慈善活动。

互联网涵盖公益的传播、募捐、组织、反馈等各个环节，淘宝、微博等“真正力量不在于自己做了公益，而是成千上万的人用它们做了公益”（朱健刚，2015：1～11）。和电视、报纸等传统媒介相比，互联网的作用有很大不同：传统媒介只是发布公益消息，是公益产业链上的一环；互联网则为公益

设定规则，深度影响公益行为模式，是一种公益生产方式，甚至可以说是公益的“基础设施”。

公益慈善行为也有其明确的边界，互联网公益是社会自主决策，通过公益慈善行为增进公共利益，是托克维尔式的公共参与。这样就与环保运动等抗争实践区分开，以社会问题而不是公权力作为目标。而且互联网公益属于市民社会，国家不是直接决定，而是通过法律约束和政策倡导产生间接的影响，这种民间性的公益慈善行为与国家福利不同。

（二）众筹与募捐研究

本小节首先探讨众筹与募捐的概念，然后讨论互联网对众筹和募捐的影响，最后探讨现存的问题。

1. 众筹与募捐的概念

面向公众募集资金是公益组织与个人使用互联网的主要目标，2008 年汶川地震催生了中国首次大规模在线募捐，2013 年以后腾讯公益、蚂蚁森林等募捐平台开始快速成长，2016 年《中华人民共和国慈善法》提供了法律保障和规制（钟智锦，2015：70～85，129～130）。引用美国经验，认为公益众筹是募捐的一部分，但在《慈善法》出台后众筹和募捐的区分具有法律意义。募捐的发起方为具备公募资质的公益组织，帮助不特定的对象，属于公共利益；众筹的发起方为个人，不需要资质，帮助特定、具体的个体，属于个人求助。《慈善法》未规制众筹，刘佳琳等认为募捐适用于《慈善法》，众筹适用于《合同法》（刘佳琳、马卫东，2018：99～101）。

2. 互联网对众筹和募捐的影响

从技术角度来看，作为一种媒介和信息工具，互联网与传统的电视、报纸等相比呈现出不同的特点。互联网支付便捷、平台开放、信息传递效率高（王少辉等，2015：26～32，81～88），为公益行业提供了直接面向大众的沟通渠道。在中国语境下，互联网还打破了以往募捐的地域限制，可以超过登记地范围面向全国募捐（金锦萍，2017：162～172）。在互联网上个体捐助意愿高，捐赠金额和时间花费较低（邵培樟、张朦薇，2019：94～103）。互联网的技术特征也被更多微观维度的研究所开拓，例如募捐的“默认选项”设置为低金额会提高捐赠意愿，因为高金额会增强人们的被操控感，进而减少了捐赠行为（樊亚凤等，2019：415～527）。

刘如、方小焕、王熔（2016：30，34）也发现，微信上筹款效果与目标金额、捐款金额正相关，募捐比例和“一起捐”人数是中介因素。钟智锦发现新浪微博上支教助学类项目的筹款率高于环保和医疗救助，基金会和非政府组织（NGO）发起项目的筹款率高于政府、企业和媒体项目，转发次数和目标金额与筹款率正相关（钟智锦，2015：70～85，129～130）。Qian 和 Lin（2017）发现发起人的良好信誉可以提高筹款率，但这被另一项研究质疑，针对腾讯公益的统计分析表明，项目发起方的性质（如官办和民间公益机构）不显著影响捐赠者行为，捐赠者对项目的透明度关系关注度不高（鲁毅等，2015：38～39）。结论的差异可能来自两个原因：研究方法与材料的差异，微博与微信传播机制的不同。

3. 众筹和募捐存在的问题与治理

互联网募捐信息平台存在法律监管漏洞、公募标准不明、运营欠规范、慈善捐助失信等问题（杨伟伟，2019：145～154）。《慈善法》允许通过两个渠道发布在线募捐信息：民政部指定的互联网募捐信息平台、公募组织自有网站。而且《慈善法》未纳入众筹使社会舆论和新闻媒体而非公权力承担了监督众筹平台的主要责任，各相关方法律责任不清、权利义务关系不明，存在以公益众筹替代慈善募捐、逃脱法律监管的漏洞（姚菊芬，2019：33～34，57）。国内众筹以互联网公司、电商等商业平台为主（张丙璐，2018：231～234），目前对于这些众筹平台运作和风险控制，既没有法律要求，也没有行业自律机制（柯湘，2017：57～64）。在信息不对称的现状下，众筹平台存在和筹资者串通的倾向，带来虚假众筹、过度众筹等问题（郭爽、孙英隽，2017：55～57）。众筹诈捐问题从公安机关侦办的角度来说，存在定罪、属地管辖难以确定，证据提取与固定困难等问题（凡宇、单萧萧，2019：114～116，121）。从社会层面来看，众筹的效果评价机制缺失，平台准入、行业自律与信息披露要求欠缺（匡亚林，2018：138～145+164）。

如何治理互联网募捐与众筹的种种乱象？这涉及政府、平台和行业等不同主体。部分学者呼吁加强政府监管（傅蓉，2017：37～39；周婵等，2017：45～47），也有观点认为政府对于新生事物不必急于介入（柯湘，2016：64～68，83），由机构审慎监管向行为监管转变（柯湘，2017：57～64；郭爽、孙英隽，2017：55～57），或者应降低公募审批门槛，遵循市场化原则，减少行政干预，采纳最低限度原则，交由第三方评估机构制定标准，推动行业自治（杨伟伟，2019：145～154）。法律措施也是必备的，刘圃君对2006年到2015年募捐等互联网慈善领域的犯罪行为进行分析发现，2008年以后犯罪数量、金额均有明显增长，有期徒刑是承担刑事责任的主要方式，罚金刑适用也较多（刘圃君，2018：79～87）。

金锦萍（2017：162～172）和杨伟伟（2019：145～154）都指出平台的监管责任。虽然在线捐款直接进入公募组织账户，但互联网平台绝非中立的技术工具。金锦萍基于《慈善法》及配套规章指出，平台要承担以下责任：公益组织募捐资质和信息真实性审核、免费服务、协助调查、数据保存等。本文认为，互联网募捐平台主要由商业公司所有，平台对于互联网公益监管责任的凸显，是市场力量（平台所有者）深度介入公共治理的表征（金锦萍，2017：162～172）。

（三）公益组织与公众研究

公众和公益组织是互联网公益的参与主体，这一部分讨论三个话题：公益组织与互联网的关系、公众与互联网的关系和互联网对公益行业的影响。

1. 公益组织与互联网的关系

公益组织与互联网的关系有两类：一是工具性地使用互联网，二是整个组织依托互联网生存。在工具性使用维度上，良好的内部治理是保障互联网传播能力的前提，而不是资金实力或技术人才（林敏华，2014：31～39）。另一项研究也认为，组织规模而不是资金更能决定组织传播能力，国内草根公益组织的能力总体较低（马贵侠等，2015：47～53）。社会组织对互联网的使用在资源获取、知识信息管理、数据分析、工作协作等方面差距较大。公益领域的互联网技术使用不足源于专业化程度不够（王振耀，2017：64）。

公益组织为了更好地使用互联网，探索了一些组织、策略创新。如浙江金华乐施会在互联网捐赠平台上设立有偿社工岗位，具有劝募师的雏形，劝募职业化有助于劝募的规范化和科学化，这是组织创新的尝试（赵挺、徐家良，2015：72～76）。王瑾等以公益从业者为对象，讲解了如何利用社交媒体做公益营销、使用新媒体进行众筹和数据可视化（王瑾、周荣廷，2016：3）。Tian Luo（2012：289～296）对草根公益组织（一公斤网和格桑花网）的研究发现，其互联网动员策略是在政治许可、企业关系等环境性因素影响下不断调整的，这是策略创新的尝试。

互联网推动了公益的组织化，是集体行动的动力，其作用不仅限于社会动员中的辅助工具（樊红敏，2012：10～12）。一些组织不再只以互联网为工具，其募捐、组织、传播乃至生存都依赖于互联网，可以称为互联网公益组织。这类组织存在专业化程度低、人才匮乏等问题（谢治菊等，2020：55～56），而且组织结构不规范，有公信力危机的隐患（果佳等，2012：64～67），其优点在于感情色彩浓厚，奉献精神充分，凝聚力、号召力和集体行动能力强（沈一兵，2017：49～53，75）。为此互联网公益组织采取了信息化策略、伦理化策略、合法化策略、市场化策略、社会网络化策略的多元组合来进行资源动员（王玉生等，2014：119～125）。

2. 公众与互联网的关系

从公众的角度来说，互联网公益是一种集体行动，而且与以往政府的对抗性集体行动不同，更多体现了建设性特点（樊红敏，2012：10～12），普通公民在这个过程中拥有了更多的信息权力，这是一种蕴于关系网络之中的建构性权力（宋辰婷，2015：81～87）。Yu Haiqing（2017：35～49）发现微信捐步属于“市场为导向、消费者为中心”的个人主义参与，公益事业被用作培育和实现新自由主义公民的平台，转移了公民的政治批评，并降低了公民在线下参与公益活动的热情。

在公众中，大学生群体被研究得较多（黎红丽等，2019：22～24；孙晓雪等，2019：78；陈伟平、郑春玲，2020：114），也有成果分析了特定个人的公益活动，指出马云的公益决策是“策略性而自主的”（strategic but authentic）（Jakob & Stehr，2015：119～133）。Zhou 和 Han（2019：709～723）等对草根公益参与者的研究发现，互联网提供了发声和沟通的空间，草根参与者往往将公益视为微小的善行、带来幸福感的行为，不认同规范化、专业化，也试图与机构和公司区分开来。草根参与者虽与国家权力保持距离，但社会流行观念对其参与行为产生直接影响，这些观念与新自由主义注重的效率、专业性和问责不同。在个人主体的视角下，以互联网为代表的新媒介不只是一种工具，更是权力。互联网公益关乎的是自我的生命底色，要回归生命本身，以生命传播的视角进行研究，从心智上的感知与体验中、从日常生活中、从实践与行动中去认识（师曾志，2015：46～47）。在这一视角下，公益需要在互联网上实现“公众知情”而不是“信息发布”，在动态关系中实现公开透明（宋奇，2018：

50～51）。

3. 互联网对公益行业的影响

互联网对于公益行业的影响体现在产业链变迁、透明度、大众化方面。就产业链来说，郑筱婷（2016）基于产业经济学视角，对比了传统公益基金会大包大揽式产业链与互联网公益的新型产业链，认为在新型分工模式下基金会不再具有垄断地位。刘秀秀（2014：78～83；2017：67～72，146）以技术/组织互构的理论进行分析，认为官方公益组织与互联网的互构关系存在边界，组织会在不涉及官办性质的领域利用互联网进行改革，如人事改革、公信力建设。互联网降低了官方慈善组织的社会公信力，同时也对民间慈善组织的制度化建设提出更高要求。“九九公益日”体现的是政府、企业、社会组织的跨界合作，共同的理念是合作的基础，相互资源依赖是合作的动力（王爱华，2019：70～79）。

就透明度来说，区块链具有分布式记账、去中心化、非对称加密特征，这将重构信任机制，利于解决信息披露和透明度问题，改变慈善领域的信息披露机制、善款追踪机制、政府的信息监管机制和对慈善机构的审计机制（张楠、王名，2018：79～94）。此外，直播可以增加公益透明度，形成全民公益文化氛围等（马丽，2017：75～77）。

就大众化来说，互联网公益面向大众，是“全民公益”（冯叶露，2018：20～24），有助于网络市民社会的形成（毕素华，2013：168～172）。但也有观点认为，算法逻辑、平台技术正在将同情文化改造为功利性的爱心表演，把善心社区改造为消费社区，一种“技术神话”正在笼罩着互联网公益（叶晓君，2018：110～118）。

（四）公益传播研究

公益传播涉及多个不同的维度，概念边界较为模糊，本研究将其大致区分为作为广告的传播、作为公关的传播、作为募捐的传播和作为舆论的传播。这涉及公共机构、公司、公益组织、公众等行为者（actors），也有研究发现，传统媒体也在积极参与互联网上的公益传播（吴道锷，2016：89～90）。

1. 公益广告传播

公益广告的目的是动员和宣传公益理念，推广公益行为。早期文献指出互联网公益广告有以下特点：交互性、广覆盖、多媒体、低成本、效果可测。因而可以取得良好的传播效果（汤劲，2006：96～97；魏加晓，2012：61～63）。但后续研究的效果评估在一定程度上否定了这种技术乐观主义判断。对喜马拉雅 FM 的研究发现，虽然数字音频平台在媒体属性、受众特征和传播机制等方面与传统广播差异显著，但广告的覆盖面和影响力依然相当有限（初广志、何婧文，2019：119～123，130）。对优酷的研究发现，用户自发行为会消解公益传播效果，用户观看广告后的公益参与是滞后的、被局限的、反抗的（倪宁、雷蕾，2013：78～88）。也有研究认为，公益广告效果与广告类型有关，幽默型公益广告较受观众喜爱（杨欣、王毅，2018：245）。

2. 公益公关传播

公益同时也是企业公共关系的一部分，公益传播呈现出个性化、公共化、多元化特征，适合展示企业社会责任（周如南、陈敏仪，2016：50～51）。高秋月等（2019：30～33）对蚂蚁森林的公益传播效果研究发现，绿色金融公益认知效果稍好于碳账户认知效果，传播广度（接触效果）好于传播深度（沟通效果和行动效果）。蚂蚁森林推动企业的公共关系从单向变为双向互动（刘茵，2020：82～83）。

3. 公益募捐传播

为了募捐而传播，催生了社交媒体上的公益事件型营销。2010 年以后，舆论领袖主导、以微博为主要载体的事件营销火爆一时。在“冰桶挑战”“免费午餐”这样的事件营销中，名人参与促进了传播覆盖面的扩大（张艺凝、靖鸣，2014：9～12）。募捐者综合使用线上线下结合、纵向宣传和运作平台、答谢机制等多种传播策略，收到良好效果（杨伟龙、何康杰，2013：172～174）。名人效应不只限于募捐，Elaine 和 Xu（2017：244～262）等人分析李宇春的网络论坛，发现“明星—粉丝”社交网络既建立了虚拟参与社区，又促使粉丝进行志愿参与。大部分青年用户是追随舆论领袖参与互联网公益，并完成身份认同的（杨芊、冉华，2019：40～45）。

为了募捐的传播还与传播内容密切相关，青年白领的公益参与度与年龄、性别、税后收入等无显著关系，而与感知到的易用性、内容感染力和可信度、微信公益满意度正相关（刘晨光，2017：38～43）。募捐文字中说明型和积极框架结合的方式最能激发捐款意愿（杨治菁，2015：19～24；李静、杨晓冬，2018：64～79，127）。恰当使用图片可以提高筹款率，过多的文字描述和过于复杂的捐赠目标会降低筹款率（Qian & Lin，2017）。众筹的内容与募捐有所不同，在转发大病求助等众筹信息时，信息被视为负面、低品位的，知觉负面评价是转发的主要阻碍，转发行为主要是利己的，参与者依据人情交换规则来决定是否转发（李彪，2017：94～96，112）。

4. 公益舆论传播

互联网舆论对公益话题的讨论中，“罗尔事件”受到较多关注和研究。“罗尔事件”反映了优势个体对于互联网的有效利用，事件中舆论的分流化、社群化和话语权的分散可能带来监管反弹（韩运荣、张欢，2018：147～152）。“转发=捐款”的暗示，是一种诱导分享，加速了事件的爆发性传播（欧阳果华、王琴，2017：68～75）。也有研究认为罗尔遭到人肉搜索、罗尔婚内出轨谣言、罗一笑病逝后“爸爸是该死的”等评论，是一种网络暴力（朱颖、陈坤明，2017：28～31）。公益传播的道德失范、创意匮乏、逼捐等现象影响了公益的社会感知（廖继红，2016：113～114，123）。

舆论危机与公益慈善行业的信任、公信力建设息息相关。信任指的是社会成员之间相互的善意假设，公信力则指特定主体，如公益组织或整个公益慈善行业，受到社会公众信任的能力。情感信任与认知信任是互联网公益与参与行为之间的中介因素（钱玲，2015）。在信任层面，互联网使信任的时间－空间条件发生变化，形成和维持信任遇到挑战，因此有学者提出了信任的情感动力模型（赵文聘、徐家良，2019：87～97；张杰、覃柯文，2017：59～62，79），即移情—信任—同情—慈善行为，其中移情和信任是网络同情发生的前提，而同情是网络慈善行为的动力，一旦互惠法则和地位差异法则被颠倒，参与者情绪就会反转，慈善行为就会终止。公信力危机反映的不仅是技术问题，而且有深层次的价值危机，要守卫公益的“价值理性”，从公益平台、具体项目、制度规范上予以解决（许英，2019：54～61），要进行制度性再组织，依托大数据等互联网技术，构建“全景敞视信任维持平台”（赵文聘、徐家良，2019：87～97）。

（五）微公益研究

微公益是知识图谱中出现频次最高的关键词，主要研究微博和微信上的公益行为。微公益这一概念可以追溯到2009年，新浪微博2011年4月官方开通“微公益”账号，2012年2月上线“微公益”平台，现在“微公益”是独立频道，涵盖公益信息发布到募捐的各项功能，是新浪的与腾讯公益、支付宝公益等对等的公益产品。

互联网作为一个平台，集成了多样甚至对立的传播时态。微信和微博的差异表现在更便捷的支付手段、用户的强关系等方面，使得微信微公益的参与形式更加多样（方杏、张丹丹，2014：119～121）。钱玲（2015）界定了微公益的三个维度：事项特征属性、社交媒体策略、可参与性。发现情感信任与认知信任是微公益与参与行为之间的中介因素。芦琼莹（2017）分辨了微公益募捐广告的九种说服策略，发现情绪类策略增加参与人数，逻辑和可信策略提高捐款额度，从而增进了对微公益中使用不同策略产生不同传播效果的认识。刘绩宏（2017）基于传播学函化理论，提出微博公益传播的函化效果受信息累计接收量、信息易获得性、信息代表性影响，三个因素的影响强度依次递减。

微公益存在群内动员、跨群动员和超群动员三种动员模式，其中群内动员以公益团体为核心，存在"小团带动大群"特征，跨群动员的话语存在由归因框架产生愤怒、由解决问题框架培养信任的特点，以情感为主要特征，超群动员需要取得媒体属性议程（沈阳等，2013：96～111）。社交媒体促进公益参与以"群"和"圈子"两种逻辑形成，它们分别与公共行动者的"信息化"与"社交化"媒介使用偏向相对应，在"群"逻辑中行动组织的社交取向与公益的常态化、专业化发展相矛盾（仇筠茜，2015：77～95）。

微公益的困境在于社会、行政、政治和法律合法性的不足，这些困境需要通过国家－社会关系调整、公益组织制度化建设、慈善立法等渠道来摆脱（郭枫等，2011：167～168）。

三　结论与讨论

（一）现有研究评价

本文通过整理2006～2020年中外学者关于"中国互联网公益"的研究，通过对出版和发表的著作、学术论文的关键词检索，CiteSpace软件分析，析出我国互联网公益研究的四个子领域，即众筹与募捐研究、公益组织与公众研究、公益传播研究、微公益研究，初步辨析了互联网公益研究的主要范畴和问题。

从研究领域和内容来看，互联网公益作为一种新兴的公益慈善模式受到了学者的普遍关注，从多个学科视角进行相关问题的剖析，有助于发现我国互联网公益的特征、模式和存在的问题，以学术研究提供相应的实践指导，促进我国互联网慈善的进一步发展。同时，从研究数量和质量来看，成熟的研究成果不多，研究年限较短，多学科交叉带来了多种研究视角，但是也存在研究深度不足的问题，可以说，我国互联网公益的研究仍处于较为初期的阶段，仍然需要从理论、方法和视角等多方面进一步深入剖析，以推动互联网公益的深度研究。

从中外发表文章数量来看，英文研究成果较少，且英文成果较少关注抗争政治、审查等研究话题，反映英文学术界更关注国家和社会分立乃至对抗，而不是协同。Wang Jing（2019：38）在哈佛大学出版社出版的专著 *The Other Digital China*：*Nonconfrontational Activism on the Social Web* 中表示，互联网公益是非对抗行动主义（nonconfrontational activism），在中国已经广泛存在。王瑾认为，西方很多学者认为中国民众在互联网上面对的是洗脑、监禁和恐惧，并通过公开批评乃至街头革命进行反抗，这与中国的实际情况不符。中国的互联网公益需要也值得国际学术界的更多关注。

（二）未来研究方向

基于以上讨论，未来对互联网公益的研究可以重点关注以下三个方面。

第一，除了宏观和微观层面的互联网公益研究，可以增加中观层面的互联网本体剖析和研究，即在概念上辨析“什么是互联网”。门户网站、社交媒体和搜索引擎都是互联网，然而其技术特点与影响机制有巨大差别。未来需要形成更丰富的“中观概念”，即将互联网细分，并超出具体产品（如蚂蚁森林）。现有成果已经在这个方向上做了尝试，微公益研究的是微博与微信这类社交媒体，比互联网的概念边界更加清晰，技术特点也更加明显，产生了相当数量的文献。在这个方向上，“平台”概念的引入有可能提供新的贡献。

第二，研究主体方面从关注互联网技术转向利用技术的公益组织及个人，利用管理学、组织行为学、心理学、社会学等学科知识，探究互联网技术这项生产力如何影响生产关系，以组织和个人的主观能动性带来更多的公益创新。回顾现有文献发现，几乎所有单向度的结论都会受到质疑，互联网已经深刻地改变了中国公益慈善行业的面貌，但技术并不能自动地对社会实践产生影响，要经过环境制约下主体（人）的策略性使用。大到互联网对公益行业的影响是积极的还是消极的，小到游戏化公益是高扬人的主体性，还是互联网公司为了追求流量而扭曲公益，破除简单的技术决定论和线性因果思维，并对于这些问题进行更细致的辨析，将推动研究的继续进步。

第三，进一步完善及丰富研究方法，方法论的规范及大数据、机器学习、爬虫技术等互联网研究工具的使用将是未来研究的主要方向。现有成果中使用较多的方法，定量范式有多元统计分析、社会网络分析、心理实验法，定性方法有案例分析、话语分析等。例如，沈阳等在分析微公益的动员模式时，群内层级使用 UNICET 软件进行社会网络分析，跨群层级采用人工编码的框架分析（沈阳等，2013：96～111）；樊亚凤等人的综合实验室实验、田野实验和网络实验进行的研究，对实验室的心理实验结果进行描述性统计，随后在高校 MBA 学生中进行田野实验，验证真实场景下的外部效度，最后通过网络调查平台进行在线实验，排除其他影响因素（樊亚凤等，2019：415～527）。定性研究也可以以规范严格的方法论进行，如李海芹等（2019：268～278）对互联网公益的社会认同影响因素的研究，使用扎根理论与访谈法，经过逐句编码、逐个主题编码、主轴编码，形成结构框架并进行理论饱和度检验。未来对互联网公益的研究，可以综合利用定量和定性研究方法，形成“理论建构、实证验证、方法创新、材料完善”的知识生产流程，并按照相应的规范进行。解决了逻辑层次随意跳跃、不结构化地搜集和处理材料、关注舆论热点而不是行业重要议题等问题后，学术研究才能和互联网公益行业一起成长。

参考文献

北京师范大学中国公益研究院、国际公益学院（2018）：《2017 中国互联网公益发展报告》。

毕素华（2013）：《网络民权社会与公共慈善精神的培育》，《理论探讨》，第 6 期。

陈伟平、郑春玲（2020）：《提升大学生互联网公益救助的信任参与度实践研究》，《教育现代化》，第 16 期。

陈悦等（2015）：《CiteSpace 知识图谱的方法论功能》，《科学学研究》，第 2 期。

初广志、何婧文（2019）：《数字音频平台上的公益广告传播研究——基于喜马拉雅 FM 的分析》，《现代传播（中国传媒大学学报）》，第 6 期。

樊红敏（2012）：《互联网与网络草根公益行动达成》，《郑州大学学报》（哲学社会科学版），第 6 期。

樊亚凤等（2019）：《网络公益平台默认选项设置对个人捐赠意愿的影响及作用机制》，《心理学报》，第 4 期。

凡宇、单萧萧（2019）：《网络公益众筹诈骗案件的侦办难点及其突破》，《法制与经济》，第 3 期。

方杏、张丹丹（2014）：《微信：微公益发展的又一机遇——以腾讯公益官方微信账号“Hi 公益”为例》，《东南传播》，第 8 期。

冯叶露（2018）：《“互联网＋公益”的筹资模式探索——以 13 家慈善组织互联网公开募捐信息平台为例》，《西部学刊》，第 12 期。

傅蓉（2017）：《网络公益传播的法治与监管研究》，《出版广角》，第 14 期。

高秋月等（2019）：《“互联网＋”模式下绿色金融公益传播效果分析——以蚂蚁森林为例》，《现代营销》（信息版），第 6 期。

果佳等（2012）：《从“格桑花”危机透视中国网络慈善组织的可持续发展问题》，《中国行政管理》，第 11 期。

郭枫等（2011）：《从网络公益组织看中国“草根”非政府组织的合法性问题》，《社团管理研究》，第 3 期。

郭爽、孙英隽（2017）：《互联网金融推进行为监管的研究——以公益众筹平台为例》，《电子商务》，第 7 期。

韩运荣、张欢（2018）：《当前网络慈善舆情的特点、解析与前瞻——以“罗尔事件”为例》，《现代传播（中国传媒大学学报）》，第 4 期。

金锦萍（2017）：《〈慈善法〉实施后网络募捐的法律规制》，《复旦学报》（社会科学版），第 4 期。

匡亚林（2018）：《网络公益众筹中个人救助的参与效果何以评价？——兼论认同性危机的消弭之道》，《华中农业大学学报》（社会科学版），第 6 期。

柯湘（2017）：《互联网公益众筹：现状、挑战及应对——基于〈慈善法〉背景下的分析》，《贵州财经大学学报》，第 6 期。

柯湘（2016）：《我国互联网公益众筹平台的运作及其风险自控机制探析》，《海南金融》，第 11 期。

李彪（2017）：《社交媒体平台议题的动员策略与表达机制——基于新浪微公益平台众筹项目标题的文本分析》，《当代传播》，第 6 期。

李海芹等（2019）：《网络公益社会认同影响因素及产生机制研究》，《管理评论》，第 1 期。

李静、杨晓冬（2018）：《社交媒体中“医疗众筹”信息分享行为研究：转发还是不转发？》，《新闻与传播研究》，第 2 期。

黎红丽等（2019）：《指尖公益的参与意愿及其影响因素研究——以广州大学生为例》，《教育观察》，第 10 期。

联合国开发计划署（2016）：《中国互联网慈善》。

廖继红（2016）：《微公益传播的问题和对策》，《中国广播电视学刊》，第 4 期。

刘晨光（2017）：《青年白领参与微信公益活动影响因素实证研究——基于广州青年

白领参与微信公益活动的调查》，《东南传播》，第4期。

刘绩宏（2017）：《微博公益传播涵化效果研究》，北京：中国传媒大学出版社。

刘佳琳、马卫东（2018）：《论“互联网+”时代下慈善募捐与个人求助》，《社科纵横》，第8期。

刘圃君（2018）：《慈善领域犯罪的时代发展与刑法应对——基于慈善领域10年刑事案件样本的思考》，《东北大学学报》（社会科学版），第1期。

刘如、方小焕、王熔（2016）：《“微公益”背景下微信平台的公益传播效果研究》，《西部广播电视》，第19期。

刘秀秀（2014）：《官办抑或民办：中国慈善事业在网络化时代的变局》，《思想战线》，第6期。

刘秀秀（2017）：《互联网对官办慈善组织的互构式影响及其边界》，《国家行政学院学报》，第4期。

刘秀秀（2018）：《互联网公益的发展生态及其治理》，《国家行政学院学报》，第5期。

刘茵（2020）：《浅谈公共关系视域下企业微公益营销》，《发展》，第3期。

林敏华（2014）：《对公益组织互联网传播能力的实证研究——以广州本土公益组织为例》，《青年研究》，第1期。

芦琼莹（2017）：《微公益募捐广告说服策略与个人公益参与行为影响研究》，华中科技大学博士学位论文。

罗莹等（2015）：《中国互联网公益平台的创新发展研究》，《中国青年研究》，第7期。

鲁毅等（2015）：《微公益影响因素分析——以腾讯公益为例》，《市场周刊（理论研究）》，第10期。

马贵侠等（2015）：《草根公益组织互联网传播能力评估指标体系实证分析》，《中国青年研究》，第9期。

马丽（2017）：《网络公益直播的模式及其社会价值探析》，《传媒》，第9期。

倪宁、雷蕾（2013）：《基于互联网的公益广告公众参与研究——以优酷网“扬正气，促和谐”公益广告视频单元为例》，《国际新闻界》，第4期。

欧阳果华、王琴（2017）：《情感动员、集体演出和意义构建：一个网络慈善事件的分析框架——以“罗一笑”刷屏事件为例》，《情报杂志》，第8期。

仇筠茜（2015）：《“群”与“圈子”：互联网公益行动组织机制的实证研究》，《全球传媒学刊》，第3期。

钱玲（2015）：《微公益特征对个人公益参与行为影响研究》，华中科技大学博士学位论文。

邵培樟、张朦薇（2019）：《人们会在网上做更多慈善吗？——“互联网+慈善”模式对个体慈善行为影响机制研究 》，《财经论丛》，第6期。

沈阳等（2013）：《微公益传播的动员模式研究》，《新闻与传播研究》，第3期。

沈一兵（2017）：《网络公益组织、集体行动与社会稳定——基于南京市X社区青年志愿者论坛的调查》,《中国青年研究》, 第 11 期。

师曾志 (2015):《生命传播: 实践中的救赎与创新——兼论深圳关爱行动》,《中国社会组织》, 第 7 期。

宋辰婷 (2015):《微公益 2.0 中的信息权力建构——以“天津爆炸事件”为例》,《福建论坛》(人文社会科学版), 第 12 期。

宋道雷、郝宇青 (2014):《从传统公益研究到网络公益研究的变迁——中国公益研究状况述评》,《社会科学》, 第 2 期。

宋奇 (2018):《生命传播视域下互联网慈善“知情同意”原则》,《青年记者》, 第 34 期。

孙晓雪等 (2019):《大学生网络公益参与现状观察》,《劳动保障世界》, 第 23 期。

汤劲 (2006):《我国网络公益广告发展趋势探讨》,《新闻界》, 第 3 期。

王爱华 (2019):《基于互联网平台的公益跨界合作: 过程、机制与风险——以腾讯“99 公益日”为例》,《公共管理与政策评论》, 第 1 期。

王瑾、周荣廷主编 (2016):《互联网 + 公益: 玩转公益新媒体》, 北京: 电子工业出版社。

王少辉等 (2015):《基于移动互联网的慈善捐赠运行机制研究——以湖北省“拯救一斤半早产儿”慈善募捐活动为例》,《电子政务》, 第 3 期。

王玉生等 (2014):《网络公益组织资源动员策略探析——以广西公益联盟的成员组织为例》,《学术论坛》, 第 8 期。

王振耀 (2017):《探索“互联网 +”时代中国公益规模化与专业化的均衡发展》,《人民论坛》, 第 6 期。

魏加晓 (2012):《互动型网络公益广告研究》,《新闻知识》, 第 11 期。

吴道锷 (2016):《传统媒体公益传播的转型路径》,《东南传播》, 第 8 期。

谢治菊等 (2020):《论网络青年公益组织的发展——基于广州市 B 组织和 W 组织的对比》,《岭南学刊》, 第 3 期。

许英 (2019):《新时代微公益公信力研究之相关理论的述评和反思》,《湖南师范大学社会科学学报》, 第 3 期。

杨芊、冉华 (2019):《舆论领袖与网络公益: 一种新型公益传播模式》,《中国出版》, 第 20 期。

杨伟伟 (2019):《“七维”协同治理: 推进我国互联网公开募捐信息平台的规范化建设——基于首批 11 家公开募捐信息平台的分析》,《理论月刊》, 第 6 期。

杨伟龙、何康杰 (2013):《微公益传播策略分析——以免费午餐为例》,《新闻世界》, 第 7 期。

杨治菁 (2015):《框架效应与语言学风格对微公益募捐效果的影响》,《心理技术与应用》, 第 8 期。

姚菊芬 (2019):《网络公益众筹的法律困境及解决对策——以我国〈慈善法〉为视角》,《法制与社会》, 第 15 期。

杨欣、王毅 (2018):《辽宁省互联网 + 公益广告发展现状》,《计算机产品与流通》，第 5 期。

叶晓君（2018）：《技术神话光环下的中国慈善公益》，《文化纵横》，第 5 期。

张丙璐（2018）：《中国公益众筹互联网生态格局的构建研究——基于 36 家互联网众筹平台的对标分析》，《现代商业》，第 2 期。

张杰、覃柯文（2017）：《新媒体慈善行为的情感动力机制研究》，《现代传播（中国传媒大学学报）》，第 2 期。

张楠、王名（2018）：《公益 4.0：中国公益慈善的区块链时代》，《中国非营利评论》，第 2 期。

张艺凝、靖鸣（2014）：《“ALS 冰桶挑战”事件的传播学思考》，《新闻爱好者》，第 10 期。

赵挺、徐家良（2015）：《网络慈善与劝募职业化——以金华施乐会为例》，《行政论坛》，第 5 期。

赵文聘、徐家良（2019）：《制度性组织、新纽带与再嵌入：网络公益慈善信任形成机制创新》，《社会科学》，第 6 期。

郑筱婷主编（2016）：《互联网 + 公益产业链发展报告》，北京：经济科学出版社。

钟智锦（2015）：《社交媒体中的公益众筹：微公益的筹款能力和信息透明研究》，《新闻与传播研究》，第 8 期。

周婵等（2017）：《规制网络慈善的现实困境与突破方向——以“罗尔事件”为例》，《新闻前哨》，第 1 期。

周如南、陈敏仪（2016）：《互联网时代的公益传播新趋势》，《新闻战线》，第 15 期。

朱健刚主编（2015）：《中国公益慈善发展报告（2014）》，北京：社会科学文献出版社。

朱颖、陈坤明（2017）：《基于社会化媒体平台的公益传播伦理困境》，《今传媒》，第 3 期。

Elaine, J. & Xu, J. (2017), “Celebrity-Inspired, Fan-Driven: Doing Philanthropy through Social Media in Mainland China”, *Asian Studies Review* 41 (2), pp. 244 – 262.

Jakob, B. E. & Stehr, C. (2015), “The Caring Crocodile: Jack Ma's Philanthropy in China”, *Sustainable Development and CSR in China*, Springer, Cham, pp. 119 – 133.

Luo, T. (2012), “Grassroots Mobilization of Internet NGOs in China: the Cases of www. 1kg. org and www. geshanghua. org. ”, in Proceedings of the Fifth International Conference on Information and Communication Technologies and Development (ICTD '12), pp. 289 – 296.

Qian, Y. & Lin, J. (2017), “Antecedents of Project Success in Donation-Based Crowdfunding-Based on Tencent LeJuan Platform in China”, *Cloud Com* 2018.

Wang, J. (2019), *The Other Digital China: Nonconfrontational Activism on the Social Web*, Cambridge, Massachusetts, U. S: Harvard University Press.

Yu, H. Q. (2017), “Philanthropy on the Move: Mobile Communication and Neoliberal Citizenship in China”, *Communication and the Public* 2 (1), pp. 35 – 49.

Zhou, H. Q. & Han, E. L. (2019), “Striving to Be Pure: Constructing the Idea of

Grassroots Philanthropy in Chinese Cyberspace", *VOLUNTAS: International Journal of Voluntary and Nonprofit Organizations* 30 (4), pp. 709 – 723.

A Research Review of Internet Philanthropy in China (2006 – 2020): An Analysis Based on CiteSpace

Song Qi, Zhang Nan & Liang Huizhu

[**Abstract**] Internet Philanthropy (also known as Internet Charity, Micro Philanthropy, Online Philanthropy, or Online Charity) attracts much academic attention in China. However, there is no comprehensive review in this field yet. This article collects journal articles and books in Chinese and English academia from 2006 to 2020, and analyze the knowledge mapping of this field with the help of CiteSpace. Four main topics are identified thus: crowdfunding and donation, nonprofit organizations and the public, communication, and micro philanthropy. Based on the definition of Internet philanthropy, this article discusses the specific development of the four topics. The article reveals that different disciplines are incorporated into the field of Internet philanthropy based on their theoretical resources and consciousness of problems with a variety of theories and methods. But there are also some problems, including lack of theory indepth and lack of standardization of empirical research. Future research should pay more attention to the clarification of the concept "internet", the introduction of cross-disciplinary perspection with focus on organizations and human and the abandon of technology determination, and the development of methodology.

[**Keywords**] Internet Philanthropy; CiteSpace; Fundraising; Philanthropic Communication; Micro Philanthropy

被遗忘的公共生活：儿童公共参与议程三十年*

张　潮　王竟熠**

【摘要】儿童发展是全球治理、社会治理的重要政策议题，随着跨学科理论视野和研究方法的持续推进，儿童的公共参与开始逐渐成为非营利组织、社区服务以及社会工作等领域的前沿议题。推进儿童的公共参与，不仅是联合国《儿童权利公约》实施三十多年的政策倡导方向，也是我国推动儿童积极发展、建立儿童友好型城市的实践目标之一。儿童能力、社会认知、社会服务是影响儿童公共参与的核心因素，我国还要处理好儿童人口基数庞大、地区发展差异较大、儿童校外生活中课业压力繁重等独特情境因素。未来应将国际前沿理念、模式同中国本土实际相结合，以社区非营利组织提供儿童公共参与服务为突破口，重点从政策设计和服务创新纬度进行学术研究，助力创建儿童友好型社会，推动儿童实现美好生活。

【关键词】儿童公共参与；社区非营利组织；联合国；儿童权利公约

---

* 基金项目：国家自然科学基金项目“社区非营利组织参与社会治理的行为模式与有效性研究：基于大数据的实证分析”（项目编号：71804120），广州市青年马克思主义理论人才培养研究重点基地研究成果。

** 张潮，中山大学传播与设计学院副教授，广州市青年马克思主义理论人才培养研究重点基地研究员；王竟熠（通讯作者），北京大学教育学院硕士研究生。

一　联合国《儿童权利公约》与儿童公共参与

儿童发展是全球治理、社会治理的重要政策议题，随着跨学科理论视野和研究方法的持续推进，儿童的公共参与开始逐渐成为非营利组织、社区服务以及社会工作等领域的前沿议题。儿童的发展与权利一直是以联合国为代表的全球治理平台的重要议题，儿童公共参与的权利也在联合国《儿童权利公约》中成为可持续儿童发展的主要目标。2019 年是联合国通过《儿童权利公约》三十周年，《儿童权利公约》作为保障儿童权利和发展的国际性基础公约，对于全球儿童权利的实现和积极发展都有着重要的意义。《儿童权利公约》中第 12 条明确指出：应确保有主见能力的儿童有权对影响到其本人的一切事项自由发表自己的意见，对儿童的意见应按照其年龄和成熟程度给予适当的看待。构建更包容平等的社会、让儿童参与政治经济决策，也被纳入联合国 2030 年可持续发展议程 17 个目标中。由此可见，推进儿童的公共参与，聆听并考虑儿童的想法，让儿童共享权力并参与决策，正越来越成为未来国际发展的重要目标之一。

我国加入《儿童权利公约》后，更是在儿童福利保障、儿童脱贫、儿童公平教育等方面取得了杰出的成就。随着儿童权利实现层次的深入，2011 年，国务院颁布了《中国儿童发展纲要（2011—2020 年）》（以下简称《纲要》），儿童参与原则被列为五项基本原则之一。《纲要》鼓励并支持儿童参与家庭、文化和社会生活，创造有利于儿童参与的社会环境，畅通儿童意见表达渠道，重视、吸收儿童意见。根据《中国儿童参与状况报告（2017）》，我国儿童参与领域广泛，参与意愿强烈，参与能力较强，但目前儿童公共参与也存在制度设计和服务提供的不足：传统课业学习依然是儿童生活的主要内容，学校之外的社区等公共空间的参与没有制度保证；儿童的积极参与缺乏基础的社会支持体系和专业服务提供；儿童参与的一些关键议题被忽略；儿童参与存在群体内部差异等主要问题。2019 年，随着建设“儿童友好型城市”成为深圳建设中国特色社会主义先行示范区的城市发展方向之一，倾听儿童的声音、支持儿童更大程度的公共参与、创造更多的儿童公共参与空间、创新儿童服务则成为政策设计和服务提供的出发点和关键。

基于政策设计和服务创新的现实需求，有必要对国际儿童公共参与的学术研究进行回顾，以便让中国学者和实践者对于儿童公共参与的前沿议题、主要障碍和影响因素有更加科学全面的认知，为本土化的儿童公共参与理论建构、政策设计与服务创新提供基本的国际经验和对话理论。

二　儿童公共参与的影响因素：儿童能力、社会认知与社会服务

突破成人与儿童二元论的现代思维，用更广泛的视角和跨学科方法去研究儿童与童年，成为儿童公共参与研究的主要方法论诉求和趋势。一方面，儿童是许多国家福利和政策的最直接受惠者，推进儿童的公共参与，将儿童视为积极的社会行动者，与包容性社会发展、社会政策的改善以及儿童自身积极发展都有着紧密的联系。大量学者认为，作为对未来的社会、经济、政治和道德投资，儿童的参与已成为与儿童一起工作的关键参考点和发展点（Wyness，2009），应该鼓励和支持儿童与成年人一起参与规划与决策，发展和评估他们的世界（Kelly & Smith，2016）。儿童的观点能够提供直接的信息，使政策制定者、社会工作者等对社会需求更加敏感，尤其是特殊儿童群体可以基于自身的独特经历对某些特定的话题发表意见。如研究表明，残疾儿童能够表达他们对其护理、治疗和生活方式偏好以及相关心理社会问题的看法（Cavet & Sloper，2004），从而在参与和社会包容之间建立联系。另一方面，从儿童自身的角度来看，询问他们的观点也具有内在价值。积极的参与能够提高儿童的技能赋予，增强他们的自尊和自信（Hill et al.，2004；Sinclair，2004）；儿童有机会在参与中从社会资本的消费者发展成为社会资本的创造者（Martikke et al.，2018），并建立自己对公民身份和国家认同的理解（Joubert et al.，2015）。

尽管由联合国倡导与保障儿童的参与权，以及各国根据国情制定相关政策，但儿童公共参与的充分实现受到诸多因素影响。现阶段研究结果表明，儿童参与很少涉及国家、地方的政策文件，儿童在决策过程中似乎仍然是看不见的，很多孩子的声音仍然是闻所未闻或充其量只能在成人感兴趣的事情上有选择地被听到（Hill et al.，2004；Cossar et al.，2013；Matthews，2003；Sargeant，2018）。同时，儿童也对他们的观点被听到并被考虑和采纳持怀疑的态度，他们认为在决

策过程中被忽视了，这也直接影响到他们参与公共生活的意愿（Gallagher et al.，2012；Elsey，2004；Bjerke，2001）。聚焦到特殊儿童群体，结果则更不理想。非营利组织经常忽视他们的意愿，而弱势儿童群体如残障儿童参与决策的积极程度也低于非残障儿童（Cavet & Sloper，2004）。总体而言，影响儿童公共参与的因素主要有以下三个：儿童能力、社会认知、社会服务。

（一）儿童能力

儿童意愿和能力是影响儿童公共参与的基础要素。不是每一个儿童都愿意主动地去参与到公共决策之中，一些是因为没有兴趣，一些是因为缺乏自信，还有一些是因为缺乏足够的知识和阅历。儿童自身的原因所带来的障碍在特殊儿童群体身上则体现得更为明显。例如：有身体残疾和感官障碍的儿童因为沟通、交流、行动等方面的局限，更需要依赖于成年人或照顾者/身体健全的人来表达意见（Tisdall，2012）；对于因为自然灾害或暴力冲突而被迫迁移的难民儿童，战争或灾难后的创伤可能对其造成长期影响，从而阻碍其与更广泛的群体进行良好的参与互动；对于受社会流动影响的移民儿童，语言、种族的差异，国家认可的缺乏，以及其他限制其接受教育和社区接收的政策，也会构成其公共参与的障碍（Glick，2013）。除此之外，儿童群体之间宗教、性别和阶级等因素的差异造成的排斥和歧视也会限制其参与的机会（Shier et al.，2014；Warming，2018）。

（二）社会认知

成年人是儿童成长过程中的陪伴者、监护者和引导者，成年人对于儿童参与的认知不充分、误解和轻视是影响儿童公共参与的最重要因素。许多法律政策所规定的参与事项有着严格的年龄限制，这通常被成年人当作区别于儿童的特权。由于儿童的未成年身份，他们的公共参与活动在很多情况下被视为“未来”的参与（Wyness，2009），他们的公共参与也因此很少被视为一种应有的权利，而是教育方面的努力、一种为将来成为合法公民的准备活动（Kiili，2016）。成年人通常也会将儿童的低年龄与知识和责任意识的缺乏相联系，并认为与他们的互动是不起眼的（Handley & Doyle，2012）。儿童的话语也常常因此被视为非理性、不值得信赖和缺乏责任的（Warming，2018）。基于对儿童意见和观点的轻视和不信任，在与负责儿童的成年人的关系中，儿童在机构中的存在和表达可以包含在决策过程中，也可以从决策过程中排除（Bjerke，2001）；

成年人往往视自己为主要的决策者，而儿童的决定只是他们批准与否的次要决定因素（Khoaja，2016）。同时，随着近些年来社会发展的复杂化、不安全因素的增多，童年时期的特点是儿童行动自由的减少，成年人控制和监督的日益增加（Gill，2008）。成人在对于儿童的扩大化管控中，过分发挥了自己在促进儿童权利概念发展方面的作用，忽略了承认儿童的自我解放技能（Hill et al.，2004）；保护的强制性规则和情况的增多，也让儿童的声音常常被成年人的声音所压制（Kirby & Gibbs，2006）。除此之外，遵照“零和博弈”的假设，与儿童分享权力意味着成人本身会遭受损失。实践表明，有时儿童的声音会与“更大的”、成人所主导的事项发生冲突（Wyness，2009），而满足更现实的，如利润方面的需求，则被认为比满足儿童的需要更为紧迫（Elsey，2004）。

成年人中，家长和教师的影响时间最持续，影响深度也最大。儿童在学习和生活的绝大多数时间里都在和家长或者教师这类成年群体进行互动和接触。家长的引导和态度与其进行公共参与的意愿和效果密不可分；教师能够对儿童进行公共参与意识的教育，并且决定着儿童公共参与的时间和体系性。

一般意义上，儿童认为父母是其最重要的照顾者和社交代理人（Kiili，2016；Cooke et al.，2018），家庭是推进儿童公共参与议程的关键。能够帮助促进儿童参与的良好家庭关系的核心要素是“公平”、“对话”与“支持”。儿童对家庭参与的理解与“公平”观念密切相关，他们希望在家庭参与中通过讨论获得共同的协议，做出共同的决定，而不是一味指示他们应该做什么而不给出理由（Gallagher et al.，2012；Bjerke，2001）。父母应当在出于保护对未成年儿童的部分行为予以管控的同时，承认他们适当的自治权。儿童的公共参与同代理和依赖并不是相对的，儿童希望在表达观点时被视为地位平等的家庭成员，同时也继续依赖于成年人的养育、支持或监管（Bjerke，2001）。“对话”要求父母与儿童之间进行沟通，从而让儿童可以获得充分的信息。儿童需要感到知情，才能做出公正和良好的决定（Cooke et al.，2018）。有研究表明：家庭对话（即家庭内部意见的民主交换）对儿童的政治参与有显著的积极影响，而家庭监督（即控制儿童的行为和意见）对其有负面影响，因此制订适当的参与促进计划，需要家长从监督向对话转变（Rivera & Santos，2016）。“支持”是指在倾听和尊重儿童的同时，支持他们形成和表达观点（Emerson & Lloyd，2017）。除父母之外，儿童还希望能够得到更广泛的大家庭的支持（Shier et al.，2014），这能更好地增强他们参与的意愿。来自家庭的参与支持也是学校、社区等其他单位与儿童开展有效合作的基础（Gallagher et al.，2012）。对于弱势儿童群体，父母更可以积极寻求与教师、社会工作者等社会支持体系的沟通，必要时参与培训和教育，成为他们进行公共参与的引导者。家庭中的成年人应当了解并逐渐肯定儿童的参与权，成为推进儿童公共参与的主要支持者和倡导者。

学校是构建童年和儿童身份的关键地点，是儿童组织和参与以及启动宣传过程的初始空间（Glick，2013）。学校教师是儿童进行公共参与最早的社会接触者，为儿童提供良好的参与教育和机会的核心要素是"尊重"与"协商"。"尊重"有两层含义：一是教师能够超越种族、阶级、宗教等儿童分类"标签"，给予差异的儿童平等的尊重，不让这些成为儿童获得更广泛的平等和公正参与机会的障碍（Hill et al.，2004；Devine，2014）；二是教师能够认识到学生与学校工作人员地位同等重要，儿童要求在参与过程中被尊重地视为代理人（Bjerke，2001）。协商的"成人－儿童"关系是学校参与过程的另一基本组成部分，儿童希望自己拥有平等权利，作为参与者的宝贵观点能被加以考虑，从而为互动和决策做出贡献（Bjerke，2001；Åkerström，2015）。实现"尊重"与"协商"，需要教育工作者基于儿童间的差异进行战略性的教学改革，使民主参与的情境化教育同儿童个体的生活经验一起发展（Joubert et al.，2015；Devine，2014）。有大量证据表明，大多数孩子希望在影响他们作为个人和群体的事情上拥有更大的发言权，但他们不希望这是象征性的和无效的（Hill et al.，2004）。因此，教师可以将为儿童提供参与机会的儿童"制度空间"（如：儿童理事会、学生会等）纳入更广泛的教育优先事项中，为儿童提供合适的机会并让他们承担责任（Åkerström，2015）。同时，教师需要学习在日常实践中做好倾听者和观察者的角色，以便能够为他们提供灵活的支持；恰当地运用成年人的权力地位，避免成人观点对儿童施加过多的影响（Kirby & Gibbs，2006），鼓励他们通过儿童制度空间表达最真实的想法，并促进儿童赋予自己权力的体验式学习过程（Shier et al.，2014）。此外，学校可以通过现代公民教育，有意识地帮助儿童做好参与公共活动的准备（Wheeler-Bell，2014），以建立和维持一个富有活力的美好参与社会（Joubert et al.，2015）。学校与家庭之间也应建立良好的关系，教师应当即时为父母提供信息，尤其是对于弱势儿童群体，应该与其成年代理人员进行沟通并为其提供专业的教育。

（三）社会服务维度

儿童公共参与中的“儿童空间”概念，不仅意味着物理空间，还意味着结合社会实践和关系的社会制度空间，拥有价值、权利和文化的创造与变化的文化空间，以及能够形成对话、协商、审议和培养批判性思维的话语空间（Hill et al.，2004），充分的、更高层次的参与是它的内在要求。典型的为儿童提供公共参与机会的空间包括学校理事会、社区儿童议会、城市公民委员会等，而在实践中，这些空间的构建和运行都被发现与现有社会服务体系中的优先事项存在冲突。例如，在青少年公民委员会中，选举的正式性让儿童对成人形式的政治代表制有一些抵制，从而削弱了其参与的意愿；而社区议事理事会通常被视为组织结构的边缘附属物，缺乏良好的服务引导，导致青少年认为自组织的权力非常有限（Warming，2018），从而并不积极地通过它来表达自己的意见。

社区为更广泛的儿童公共参与扩展和增加了空间与可能性，除了校园，儿童主要的公共生活空间和公共时间都落在社区层面，社区作为儿童经常活动的公共空间，不仅是儿童群体、儿童与成人之间沟通和社会交往的公共空间，社区非营利组织和其中的社区工作者更是作为社会行动主体，承担着为儿童提供专业社会服务的功能，是打造儿童友好型社会的关键推动者。社区非营利组织作为社区治理中的主要社会行动者，在社会服务提供、公共参与培育和社会资本积累等社会治理核心维度都发挥着重要作用（张潮、张雪，2020）。落实到与儿童公共参与有关的社区非营利组织上，其提供的社会服务能否促进儿童公共参与的主要影响因素是“信任”、“专业”、“可持续”与“包容”。

许多研究都提出“信任”关系作为社区参与基础的重要性。建立与儿童的信任关系最有可能通过表现出温暖、友善和幽默来实现（Gallagher et al.，2012），面对面的互动关系对于发展信任也至关重要（Martikke et al.，2018）。只有建立了信任关系，儿童才能真实地反映自己的想法，社区非营利组织中的社会工作者才能对其进行准确的评估，从而帮助其更好地参与公共活动。但是，社区工作者缺乏稳定性、连贯性，流动率高，且与儿童之间缺少信任关系（Gallagher et al.，2012；Handley & Doyle，2012），这对准确评估儿童的想法和他们长期稳定地参与互动产生了不利的影响。

“专业”是指社区非营利组织中的社会工作者具备应有的儿童公共参与支持和协助技能，因为儿童的公共参与离不开专业的服务介入和创新（王名、蔡志鸿，2019），有效的儿童公共参与需要在日常社区公共空间中，结合儿童公共参与权利理念进行更有效的实践（Handley & Doyle，2012）。社区非营利组织内部的项目资金管理与所需的基层行动之间的不匹配以及绩效指标的压力，让许多社区非营利组织的社会工作者没有接受适当的儿童服务专业培训（Matthews，2003），专业性的缺乏导致其在为特殊儿童群体提供服务时存在明显的障碍。对于特殊需要儿童或低龄儿童等群体而言，这样的专业性社会服务更加具有决定性作用，例如对于有沟通困难的儿童，工作人员应当熟练掌握一系列辅助计算机技术等来了解他们并帮助他们表达观点（Murray，2012）；对于年幼的儿童，工作人员应当能够通过语言外的其他手段来感知和了解他们的需要。

“可持续”指社区社会服务应建立有效的评测机制，并随着儿童年龄的增长做出灵活的变化。评测过程能够充分展现儿童审慎反馈信息的能力，鼓励儿童更多地参与有关影响他们生活的计划和服务的讨论（Kelly & Smith，2016）。在社区空间规划时，应当考虑到儿童随着年龄的增长而不断变化的社区活动和参与需求，尊重他们关于环境多样性以及改善自身活动的想法（Elsey，2004），并通过有效的监测和后续跟进，来确保儿童的决策选择在实践中生效（Shier et al.，2014）。在社区非营利组织推动儿童公共参与层面，马修斯（Matthews，2003）提出的社区参与等级模型（对话、发展、互动、整合），可以与希耶（Shier，2001）的儿童参与等级模型（儿童被聆听、被支持表达意见，意见被考虑、被包含于决策制定过程中，在决策制定中分享权力）相结合，为儿童公共参与提供科学、专业的评估和测量工具。反思实践是可持续发展的关键（Kirby & Gibbs，2006），社区非营利组织应当不断在实践经验之中发现问题，激发服务创造力与智慧，推动儿童社区参与的长远发展，与儿童友好型城市的建设形成有效的衔接。

“包容”旨在纳入更多的儿童群体，尤其是一些被边缘化、被遗忘的儿童群体；也包括在实践中确保所有儿童的积极参与，而不仅仅是最善于表达或最有经验的那一部分儿童，确保儿童参与公平（Matthews，2003）。社区非营利组织设置的儿童公共参与服务体系过度的官僚主义、内部政治的约束、评估机制的不健全会影响服务的即时提供与可持续反馈，从而阻碍更广泛、多样化儿童群体公共参与（Matthews，2003；Gallagher et al.，2012）。除此之外，社区非营利组织还需要做好资源链接和服务体系协调工作，基层政府与社区非营利组织合作是促进儿童公共参与迈向更高层次的重要因素之一（Shier et al.，2014），社区非营利组织应当充分调动更多元的社会资源，与政府部门等开展更广泛的合作。

三　儿童公共参与的本土实践与独特性

截至 2017 年底，中国的儿童人口为 2.7 亿人（根据联合国《儿童权利公约》，儿童是指 18 岁以下人口），位居世界第二。社会大转型背景下的人口流动影响了全国约 1.03 亿名儿童，也就是说，每 10 名中国儿童中就有约 4 名直接受到城市人口流动的影响；902 万名 16 岁以下的农村儿童因父母迁移而成为留守儿童，其中有 36 万名处于无人监护状态。[①] 中国儿童的发展情况兼具复杂性与特殊性，中国儿童工作机制与儿童公共参与的具体实践仍旧面临着多方面的挑战（王竟熠、张潮，2019）。国际儿童参与研究所得出的结论以及实践中的经验模式，对我国都有着很好的参考价值，应将这些成果同中国的实际相结合，扎根本土，探索实践和学术研究的中国化，维护儿童的权利，创建可持续的儿童友好型社会，推动儿童更好地成长。

我国儿童公共参与的实践刚刚起步，部分城市主要依托社区非营利组织进行尝试，推动儿童参与服务创新，例如广东顺德区霞石社区在社区非营利组织的推动下，以“儿童”为中心进行了社区服务创新实践探索。2015 年，“环保家庭总动员”项目正式拉开了营造霞石社区的序幕。由星光社工服务中心组成的“社区营造项目组”与社区小学合作，立足居民熟知的社区公共空间——润和公园，引导儿童在家长和社工的陪伴下开展环保教育活动。儿童的环保行动切实改善了社区公共空间的环境，儿童的参与更是有效地带动了广泛的居民对社区事务的关注。随后的两年时间，登“绿”霞石——环保生态路径探索计划、“创忆霞石”——社区花园公共空间改造计划等也陆续跟进。儿童与广大居民一起，通过植物种植、景观设计等，将学习到的生态知识付诸积极实践。2018 年底，在原有的基础上，霞石社区花园委员会成立，儿童与家长、老师、

① 数据来源：中国发展研究基金会《中国儿童发展报告 2017》，中国发展出版社，2017，第 10 页；国家统计局、联合国儿童基金会、联合国人口基金《2015 年中国儿童人口状况：事实与数据》，2017，第 9 页。

居民等在定期举行的集思会上，就社区环境事务进行商议，一同为营造更美丽的可持续生态社区建言献策。通过与地方政府合作，其更是成为顺德区首批社区营造示范点之一，儿童的参与也带动、整合、激发了广泛社区居民的基层自治力量。

社区非营利组织推动的儿童参与不仅培育了儿童的公共精神，更是让儿童群体在具体的案例和行动中不断再生产新的空间。这种生产的过程伴随着儿童群体内部、儿童与家长、儿童与社区等多个维度的协商、协作、互动。

（一）社区公共参与培育了儿童跨阶层交往的平台机制

城市社区作为儿童校外生活和社会交往的主要空间，对于儿童跨群体、跨阶层交往，增强社区认同感具有不可替代的作用。通过社区生态花园建设，以社区公共空间为纽带进行志愿行动协商、参与、行动，不同年龄、阶层的儿童因为一个共同的情感纽带形成了较为常态化的交往、沟通机制，这样制度化的平台机制不仅增加和提高了儿童自我表达的机会和能力，更是对儿童的同理心、共同行动和协作都产生了积极的影响。

社区公共空间营造推动的儿童参与，使得这些儿童能在公共活动中尝试一起了解、讨论和解决问题。“我最难忘的就是种向日葵的那次，我们自己拿着向日葵，种子是生态路径中的向日葵，我们自己去打水，种植向日葵。后面还要照顾那棵向日葵，每次有时间就要去看。”① 更是在这样的参与中，儿童形成了共同分享的感受，通过公共空间的参与拉近了不同阶层儿童的交往距离。“霞石民间生活馆，离我一个朋友的家很近，每次我去参加活动都会叫上她，让她有时间的话，就跟我一起去。”② 接受研究者访谈的儿童们不约而同地表达了类似的感受。

（二）社区公共参与搭建了儿童与其他群体的社交网络

社区公共参与对于儿童发展而言，给予了他们扩展自身社交网络，特别是与成年人进行沟通交往的话语空间。很多情况下，儿童的发展与交往更多的是与同辈人的交往，即使家长互动频繁的家庭，也很难让儿童与其他成年人有交往的网络和机会。但是基于社区公共空间营造的项目拓展了这样的网络。无论在生态公园还是其他以社区为纽带的项目中，都能看到儿童与社工、社区居民

① 田野访谈资料。

② 田野访谈资料。

以及家长在不同层面上的协商与行动互动，而且这样的互动凝聚了社区共同体意识，极大地推动了儿童构建公共社交网络。

儿童与家长的互动关系最早得到突破，不再仅仅局限于学业学习，“公园寻宝，社工把一些谜放在公园里面，要跟爸爸妈妈一起去寻找线索”，“看老人，爸爸妈妈也陪着，妈妈送给老人戴的围巾，送给他，直接送不要钱的”，“听植物的讲座，妈妈还会做笔记，非常认真”。[①] 同时，在这个过程中，儿童与其他成年人（社工、社区居民）的互动也在增强，并且慢慢扩展到对陌生人的关心：“那个义卖蔬菜的时候，爸爸妈妈也会参加，是自己做的食物。自己做食物，有一些是自己的，有一些就是在菜地里摘的菜，然后还有一些要做好，在学校门口卖，收到的钱捐给那些贫穷的。”[②]

（三）社区公共参与培育了儿童的社会资本

社会资本包括信任、规范与网络，儿童在这样的公共空间里能够形成公共参与必要的责任意识和信任关系。在公共空间内，儿童通过交流增强参与意识，通过对话增强彼此信任，从而建立更加稳固的社会关系，推动社会资本的累积。建立了跨阶层的同辈交往机制、儿童与成年人的社交网络，这些都为增加儿童的公共参与的社会资本积累了必备的条件。儿童的特殊性决定了其参与离不开多群体的互动，并且从社区公共空间开始积累与向外拓展。

儿童的公共空间参与首先在物理空间层面明确了“我们”和“他者”的概念，这是内聚性社会资本的特征，“喜欢这里，因为我周围都是熟悉的，到别的地方，全都是陌生的”[③]。其次，随着跨群体、跨年龄的互动常态化，这种“我们”参与我们的社区的意识逐渐增强，“很喜欢自己的社区，周围有竹子，很多树木。还有芒果树，一路都是那芒果树，很喜欢”，[④] 这样的社会资本积累会进一步推动公共意识的增强，不仅是局限于内部的社会资本，更会进一步推动对整个社会生活和“他者”的关注，“就是霞石民间生活馆，离我一个朋友的家很近，每次我去参加活动都会叫上她，让她有时间的话，就跟我一起去”[⑤]。参与社区公共空间的儿童逐渐成为共享生活、分享快乐的主体，并在整

① 田野访谈资料。
② 田野访谈资料。
③ 田野访谈资料。
④ 田野访谈资料。
⑤ 田野访谈资料。

个过程中逐渐增强自我行动的能力。

目前，社区非营利组织推动的一系列儿童公共参与项目总体运行良好，然而，以儿童参与为中心的实践从未来长远的发展来看，还是存在以下制度设计和服务提供方式方面的制约。一方面，与西方社会的儿童照料者不同，中国的儿童照料者认为很多社会性的公共活动是一种针对学业学习的分心（Goh & Kuczynski，2014），因此学业教育同公共参与事项之间的时间、空间上的冲突更为剧烈；我国特有的社会经济、文化背景下的流动儿童群体也在参与时面临如户籍壁垒、学校隔离等带来的制度或结构性障碍（Lu & Zhou，2012）；亲子分离更是给留守儿童群体适应社会、融入社会的能力以及行为自控力等综合发展能力带来影响（宋月萍，2018）。另一方面，从社区组织自身的运作和专业发展来看，社区非营利组织主要服务资金来源于地方政府，开展更加包容和多元的服务需要动员更多的外部慈善资源；儿童社会服务如何与联合国《儿童权利公约》实践理念契合，服务设计如何更加包容、可持续等，都是后续实践中需要不断思考的问题。

四　结论与讨论

我国儿童公共参与议程的实践推进和学术研究，不仅包括儿童能力、社会认知、社会服务三个核心影响因素，还要处理好中国儿童人口基数庞大、地区发展差异较大、儿童校外生活中课业压力繁重等独特情境因素。

在推进儿童公共参与的实践层面，政策设计者和社区非营利组织工作者应当在政策设计、服务创新方面尤其关注不同儿童群体之间的差异，将更广泛的儿童群体如流动儿童、留守儿童、残障儿童等纳入参与讨论的范畴。例如：重视社会性资源在残障儿童照顾与发展中所发挥的作用，健全照顾者的社会支持体系，积极创新社会支持的形式，提供动态化和灵活的社会支持（祝玉红、张红，2018），在参与视角下思考如何让残障儿童群体的照料者能够在家庭、学校之外的社区或更广泛的场所，获取技能培训和及时充分的信息，从而形成对弱势儿童群体参与的良好引导，帮助他们克服由自身限制而产生的参与障碍，让社会护理体系、医疗体系等的发展能够聆听并回应他们的诉求（Zhao & Zhang，2018）。在此基础上，更进一步关注如何通过服务创新和政策试点，让这些儿童群体有机会对更广泛的事项发表自己的看法（张潮，2018），而不仅仅是在与他们有关的特殊问题上才被征询意见。

在推进儿童公共参与的研究层面，一方面，儿童意见表达的意愿和影响机制、决策参与的水平、聆听并吸纳儿童声音的渠道、更友善的儿童公共空间的营造等方面值得进行深入的理论建构和实证检验。我国儿童研究大多从心理学、教育学的视角探讨儿童义务教育、认知程度、情感适应、生理与心理健康、社会保障制度等议题，近些年少数研究开始从社会融合和身份认同的角度出发（宋程成、张潮，2020），考察部分儿童群体的社会文化适应与社会融入。这些都对进一步的参与研究有重要的启示意义，在考察影响儿童参与的多方面因素时，需要来自不同领域的学科知识，特别是关注信息与通信技术（ICT）给儿童的社会互动、公共参与方式带来的巨大变化，有必要从传播学、社会学等学科角度扩展和回应这一现实变化。除此之外，在国际研究越来越多地重视社区非营利组织儿童服务创新的启发下，我国的社区非营利组织在推动儿童公共参与中的作用机制和治理效果也值得更多关注。另一方面，学者们应当在较长的时间内与孩子建立更牢固的关系（Khoaja，2016），以开展长期的追踪研究。研究方式应当从“在他们身上进行”向“同他们一起进行”转变，认识到儿童不仅是研究对象，也可以成为研究伙伴。儿童基于代内视角对同伴的行为或想法的理解可以与研究人员基于代际视角的理论经验相结合，成为研究过程中的重要资源（Åkerström，2015）。在研究中增加儿童的声音，将儿童视为研究伙伴本身也有助于发挥他们的参与权（Kim，2016）。除此之外，有关儿童参与和保护竞争的权衡（Handley & Doyle，2012），儿童参与幸福感经历的背景化描述（Cooke，et al.，2018），参与对儿童个体优势的影响（Rivera & Santos，2016），儿童在参与中对权利与责任的区分（Joubert et al.，2015），成人扮演什么样的支持角色来建立关怀支持关系（Kirby & Gibbs，2006），儿童的参与活动和学业之间的关系（Goh & Kuczynski，2014），难民儿童、残障儿童等弱势儿童群体的参与形式、方式和结果（Moss，2013；王竟熠、张潮，2019）等方面的议题也都需要更多持续的学术关注。

参考文献

宋程成、张潮（2020）：《公众之于特殊需要儿童社会融入支持态度：理论与经验》，《中国非营利评论》，第 1 期。

宋月萍（2018）：《父母流动对农村大龄留守儿童在校行为的影响——来自中国教育追踪调查的证据》，《人口研究》，第 5 期。

王竞熠、张潮（2019）：《回归儿童：社区公共空间营造与儿童参与》，《社会建设研究》，第 1 期。

王名、蔡志鸿（2019）：《以“能力专有性”论政社合作——以两岸防艾社会组织为例》，《中国非营利评论》，第 1 期。

张潮、王竞熠（2019）：《童年的未来：儿童的公共参与和公共空间》，《中国非营利评论》，第 1 期。

张潮、张雪（2020）：《组织能力、合作网络和制度环境：社区非营利组织参与社会治理的有效性研究》，《经济社会体制比较》，第 2 期。

张潮（2018）：《弱势社群的公共表达：草根 NGO 的政策倡导行动和策略》，《中国非营利评论》，第 2 期。

祝玉红、张红（2018）：《智力障碍儿童家庭照顾者的社会支持状况研究》，《社会保障研究》，第 4 期。

Åkerström, J. (2015), "Intra- and Inter-Generational Perspectives on Youth Participation in Sweden: A Study with Young People as Research Partners", *Children & Society* 29, pp. 134 – 145.

Bjerke, H. (2001), " 'It's the Way They Do It': Expressions of Agency in Child-Adult Relations at Home and School", *Children & Society* 25, pp. 93 – 103.

Cavet, J. & Sloper, P. (2004), "Participation of Disabled Children in Individual Decisions about Their Lives and in Public Decisions about Service Development", *Children & Society* 18, pp. 278 – 290.

Cooke, E., et al. (2018), "Autonomy, Fairness and Active Relationships: Children's Experiences of Well-Being in Childcare", *Children & Society* 31, pp. 1 – 15.

Cossar, J., et al. (2013), " 'You've Got to Trust Her and She's Got to Trust You': Children's Views on Participation in the Child Protection System", *Child and Family Social Work* 21, pp. 103 – 112.

Devine, D. (2014), " 'Value' ing Children Differently? Migrant Children in Education", *Children & Society* 27, pp. 282 – 294.

Elsey, S. (2004), "Children's Experience of Public Space", *Children & Society* 18, pp. 155 – 164.

Emerson, L. & Lloyd, K. (2017), "Measuring Children's Experience of Their Right to Participate in School and Community: A Rights-Based Approach", *Children & Society* 31, pp. 120 – 133.

Gallagher, M., et al. (2012), "Children and Families' Involvement in Social Work Decision Making", *Children & Society* 26, pp. 74 – 85.

Gill, T. (2008), "Space-Oriented Children's Policy: Creating Child-Friendly Communities to Improve Children's Well-Being", *Children & Society* 22, pp. 136 – 142.

Glick, E. J. (2013), "Children of Migrants", *The Encyclopedia of Global Human Migration*, pp. 1 – 5.

Goh, L. C. E. & Kuczynski, L. (2014), " 'She is Too Young for These Chores' — Is Housework Taking a Back Seat in Urban Chinese Childhood?", *Children & Society* 28, pp. 280 – 291.

Handley, G. & Doyle, C. (2012), "Ascertaining the Wishes and Feelings of Young Children: Social Workers' Perspectives on Skills and Training", *Children & Family Social Work* 19, pp. 443 – 454

Hill, M., et al. (2004), "Moving the Participation Agenda Forward", *Children & Society* 18, pp. 77 – 96.

Joubert, I., et al. (2015), "Education for Democratic Citizenship through a Literacy-Based Approach: A Case of South African Township Children", *Children & Society* 29, pp. 421 – 433.

Kelly, L. M. & Smith, K. A. (2016), "Children as Capable Evaluators: Evolving Conceptualizations of Childhood in NGO Practice Settings", *Children & Family Social Work* 22, pp. 853 – 861.

Khoaja, N. (2016), "Situating Children's Voices: Considering the Context When Conducting Research with Young Children", *Children & Society* 30, pp. 314 – 323.

Kiili, J. (2016), "Children's Public Participation, Middle-Class Families and Emotions", *Children & Society* 30, pp. 25 – 35.

Kim, C. Y. (2016), "Why Research 'by' Children? Rethinking the Assumptions Underlying the Facilitation of Children As Researchers", *Children & Society* 30, pp. 230 – 240.

Kirby, P. & Gibbs, S. (2006), "Facilitating Participation: Adults' Caring Support Roles within Child-to-Child Projects in Schools and After-School Settings", *Children & Society* 20, pp. 209 – 222.

Lu, Y. & Zhou, H. (2012), "Academic Achievement and Loneliness of Migrant Children in China: School Segregation and Segmented Assimilation", *Comparative Education Review* 57, pp. 85 – 116.

Martikke, S., et al. (2018), "Building Bridges into the Community: Social Capital in a Volunteering Project for Care Leavers", *Children & Society* 31, pp. 1 – 15.

Matthews, H. (2003), "Children and Regeneration: Setting an Agenda for Community Participation and Integration", *Children & Society* 17, pp. 264 – 276.

Moss, D. (2013), "The Form of Children's Political Engagement in Everyday Life",

Children & Society 27, pp. 24 – 34.

Murray, R. (2012), "Sixth Sense: The Disabled Children and Young People's Participation Project", *Children & Society* 26, pp. 262 – 267.

Rivera, R. & Santos, D. (2016), "Civic and Political Participation of Children and Adolescents: A Lifestyle Analysis for Positive Youth Developmental Programs", *Children & Society* 30, pp. 59 – 70.

Sargeant, J. (2018), "Towards Voice-Inclusive Practice: Finding the Sustainability of Participation in Realizing the Child's Rights in Education", *Children & Society* 32, pp. 314 – 324.

Shier, H., et al. (2014), "How Children and Young People Influence Policy-Makers: Lessons from Nicaragua", *Children & Society* 28, pp. 1 – 14.

Shier, H. (2001), "Pathways to Participation: Openings, Opportunities and Obligations", *Children & Society* 15, pp. 107 – 117.

Sinclair, R. (2004), "Participation in Practice: Making it Meaningful, Effective and Sustainable", *Children & Society* 18, pp. 106 – 118.

Tisdall, E. K. M. (2012), "The Challenge and Challenging of Childhood Studies? Learning from Disability Studies and Research with Disabled Children", *Children & Society* 26, pp. 181 – 191.

Warming, H. (2018), "Trust and Power Dynamics in Children's Lived Citizenship and Participation: The Case of Public Schools and Social Work in Denmark", *Children & Society* 32, pp. 1 – 14.

Wheeler-Bell, Q. (2014), "Educating the Spirit of Activism: A 'Critical' Civic Education", *Educational Policy* 28, pp. 463 – 486.

Wyness, M. (2009), "Adult's Involvement in Children's Participation: Juggling Children's Places and Spaces", *Children & Society* 23, pp. 395 – 406.

Zhao, X. & Zhang, C. (2018), "From Isolated Fence to Inclusive Society: the Transformational Disability Policy in China", *Disability & Society* 1, pp. 132 – 137.

The Forgotten Public Life: A Review of the Past Thirty Years of Children's Public Participation Agenda

Zhang Chao & Wang Jingyi

[**Abstract**] Children are the future of nations and important resources for the sustainable development of society. Under the advocacy of modern thinking which breaks through the adult-child dualism and uses broader perspectives and interdisciplinary methods upon child and childhood research, ' Children ' -who were once forgotten in public participation, have returned back to be the focus of research and practice. Moving children's public participation forward is not only the requirement mentioned in the ' Convention on the rights of the child ' signed by the United Nations, but also the real practical goal within China's process of promoting children's positive growth and constructing child-friendly cities. The abilities of children, the social cognitions, as well as the public services are the core elements which impact their public participation. At the same time, China also has to deal with its unique contextual factors including the large populations, the big regional development gaps, the heavy academic burden upon children, etc. Therefore, we should combine the international findings with current Chinese realities. We should take community nonprofit organizations' offering services for children's public participation as breakthrough points, and pay attention to the service innovations and policy designs during our research with the goal of realizing a more child-friendly society and creating better lives for all children.

[**Keywords**] Children's Public Participation; Community Nonprofit Organization; The United Nations; Conventions on the Rights of the Child

从评价到对话：构建新的国别慈善样态描述框架*

史　迈　安姗姗**

【摘要】 在慈善研究中，国别评价体系可以为我们认知不同社会的慈善样态提供重要的方法依据。然而，以往的评价体系大多建立在西方的慈善理论基础之上，使得它们对西方社会以外的慈善文明缺乏适当的关怀，因此难以达到增进文明之间相互对话的目的。出于这样的问题意识，本文从系统视角出发，意在构建一套更具有包容性的国别慈善样态描述框架。这一新框架的特点有三：其一，我们将慈善定义为一种为解决社会问题、增进公共利益而存在的社会行为系统，以此来弱化慈善概念中固有的价值争议而侧重关注实践本身；其二，依据这一定义，我们将慈善系统中所蕴含的资源流动过程剖解为四个基本单元，以此作为观察和描述不同实践样态的基本视角；其三，在此基础上，对照实践经验，我们将驱动慈善系统运转（及运转中的资源流动）的宏观动力归纳为六种基本来源，并以此作为描述框架的具体抓手。

* 本文为福特基金会（美国）北京代表处资助研究项目“世界公益慈善指数研究与发布”（项目编号：20193000197）的中期成果之一。衷心感谢蓝煜昕副教授及其他师友在本文撰写、修改期间给予的宝贵意见。

** 史迈，清华大学公共管理学院博士后；安姗姗，江南大学法学院副教授。

【关键词】慈善；国别比较；描述框架；系统；资源流动

慈善因其非凡的包容性与凝聚力，自古以来便是促进不同文明相互理解与对话的重要方式，也日益成为构建人类命运共同体的重要途径之一。在当今研究领域中，已有众多的以市民社会、第三部门、非营利组织等概念为基础的国别评价体系，这些评价体系为我们认知不同社会中慈善事业的发展程度和差异提供了一定的参考，然而，我们却难以通过这些评价体系来达到增进文明之间相互理解的目的。究其缘由，第一，以往的评价体系多建立在西方社会对慈善的理解以及以其为基础形成的话语体系之上。这些评价体系迎合了一部分西方国家对慈善的规范性认知，但未能良好地顾及西方世界以外所存在的慈善文明形态，以至于一些非西方国家在不同评价体系中所反映出的结果差异巨大。① 第二，以往的评价体系多以量化指数的方式呈现，更多是为了指明国别或地区之间慈善发展程度上的差异。然而就慈善来说，建立评价体系的初衷是更好地增进不同社会文明之间的相互了解，指数化的呈现方式虽易于操作、寓有话题性，但却难以满足全球化背景下的不同文明之间的对话需求，进而也难以形成良好的激励效果。

作为现代社会文明的重要组成部分，慈善是传递公益理念、促进市民社会发展、达成第三次分配的重要手段，其呈现样态往往是政治、经济、文化等多方面因素在历史长河中长期积淀的结果。如同习近平（2020）所说，“文明没有优劣之分，只有特色之别”。单纯用分数的方式评价慈善并不能带来实际帮助，重要的是发现各自文明下慈善样态的独到之处，从而在增进不同国家之间相互理解的同时，分享发展经验、激发创新活力。基于此，本文将借助社会学中的系统思维，旨在从理论层面构建一套应用于互相对话的慈善样态描述框架。

虽同为慈善的评价体系，本文所构想的“慈善样态描述框架”更倾向于提供一种对慈善样态本身进行客观描述的思维方法。我们希望这一框架既可以表达不同社会文明下人们在慈善参与中的真实特征，又能够帮助我们理解其背后

① 如后文所示，以往的慈善评价体系多侧重关注正式化、结构化以及制度化的慈善活动形态，而对那些互助的、非正式的、个人的慈善传统和形式缺乏足够的关怀，并且，这些评价体系同样也无法触及在现代商业与科技等因素推动下出现的新兴慈善发展趋势。例如，在我国近年来互联网技术的高速发展中，慈善活动早已内嵌到网络社交、移动支付、自媒体等新多元场景之中，而以往的评价体系却难以将这些实践囊括其中。

的文化基础、展示其发展趋势和潜力，从而达到不同社会文明之间相互对话的最终目的。当然，构建这一框架的出发点之一也是更好地通过国别比较来认知中国，进而为中国特色的慈善事业发展提供更为多元的理论基础。

在接下来的正文部分，首先，本文将系统回顾已有的几个国别慈善评价体系，并分析其隐含的价值取向及存在的缺陷；第二部分回到有关“慈善”定义的讨论，结合国别比较的目的，指出本文在界定这一概念范畴时的主要取向——弱化慈善的价值争议，而侧重关注慈善的实践本身；第三部分引入系统视角，将慈善界定为一种通过资源流动来解决社会问题、产生社会价值的“系统”，将具体的慈善实践模式呈现为不同的资源流动路径，以此来厘清不同慈善实践的内涵及其之间的边界；在此基础上，第四部分对照现实中的实践经验，将慈善系统中资源流动的动力归纳为六种基本来源，以此作为描述国别慈善样态的具体抓手；文章最后，我们将对新框架的构建思路进行小结，对其未来应用价值进行展望。

一　既有国别慈善指标体系及其缺陷

近半个世纪以来，以西方慈善概念为基础建立起来的慈善理论体系几乎垄断了实践评价的话语权。我们将迄今为止，以国别为对象、在世界范围内取得一定影响力的慈善评价体系整理如表 1 所示。它们包括：由 Lester Salamon 教授领衔的约翰·霍普金斯大学非营利部门研究团队开发的 GCS（Global Civil Society），由马里兰大学的 CIVICUS 团队开发的 CSI（Civil Society Index），由印第安纳大学利来家族慈善学院研究团队开发的 GPEI（Global Philanthropy Environment Index），在比尔及梅琳达·盖茨基金会支持下开发的、专注亚洲慈善发展的 DGI（Doing Good Index），由美国的非营利智库哈德逊研究所开发的 IPF（The Index of Philanthropic Freedom），以及由慈善援助基金会组织行业专业人士开发的 WGI（World Giving Index）。

其中，GCS 将慈善作为现代职业分工下的必然结果，将第三部门看作一类经济实体，通过评估这一部门的专业能力、可持续性及社会影响，来证明非营利部门在创造工作岗位、社会服务供给、社会资本调动等社会经济领域做出的实际贡献；GSI 则从“市民社会”中来，再到“市民社会”中去，通过观察市民社会的结构、环境、价值观及影响，综合判断对象国家的市民社会发展状况；

GPEI关注慈善活动所处的制度环境及资金流动情况，一方面评估对象国对非营利组织的政策友好程度，另一方面为衡量不同国家慈善事业发展环境提供可视化指标，并将发达国家和新兴经济体在经济发展各个阶段对发展中国家的援助状况纳入其观察视野当中；DGI的出发点是提供实践性报告，这一评价体系以行动为导向，通过考察不同国家非营利组织生存及发展的相关制度（包括法律规章制度、税收制度、生态系统及政府采购状况），衡量目标国非营利组织生存和发展的难易程度；另外，IPF主要从制度环境视角来评估各国捐赠活动开展的自由程度；与其他五个体系相比，WGI则相对简单，仅通过对三个问题①的回答来测量不同国家个人慈善行为的活跃程度。

表1　以往慈善评价体系一览

名称	关注侧重	目的
GCS	市民社会	通过观察不同国家市民社会部门的范围、结果、资金和作用情况，解释不同国家非营利部门成型的作用机制，促进或阻碍其发展的因素，评估组织所做贡献及引发的问题，谋求更好地理解目标国第三部门对社会发展的贡献和影响
CSI	市民社会	通过评估市民社会的结构、环境、价值观及影响力，来了解市民社会的发展状况
GPEI	制度环境	通过关注政府、企业和慈善部门之间的合作，了解不同文化中鼓励慈善行为的有效外部机制，以此来评估慈善环境的状况
DGI	制度环境	通过评价法律规制、税收、政府购买等制度，衡量各国非营利组织注册、生存及发展的难易程度等各国非营利部门的活动环境，以评估慈善组织生存难易度
IPF	捐赠行为	通过关注个人和组织从事慈善活动的障碍和激励机制，衡量各国捐赠难易程度与捐赠自由程度
WGI	捐赠行为	通过了解捐赠形式与捐赠动机，评估某一社会环境下个人捐赠的行为习惯

尽管上述几种评价体系各自从市民社会、制度环境、捐赠行为等不同视角对目标国的慈善状况进行了颇为体系性的评估，但这些评价体系的局限性也同样明显。首先，在上述一些侧重制度环境的评价体系中，我们可以明显看出制

① WGI的三个问题分别为“过去一个月中是否帮助过陌生人”、“是否向慈善机构捐助”以及“是否当过志愿者”。

度构建对慈善事业发展的强烈影响，但却无从发掘其背后更深层次的因素所带来的冲击。而现代慈善事业发展形态与特点的不同背后，正是不同的慈善文化渊源（杨方方，2009），这使得以往评价体系看似简洁明了地概括出了一个社会的慈善特征，其实却只停留在“知其然，而不知其所以然”的尴尬境地。① 其次，以往评价体系多以第三部门非营利组织开展的“正式”（formal）慈善活动为评估抓手，但并不重视其他广泛存在于社会生活中的“非正式的”（informal）或“本土特色的”（indigenous）慈善活动。然而，不可否认的是，在大量亚非拉的发展中国家中，一些非正式的慈善活动依然在为当地居民的日常生活提供大量不可或缺的帮助。② 忽视了这些因素，几乎就等同于否定了这些社会中慈善本身的存在。最后，尽管以往的评价体系多将关注的重点置于慈善的“发展程度”之上，但随着近年来慈善活动“去组织化”和“去中介化”趋势的出现，这些评价体系愈来愈无法捕捉到慈善样态的全貌。例如，在网络社交、移动支付、流媒体技术等互联网技术快速发展下，我国社会的慈善活动已逐渐内嵌到社交、消费、追星等众多日常生活场景当中，而这些慈善活动反而成了标榜“现代”的西方评价体系所鞭长莫及的“后现代”领域。

由此可见，以往众多评价体系所真正关心的，或许并非真正意义上的“慈善发展程度”，而是西方社会主导的话语体系下慈善的“西式现代化”（或称为“西方化”）程度——世界上其他国家的慈善是否也如同西方国家这样发展，相较于走在前列的西方国家我们又差距几何？这些评价体系成立的基础，毫无疑

① 例如，在 GPEI 中，菲律宾在“跨境流动”（cross-border flows）一项中获得 4.25 分，成为东南亚地区得分最高的国家。根据研究团队的解释，这里的“跨境流动”主要是指与境外有关的慈善捐赠或公益资助等活动。通常来说，这样的跨境慈善活动往往掣肘于冗杂的官僚体系并受到本地政府严格的监管，东南亚地区在这一方面呈现整体较弱的态势，但菲律宾可谓是一朵奇葩。而从施雪琴（2002）、王晓东（2015）等学者对菲律宾非政府组织的发展历史的整理来看，菲律宾的慈善事业乃至现代社会体制，在很大程度上是 15 世纪以来长期殖民历史和近百年来土地斗争中，西方国家持续文化输入所产生的结果。时至今日，大量菲律宾人口移居海外务工生活，境外菲裔的移民文化中跨境的捐赠文化（diaspora philanthropy）无疑也助长了这一分数（Opiniano，2005）。

② 例如，在埃塞俄比亚社会中，被称作 Idir、Ikub、Afersata、Debo 的地方特色性非正式慈善活动便很好地印证了这一论点。其中，Idir 指在死亡时为葬礼提供互助服务及心理支持服务的社区组织，Ikub 指提供储蓄和信贷服务的非正式金融组织，Afersata 是为邻里进行调解及提供帮助的社区组织，Debo 是由本土农民组成并进行互助活动的自助组织（Teshome et al.，2014）。

问均是西方社会在自身原有的慈善实践中所形成的规范性认知。而基于这样的认知所形成的评价体系，无疑从建构之初就会排挤那些与自身话语体系格格不入的文化传统、价值观念以及生活方式等。换言之，既有评价体系往往都是在观察“现实”之前，便已用自身既有的“经验”确定了慈善样态认知的边界，因此才会对自身社会文明以外的慈善形态缺乏适当的包容。

二　对于“慈善”概念的理解

为了破解以往评价体系的局限，本文所构想的慈善样态描述框架采取了截然相反的逻辑——通过观察和描述“现实”来理解不同文明下慈善的“经验”，也就是通过对慈善样态的客观描述来理解其背后的文化根源，以此来谋求对不同文明最大限度的包容性。然而，若要建立一个兼收并蓄的慈善样态描述框架，必须首先回到对“慈善”概念及其本身范围的理解上。

作为社会文明在历史长河中的长期沉淀结果之一，慈善所包含的内容与跨越的范围均极为广泛，即便是在西方社会，长久以来人们对慈善的含义也是众说纷纭，并未形成一个统一的理解（Sulek，2010a）。表 2 梳理了以往研究中几个典型的慈善定义，从中我们不难发现“慈善”这一概念涵盖的元素可谓复杂多样，既有动机（利他主义、价值观）、资源（时间、金钱、财产）、组织（各种各样的行为主体），也包括制度（政策、法律）、产出（社会服务、志愿者活动等）和效果（公共利益）等。尽管在不同的研究语境下出现不同角度的定义，或将其落脚在不同范式中也理所当然，但综合来看，这些元素似乎并没有被有序串联和排列，这使得当我们将“慈善”这一概念放在某一社会环境下来实际观察其样态时，很难对其实践活动的具体构成和范围进行明确的界定。

正如以往学者在对慈善概念的分析讨论时指出的，这一概念与我们常说的“民主”相似，其本身就是一种带有较强内在矛盾属性的“本质争议概念”（Van Til，1990）。本质争议概念（essentially contested concepts）一词是由英国哲学学者 Gallie（1956）在 20 世纪中叶提出的，专门用来描述“必然会导致概念的使用者无休止争论的概念”现象。套用前者给出的辨识标准框架，Daly（2012）对慈善这一概念所内含的“本质争议性”特征进行了体系性的归纳。其中，最重要的有两点。

表 2　有关慈善定义的整理

出处	定义	关键词
Grimm（2002）	以相对于个人或群体的社会与公益为目的，基于志愿者组织、自愿捐赠等利他行为所产生的社会关系（p. xviii）	公益、自愿、相互关系
Ostrander（2007）	在捐赠者与受予者之间，以共同关心的项目话题为基础，通过相互之间的合作活动建立起来的社会关系（p. 358）	捐赠、合作、相互关系
Payton & Moody（2008）	以公益为目的的自发性活动，具体来说包括捐赠、援助活动、志愿者团体等带来社会变革、形成创新的机制（p. 6）	公益、自愿性、社会创新机制
Frumkin（2006）	慈善是捐赠者个人价值观的一种表达，从中可以看出其关心的特定社会问题和对待社会的方式，也可以理解为通过捐赠来增进公共利益的活动，因此慈善是那些带来可持续创新性效果的活动（p. 6）	捐赠、公益、社会创新、社会活动
Salamon（1992）	为了公益目的的、来自私人捐赠的时间或资源……同样也是私人非营利部门的主要收入来源（p. 180）	公益、资源、非营利部门
Smith et al.（2006）	在不期望获得类似利益的情况下，为了利他或公共服务目的，将金钱、财货或服务（时间）分配给家庭以外的一个或多个个人或非营利组织（p. 181）	资源、公益、家庭以外、非营利组织
Anheier & List（2005）	对公共利益的长期、更深层次的承诺，寻求解决社会问题的根源（p. 15）	公益、承诺、解决社会问题
Allavida（2006）	寻求根除贫困、痛苦和不平等根源的方式，在增进人类福祉的同时，激发和促进个人成长（p. 16）	解决社会问题、福祉、个人成长
Dodgson & Gann（2020）	既包括直接捐赠金钱、时间和专业知识等，也包括通过从根本上解决捐助者关心的问题来促进社会进步（p. 6）	捐赠、资源、解决社会问题

其一，慈善内涵的道德评判色彩（appraisiveness）。Sulek（2010a；2010b）在对西方语境中“philanthropy”一词的含义变化进行整理时指出，慈善在过去更多的是表达被称为“人类爱”（love of humankind）的高尚道德。这种对于慈善的朴素理解起源于古希腊，传承于 Bacon 所在的文艺复兴时期，并几经发展延续至今。即便是在现代西方社会中，也不乏像 Schervish（1998）一样的学者将慈善解读为“一种基于博爱（caritas）所形成的社会关系”。时至今日，人们更习惯将慈善的价值规范与另一种高尚情怀，也就是所谓的“公益”联系起来，就如同 Payton（1987）以及其他很多学者也会将慈善简洁地定义为“为了

公益（public good）的志愿行为”。

尽管这种带有明显价值取向的定义方式似乎同样也可以描述出慈善概念的大致轮廓，但如同 Freeden（1996）所指出的，正是因为在这样掺杂着强烈道德色彩的定义中道德评判与现实描述笼络在了一起，人们在接受价值取向的同时也不经意间默认了其中的行为描述，而其中的“行为”则进而固化成了一种具有规范意义的价值期待。[①] 另外，Daly（2012）还认为，我们将（单纯“作为”行为的）慈善和道德评价捆绑在一起，就会导致对规范期待本身的争议（contested normative valence）。尤其在不同时期或不同社会环境中，社会对于某些道德的评价标准和理解也是不尽相同的，慈善未必在社会的演进中一直被赋予正面的意义。例如，资中筠（2015）在回顾中国公益事业发展时提到，在新中国成立之后到改革开放之前的很长一段时期，慈善行为被批判为“富人的‘伪善’，目的是瓦解和麻痹劳动者的意志”。[②]

其二，慈善概念的内在复杂性与多样性表述特征（internal complexity and diverse describability）。由于慈善活动的内涵元素复杂多样，学者在定义这一概念的时候，通常需要关联另一些概念——如表 2 中列举的公益、捐赠、社会创新、非营利组织等去解释，而这些被关联的概念本身也未必就存在统一的定义或明确的解释（Sulek，2010a）。对于研究者来说，当将概念应用到实际问题分析时，不可避免地对这些关联概念产生了各自的理解或判断标准，于是便催生出对概念多种多样的描述范式，也就是所谓的“多样性表述”。

Sulek（2010a）指出，以往引发慈善概念争议的论点往往都与以下三个核心的关联概念有关：一是有关参与志愿性的纯粹性问题，在很多慈善参与中，

---

① Daly（2012）在论文中提到一个非常著名的案例，也就是表 2 中作为现代慈善研究的代表人物 Lester Salamon（1992）给出的定义——“为了公益目的（public purposes）的、来自私人捐赠的时间或资源……同样也是私人非营利部门的主要收入来源”。依据 Daly 的见解，发展慈善事业确实是为了满足公共利益，但这一定义投射到政策层面，便会成为影响行业发展的关键，这是因为对于作为外部治理主体的政府部门来说，慈善落到实务层面便成了单纯的“向非营利的私人部门投钱”。

② 这种认知并非与社会形态有关，即便在资本主义世界中对于慈善的理解也不见得都是积极正面的，其所提倡的道德也经常与善良主义（do gooderism）、钱权交易（patronage）等消极描述相关联。时至今日，对于慈善的批判性观点仍然广泛存在于英国（Kisby，2010）、俄罗斯（Lindenmeyer，1998；Dinnello，1998），以及拉丁美洲（Thompson & Landim，1998）等的社会当中。

即使是个人意愿也有可能驱动于其他道德规范、社会义务、宗教信仰等更深层次的动机要素；二是有关慈善公益价值与其他附加价值之间的兼容问题，就比如慈善活动中，企业、政府等一些主体的慈善参与行为，有可能也会伴随其他利益的产生；[①] 最后是有关慈善本身到底是一种“为了达成特定目的的手段”还是一种“社会关系”或是纯粹的“私人领域行为”的争议，这一点也被认为直接导致了不同慈善定义最终“落脚点”上的区别。而这些带有不同侧重点的概念表述之间再次形成微妙的张力，反过来又进一步增强了慈善概念在理解中的内在复杂性（Daly，2012）。[②]

尽管从某种意义上来说，这些基于不同角度的定义促进了人们对“慈善”这一现象的多元化理解，并从中派生出了带有各式前缀的下位概念，极大地拓展了这一概念范围。[③] 但值得注意的是，来自不同角度、有不同侧重点的定义描述也为研究者带来了一个颇为棘手的现实问题，即概念的统合性问题。就如同 Katz（2005）指出的，这些定义描述看似枝繁叶茂，但实则缺乏统一的认知基础和相互之间的关联说明，这使得我们在实际研究中，很难在这些慈善概念与它们延伸出来的下位概念之间划出明确的边界。因此，在实际的现象分析中，多数概念或许只能顾及局部的要素而非事实的全貌，并不能说所有的概念理解都具有普遍意义上的可操作性以及可以达到预期的分析效果（analytic gains）。

除了上述两点特征之外，Daly（2012）在文章中还指出，慈善所具备的开放性格（open character）、学者在实际概念应用中的自我主张与相互对立

① 无独有偶，关于“慈善”概念范围的规范性争论在我国现今的公益学界也是屡见不鲜。例如著名的“两光之争”便可以看作一场涉及市场化影响慈善价值和道德内涵的争议；再例如近年来出现的“行政吸纳社会”（或“治理吸纳社会”）便是围绕政府参与慈善事业的方式方法及程度问题而展开的讨论（Kang & Han，2007；朱建刚、严国威，2020）；另外，诸如“企业社会责任”“社会企业”等商业领域活动是否应当被纳入“慈善”概念范畴等问题，迄今在学界仍然存在一定的争议。

② 关于这一点，从中文语境中经常出现的“慈善”与“公益”两词的含义辨析（曾桂林，2018；陈梦苗，2020），或者英文语境中“charity”与“philanthropy”的辨析中便可见一斑。以后者为例，Gross（2003）认为 charity 一词隐含怜悯的感性色彩，是指个人与个人之间的捐赠，而 philanthropy 则是基于理性与制度化的捐赠，其目的是达成更为广大的社会目的。但也有学者认为将两者分开其实并无意义，因为 charity 也可被认为包含于 philanthropy 之内（Ostrower，1995），或者说 philanthropy 本身就是通过支援捐赠的方式满足人们的慈善需求（charitable need）的过程（Van Til，1990）。

③ 例如“市场慈善（marketized philanthropy）”（Nickel & Eikenberry，2009）、“催化慈善（catalytic philanthropy）”（Kramer，2010）、“企业慈善（venture philanthropy）”（Moody，2008）等。

(aggressive and defensive use of concept)以及习惯援引典型事例(exemplar)的定义方式等因素，同样加剧了这一概念的本质争议性。尽管以上这些因素的存在使得慈善无论如何定义都难调众口，但也正是在对概念定义的持续争论中，学者们开始意识到，所有概念描述无一例外都要回归到慈善的实践本身。Frumkin(2006)引用 Care(1973)的说法，将这一现象概括为“实践的终结”(practical closure)。也就是说，在所有定义的方法路径中，直接指向慈善行为、尽可能如实反映实践全貌的定义策略成为减轻这一概念“本质争议性”最有效的方法。

由此可见，尽管慈善的含义在不同语境下众说纷纭，难以统一，但为了尽可能降低慈善概念固有的本质争议程度，达到我们所期待的尽量清晰、具有可操作性且可以包容不同文明下的实践样态等目标，在对慈善进行定义，以及在构建其描述框架时至少可以做出两个方向上的努力：一是弱化概念中道德层面的倡导因素，使这一新的框架尽可能保持价值观上的中立，以便为更多的群体所接受；二是在描述中尽量囊括慈善样貌的整体，避免侧重于对如捐赠、志愿服务等某一个环节的描述而忽略了实践全貌。

三 作为资源流动过程的“慈善系统”

鉴于以上对以往评价体系和慈善概念的认识，本文从慈善实践的行为视角入手，尝试将慈善定义为“利用捐赠所得资源来解决社会问题、增进公共利益的社会行为系统，以及其中所蕴含的资源流动过程”，并以此为基础构想了描述慈善样态的框架。这一框架由两个部分组成：一是对慈善样态本身的结构透视，在这一部分中，我们参考了系统理论并对慈善活动的核心结构进行了剖解，以此来确立一种认知慈善实践的中立视角；二是参考福利多元主义理论对慈善实践，也就是资源流动的外在动力进行了区分。

利用系统的思维来认知慈善或是将慈善作为一种社会问题解决系统的想法由来已久。随着慈善在现代社会中扮演的角色日益重要，对于慈善的系统性思考方式也在变得愈加普遍。Shapiro 等(2018)将是否具备“系统性特征”作为辨别现代慈善与传统慈善的重要依据，这也可以理解为资中筠(2015)所说“授人以鱼”与“授人以渔”之间的本质区别。引入“系统”的思维方式来认知慈善，无疑会为观察慈善样态带来更强的解释性。然而需要注意的是，以往研究中指出慈善具有系统性特征的居多，对慈善系统的结构和功能进行细致剖解的较少。也就是说，“系统的慈善”俨然已成为一种共识，而对“慈善的系统”的认知却依然停留在模糊的状态。

针对这个问题，我们认为，若要从系统的角度观察不同社会文化中、不同发展时期慈善样态的差异，一个基本前提在于需要承认慈善存在本身的客观性，也就是把慈善视为一种为解决社会生活问题、创造社会价值、增进公共利益而存在的中立社会系统，而不是某一个部门、某种意识观念影响下的专属产物。慈善系统作为不同动力发挥作用的载体，在社区（个人、家庭）、市场、第三部门、国家等各种部门共同参与和驱动下形成资源分配的秩序，并得以在稳定运转中持续、高效率地解决社会问题。

从这个角度来说，认知慈善样态的关键并不是强调各种部门或主体之间的对立关系，而是应当将着眼点置于“慈善”这项行为本身。从结构－功能主义理论的视角来说，一方面，唯有将认知慈善活动的结构作为基础，才有可能知晓各种部门和主体在慈善中的参与路径与扮演的角色；另一方面，慈善作为一种由不同宏观动力共同驱使的产物，其强弱、显著与否也取决于不同部门和主体在慈善系统当中功能发挥的具体程度高低；再一方面，如前文所述，无论基于何种理论、何种视角认知慈善的观点，最后无一例外都要回归到慈善活动的实践本身（Frumkin，2006）。出于这样的理解，如图 1 所示，本文对慈善系统进行了解构，并在此基础上对其中各种主体可能扮演的角色、参与路径以及相应的功能发挥进行了梳理。

依据资源的流动过程，本文将慈善系统的结构剖解为四个主要单元，并对各个单元中发生的主要行为和相对应的行为体（角色）进行了划分。在这一结构中，“捐赠”是输入端（input）中发生的主要行为，作为行为体的“捐赠者”既可以是个人，也可以是团体。“参与活动、利用服务、直接受益”所指向的是资源流动的输出端（output），本文将有问题需求的个人、家庭以及社区等作为这一单元的“受益者”（当然，从集合的思维来看，这里的“受益者”也可以指向社会或国家等更广层面的单位）。而介于两者之间的中间过程（process）是资源从初始的零散状态被统筹、管理、调配，进而转化为具体的资助或服务的一系列中介环节。这一过程进而导向整个链条的终点，也就是生活需求得到满足、社会环境得到改善等，最终实现公益增进的目的（outcome）。

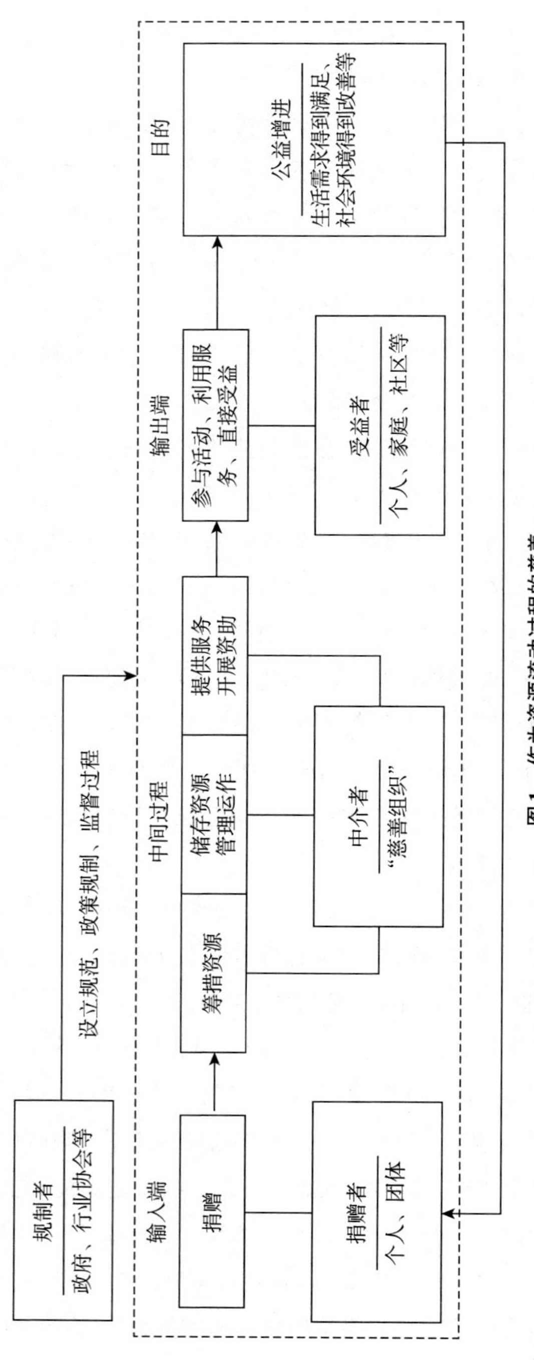

图1　作为资源流动过程的慈善

图 1 的结构表达了一种慈善活动开展的“一般性”范式，在此基础上，系统内资源流动的不同路径延伸出不同的实践风格，同时也为确定不同实践样态的边界提供了依据。例如，在未被组织化（无组织参与）的慈善实践中，作为中间过程的中介单元并非必要。尤其在一些原始的、非正式的慈善行为当中，资源可以跳过中介环节由捐赠者直接到达受益者手中。而在相对正式化的活动中，这一环节通常由组织（或由若干个组织协作）来完成，我们将这一部分的行为体定义为“慈善组织”①。在这一单元中，“慈善组织”通常需要完成三项具体工作，一是对应前者“捐赠”的“筹措资源”，二是对应后者“参与活动、利用服务、直接受益”的“提供服务或开展资助”，三是介于两者之间的环节，即将筹集到的资源进行储存，并对组织本身进行“管理运作”，以便更有计划和成效地进行资助和服务提供，或缓存一时无法被消化的资源。

在理想情况下，慈善系统应当是自成循环的——当受益者的问题得到解决时，便创造出了相应的社会价值，公共利益也得到了增进，这样的价值创造可以激励更多的社会成员参与到慈善系统中，从而产生新一轮的资源流动。当然，这里区分“捐赠者”、“中介者”与“受益者”只是为了方便理解资源的流动过程，在很多情景下，三个角色群体并非绝对割裂。例如，在社区慈善活动中，捐赠资源的人、将资源转化为实际价值的人以及最后享受这些价值的人，往往可能是生活在这一空间范围内的同一群体。

需要注意的是，慈善参与者之间未必仅靠自身就能形成合理的秩序，尤其是牵扯到庞大的善款的使用问题时，防止其中的腐败，设置一些机制保证分配环节的正当性和公平性也是有所必要的，因此，慈善系统的正常运作还需要“规制者”的帮助。规制者位于资源流动过程之外，对整个过程实施监察监督，确保每个参与者能够各司其职，使整个链条可以形成稳定的内部运行秩序。另外，规制者还可以通过政策手段为系统的运行提供良好的外部环境，使其尽可能满足相应的效率要求，尤其在“正式”的慈善活动中确保中间单元的“慈善组织”是串联整个资源流动过程的核心，这要求扮演规制者角色的行为体至少能对“慈善组织”具有绝对的支配权力，只有这样才能实现对整体系统的控制。因此，在通常情况下，慈善系统中规制者这一角色由具有公权力的政府或

① 此处加引号使用是为了区别中文语境中法理概念上的慈善组织。

受到多数组织认可的行业协会来扮演。

仅从资源处理的角度来看，图1所示的慈善系统似乎与其他资源处理系统并无区别，一件普通的商品（或服务）从原材料投入、生产制造到交付到使用者手中、满足消费需求，进而创造出商业价值也大抵遵循这样的循环过程。但使这一系统成为“慈善”，本文认为至少需要同时具有三点特质：其一，作为慈善系统起点的资源投入一定始于“捐赠”而非其他，这种资源投入方式在“无偿属性”上区别于一般商业生产活动中的利益追逐，在“自发属性”上又不同于公权力支配下的强制行为；其二，受到这一属性的影响，慈善系统中的资源流动过程应当是既非一味追求效率，也不以绝对公平为准则，而是应当兼顾两者，并在两者的平衡中谋求达到解决社会问题的目的；其三，慈善系统的导向一定是为了“增进公益”，其创造出来的价值既不为了满足特定人群的私益，也不适用于少数服从多数的原则，而是为了增进不特定多数人群的利益。

四　驱动系统运转的宏观动力

本文将慈善理解为一种为了解决社会问题、增进公益而存在的资源流动过程，并结合社会学中传统的系统理论视角将其归纳为图1所示的基本框架。这个框架又以资源流动的具体过程为顺序分为四个单元，每个单元中包含了相应的行为，每种行为又会有其相应的角色（行为体）。有些行为和角色，在通常情况下，会由一些相对固定的部门来进行和扮演。就比如前文提到的，在通常情况下，政府都会在其中扮演“规制者”的角色，这是因为公权力更容易约束整个过程中其他的参与者，方便使其形成稳定的秩序。

但从理论上来说，这并不代表这些角色就一定是被某一个特定部门所独占。例如，作为“中介者”的“慈善组织”似乎应当具备民间性和非营利性，但在一些特定时期或场景下，企业、政府、社区甚至个人可以更好地发挥出资源整合调度的功能。而在现代社会中越来越多的场景下，这一功能的良好实现甚至需要几个行为体通力合作。因此，慈善作为一种通过资源分配达成公益增进目标的手段，其中角色扮演的机会应当是开放的。就如同“黑猫白猫论”一样，只要能发挥出相应的功能，各种行为体和部门都应当拥有扮演其中角色的机会，至于究竟由谁来扮演更为恰当，或许取决于不同的效率性表现，也或许取决于不同的文化传统和社会背景因素。

各种行为体、部门在不同单元中扮演的角色、参与的程度各不相同，为慈善系统的运转提供了不同的动力来源，因而也才使得在不同社会发展阶段、不同政治环境中、不同文化传统下，慈善呈现出截然不同的样态特征。这就如同世间颜色虽五彩缤纷，却终究可以被看作三原色在不同配比下的呈现结果，这些驱使慈善系统运转的动力是使慈善样态展现出五彩斑斓的“原色”。本文将其来源分为国家、市场、非正式（部门）、社区、专业（领域）以及宗教六种类别，并将它们作为观察一个国家或地区慈善样态的具体抓手。①

其中，国家慈善是指由代表国家的公共部门参与慈善、驱动慈善事业发展。② 这种状态明显与否，或对慈善到底能产生多大的驱动效果，取决于国家在慈善系统中扮演的具体角色和相应的功能发挥。结合前文的框架来看，国家作为“规制者”发挥的规制功能对于慈善系统的正常运作来说是基础，就比如2016年颁布实施的《慈善法》就是国家通过法律形式参与慈善的典型案例。而国家在“捐赠”环节实施动员则无疑扩大了慈善在公众当中的影响力，是一种推动慈善事业发展的间接方式，但“动员”应当同样遵循“自愿性”的前提原则，强制的“行政摊派”显然并不包含在其中。“官办慈善”或许是国家慈善最为直接的呈现方式，即国家成为“慈善组织”的行为体，对资源亲自进行筹

① 这种区分方式借鉴了传统福利多元主义理论的观点。在福利多元主义理论中，以往学者根据供给行为体的公私属性（public vs private）、供给本身是否具有营利目的（for-profit vs non-profit），以及服务是否以正式形式提供（formal vs informal），将社会中所有的服务供给主体从宏观层面分为国家、市场、社区（也包括个人、家庭）以及第三部门——这四种从原理到表现形式都截然不同的部门（Pestoff，1992；Evers，1993）。但与福利多元主义理论略有不同，慈善语境之下，首先，本文将其中的第三部门开展慈善活动看作以增进社会公益为主要使命、致力于慈善系统中资源调配和效率提高的专业部门，并将其重新命名为“专业慈善”。同样，由于“社区”一词在中文语境中的含义与英文中的“community”多有区别，且通常不包括个人、家庭等，因此本文在慈善语境中着重关注这一部门本质区别于其他部门的非正式性，将其与我们熟知的、具有实体边界的“社区”区分，分别重新命名为“非正式驱动慈善”与“社区驱动慈善”。另外，在以往福利多元主义理论提供的四个部门的框架基础之上，本文还参考了Cnaan等学者关于宗教在公益慈善实践中存在意义的见解，将宗教作为一项与前者并列的独立观察维度（Cnaan et al.，2004）。

② 需要注意的是，作为“动力来源”和“慈善”两个概念的合成短语，本文使用的“××慈善”一词，与第75页注释③中列举的各种概念的意义并不相同。从表述方式上来讲，既不是“××和慈善”这样的并列结构，也不是“××的慈善”这样的偏正结构，更不是“××等于慈善”这样的同位结构，而是对“××（即这种动力来源的部门）参与慈善事业、在慈善系统中与其他主体合作，并驱动慈善发展”这一实践状态的简略表达。

集、管理和运营以及资助和提供服务。

市场慈善是指商业领域通过市场溢出的方式参与慈善事业并驱动慈善事业发展。在以往的实践中，市场驱动慈善发展的范式可以泛泛地分为两种，一种是企业通过捐赠方式向慈善系统直接投入资金（作为捐赠者），或拿出一部分资金成立基金会、社会服务机构等专业的“慈善组织”参与慈善活动。这种方式在现代慈善实践中比较普遍，在上述的慈善系统中也很好理解。另一种则是企业将慈善所追寻的公益增进目的与自身的商业价值融合，即在商业系统的利益追逐当中兼顾并体现出慈善的价值观念（Wirgau et al.，2010），例如社会企业、创投公益、影响力投资等一系列被称为“新公益”的模式。这些模式同样也可以通过“慈善系统”来表达，而在这些情况下，捐赠的客体并不一定只有货币型的资金，也有可能是非货币型的资源，例如就业机会、社会资本等。

非正式慈善由个人、家庭、社区带来驱动力。相较于前者的国家、市场，以及后者的专业和宗教来说，其最大的特征在于这类主体的“非正式性”，也就是所谓非组织化的存在形态以及非强制性的价值观念。如同前文所述，这些特质使得这类主体自身难以确定清晰的范围或边界，导致它们在慈善活动参与方式和范围界定上的不确定性，进而容易受到以往评价体系的忽视。然而，从这类主体在社会中的集合，也就是市民社会的宏观角度来看，非正式部门在慈善系统中的实际参与和驱动效果却是显而易见的——慈善所仰仗的利他主义精神本就源于人们朴素的善良品德，并在日常生活的互惠中延续至今。

社区慈善是指以基于空间范围形成的群体为驱动力参与慈善事业。这种空间既可以是通常意义上由日常生活构成的活动区域，如字面意义上的社区等；也可以是网络环境下虚拟意义上的活动空间，如由于某种共同爱好或问题关心而组成的兴趣团体。较国家与市场，其特征表现为社区内互助互惠，表现形式比较多样，既包括传统社区中的非正式组织向社区居民展开援助活动，也涉及现代社区中以社区基金会为代表的新式互动。

专业慈善是指慈善事业自身专业化诉求引发的、驱使其自身发展的动力。这种动力如同其所在的第三部门一样，存在合理性源自与其他部门原理的交错之中：在“增进公益”的愿景上，专业慈善与公共部门一致，都是以群体利益的最大化为主求；而在运作形态层面通常又与市场部门中的企业高度相似，都是以组织化的方式呈现在实践当中；但其存在的基础在于市民社会中的志愿精神和互惠原则，这一点又接近于非正式部门。这种动力来自那些致力于慈善事业的组织和专业人士对自身认同的诉求以及系统运转对效率化的追求，其本质是一种内生性的动力来源。尽管这种混合性与内生性的特征使专业慈善看似较难以捕捉，但在实践中它是最易于与其他动力融合的一种驱动力来源。

宗教慈善是指以信仰为基础，宗教团体、宗教活动场所、宗教院校、宗教界教职人员及信徒参与慈善，以宗教驱使慈善事业发展的动力。一般来说，以宗教为动力的慈善表现为以下两方面：一方面，信徒基于个人信仰或宗教义务进行捐赠行为、志愿活动，以回馈社会且提高自身价值等；另一方面，宗教教职人员及宗教背景机构以组织形式直接参与社区服务，或通过宗教仪式、宗教活动等形式引导信徒、一般民众参与宗教捐赠或志愿活动。例如通过礼拜、祈祷、治愈等仪式进行的慈善活动，基于天课、瓦克夫、什一、Hekdesh、Piae-Causae 等宗教制度进行的慈善活动。

五　从评价回归对话

本文所构想的慈善样态描述框架的本质逻辑其实并不复杂，其中间过程就像是在玩 Johanna Basford（2013）发明的涂鸦游戏——慈善系统的构造如同一张黑白线条勾勒而成的手稿，而对其中的宏观动力评价则是将颜色填入其中，最终呈现出的是截然不同的慈善系统画卷。虽然资源在传递和分配上有效率的高低之分，但我们并不认为这些画卷之间一定存在优劣之别，因为每一个社会呈现出来的慈善样态都是其独特社会文化在历史长河中不断积淀而成的结果，它们都具有独特的个性和天然的美感。

从这个意义上来说，任何一个国家或地区的慈善样态都是不同宏观驱动力依据慈善系统的基本结构按不同程度配比而成的结果。中国显然也不例外。但长久以来，中国的慈善事业似乎并不容易被国际社会接纳和认可，在以往的评分体系中的排名也不甚理想。例如，在侧重捐赠行为的 WGI－2018 中，中国仅以 17% 的分数位列全部 144 个国家中的 142 位；而在侧重制度环境的 GPEI 中，中国在“政治环境”一项中仅以 2. 75 分位居倒数之列。但在作为本土研究者的我们看来，这一评价显然是西方社会对中国真实的慈善样态不够了解的结果。相反，正是得益于政治环境，“国家慈善”这一宏观动力才对中国社会慈善早期的形成和如今的发展产生了至关重要的影响。

例如，早在20世纪80年代改革开放初期，以官办基金会为主的实践探索开了现代中国社会慈善事业的先河。尽管在之后40多年的社会转型与重构中，这种形式的慈善一直在谋求转型和变革（黎宇琳，2016），但时至今日，国家慈善仍然在中国社会发展中发挥着举足轻重的推动作用。过去十几年的脱贫攻坚便是其中一个显著案例。众所周知，受制于地理环境条件，中国的经济一向都是“东强西弱”，而慈善事业的发展情况也大抵遵循这一分布规律，但值得一提的是，在精准扶贫的最后两年，大批以地方慈善会为代表的中西部机构在“腾讯99公益日”活动中纷纷进场并逐渐崭露头角，在2019年度、2020年度筹款排行榜中，以地方慈善会为代表的官办募捐机构拔得头筹，重庆市、深圳市、长沙市、陕西省、河南省等更是纷纷进入前十。[①] 由此可见，在消除慈善发展区位格局的天然不平衡中，国家慈善反而显示出强大的动员能力和群众基础。

当然，上述案例并不是为了吹嘘国家慈善相较于其他动力来源的优越，相反，这个案例恰恰说明不同社会中的慈善文明是受到多元慈善动力的驱动的，且具有自身独特的表达方式，这一点也印证了Fowler和Mati（2019）在非洲慈善研究中的见解。这些有趣的现象也在间接提醒我们需要在对慈善样态的观察中立足于更为开放的视野和更为包容的价值观。正如文章伊始所述，我们建立慈善样态描述框架的初衷并不是站在审判立场让不同社会中的慈善样态“一决高下”，而是提供一种观察和呈现不同社会环境下慈善样态并进行科学化表达的体系框架。而对于包容性的追求是为了促进不同文化之间更好地相互理解和对话，即通过这一描述框架，看到不同国家慈善样态的差异，发现不同社会环境下慈善实践的闪光点，从而可以真正理解慈善样态背后文化基础的不同。

① 公益时报网：《赶一场公益慈善的“大集”：2019年度全国各地“99公益日”活动侧记》，https://www.sohu.com/a/341198969_106321，最后访问时间：2020年9月27日。易善数据、方德瑞信：《2020年腾讯99公益日慈善会体系筹款数据盘点》，https://mp.weixin.qq.com/s/SDrrBeEScMcCUfMhIhNBhA20201118。

参考文献

陈梦苗（2020）：《“公益”与“慈善”辨析：一个文献评述》，《中国非营利评论》，第1期。

黎宇琳（2016）：《从官办慈善到人人公益的30年》，《中国慈善家》，第12期。

施雪琴（2002）：《菲律宾的非政府组织发展及其原因》，《南洋问题研究》，第1期。

王晓东（2015）：《菲律宾非政府组织研究：发展轨迹、企业化与倡导失灵》，厦门：厦门大学出版社。

习近平（2020）：《弘扬“上海精神” 深化团结协作 构建更加紧密的命运共同体》，上海合作组织成员国元首理事会第二十次会议，11月10日。

杨方方（2009）：《慈善文化与中美慈善事业之比较》，《山东社会科学》，第1期。

曾桂林（2018）：《从“慈善”到“公益”：近代中国公益观念的变迁》，《文化纵横》，第1期。

资中筠（2015）：《财富的责任与资本主义演变：美国百年公益发展的启示》，上海：上海三联书店。

朱建刚、严国威（2020）：《治理吸纳慈善：2019年中国慈善事业综述》，杨团主编《中国慈善发展报告（2020）》，北京：社会科学文献出版社。

Allavida, C. N. (2006), *Philanthropy in East Africa*, London: Allavida.

Anheier, H. K. & List, R. A. (2005), *A Dictionary of Civil Society, Philanthropy and the Non-Profit Sector*, London and New York: Routledge.

Basford, J. (2013), *Secret Garden: An Inky Treasure Hunt and Colouring Book*, London: Laurence King Publishing.

Care, N. S. (1973), "On Fixing Social Concepts", *Ethics* 84, pp. 10 – 21.

Cnaan, A. R., et al. (2004), "Congregations as Social Service Providers: Services, Capacity, Culture, and Organizational Behavior", *Administration in Social Work* 28 (3/4), pp. 47 – 68.

Daly, S. (2012), "Philanthropy as Eanssentially Contested Concept", *Voluntas: International Journal of Voluntary and Nonprofit Organization* 23 (3), pp. 535 – 557.

Dinnello, N. (1998), "Elites and Philanthropy in Russia", *International Journal of Politics, Culture and Society* 12, pp. 109 – 129.

Dodgson, M. & Gann, D. (2020), *Philanthropy, Innovation and Entrepreneurship*, Springer Books.

Evers, A. (1993), "The Welfare Mix Approach: Understanding the Pluralism of Welfare Systems", in Evers, A. and Svetlik, I. eds., *Balancing Pluralism: New Welfare Mixes in Care for the Elderly*, Avebury/European Centre Vienna, Aldershot, pp. 3 – 31.

Fowler, A. & Mati, J. M. (2019), "African Gifting: Pluralising the Concept of Philanthropy", *Voluntas: International Journal of Voluntary and Nonprofit Organizations* 30 (4), pp. 724 – 737.

Freeden, M. (1996), *Ideologies and Political Theory: A Conceptual Approach*, Oxford: Clarendon Press.

Frumkin, P. (2006), *Strategic Giving: The Art and Science of Philanthropy*, Chicago: University of Chicago Press.

Gallie, W. B. (1956), "Essentially Contested Concepts", *Proceedings of the Aristotelian Society* 56, pp. 167 – 198.

Grimm, R. T. ed. (2002), *Notable American Philanthropists: Biographies of Giving and Volunteering*, Greenwood Publishing Group.

Gross, R. A. (2003), "Giving in America: From Charity to Philanthropy", in Friedman, L. J. and McGarvie, M. D, eds., *Charity, Philanthropy and Civility in American History*, Cambridge, MA: Cambridge University Press, pp. 29 – 48.

Kang, X. & Han, H. (2007), "Administrative Absorption of Society: A Further Probe into the State-Society Relationship in Chinese Mainland", *Social Sciences in China* (2), pp. 116 – 128.

Katz, S. (2005), "What Does It Mean to Say That Philanthropy is 'Effective'? The Philanthropists' New Clothes", *Proceedings of the American Philosophical Society* 149, pp. 123 – 131.

Kisby, B. (2010), "The Big Society: Power to the People?", *The Political Quarterly* 81, pp. 484 – 491.

Kramer, M. (2010), "Catalytic Philanthropy", *Stanford Social Innovation Review*, Fall.

Lindenmeyer, A. (1998), "From Repression to Revival: Philanthropy in Twentieth Century Russia", in Ilchman, W. F., Katz, S. and Queen, E. L, eds., *Philanthropy in the World's Traditions*, Bloomington/Indianapolis: Indiana University Press, pp. 309 – 331.

Moody, P. (2008), "Building a Culture: The Construction and Evolution of Venture Philanthropy as a New Organizational Field", *Nonprofit and Voluntary Sector Quarterly* 37, pp. 324 – 352.

Nickel, P. M. & Eikenberry, A. (2009), "A Critique of the Discourse of Marketized Philanthropy", *Nonprofit and Voluntary Sector Quarterly* 52, pp. 974 – 989.

Opiniano, J. M. (2005), "Filipinos Doing Diaspora Philanthropy: The Development Potential of Transnational Migration", *Asian and Pacific Migration Journal* 14 (1 – 2), pp. 225 – 241.

Ostrander, S. A. (2007), "The Growth of Donor Control: Revisiting the Social Delations of Philanthropy", *Nonprofit and Voluntary Sector Quarterly* 36 (2), pp. 356 – 372.

Ostrower, F. (1995), *Why the Wealthy Give: The Culture of Elite Philanthropy*, Princeton, NJ: Princeton University Press.

Payton, R. L. (1987), "Philanthropy as a Concept", Accessed and Downloaded May 3, 2011, from www. paytonpapers. org.

Payton, R. L. & Moody, M. P. (2008), *Understanding Philanthropy: Its Meaning and Mission*, IN: Indiana University Press.

Pestoff, V. (1992), "Third Sector and Co-Operative Services: An Alternative to Privatization", *Journal of Consumer Policy* 15 (1), pp. 21 – 45.

Salamon, L. M. (1992), *America's Nonprofit Sector: A Primer*, New York: Foundation Center.

Shapiro, A. R., Mirchandani, M. and Jang, H. (2018), *Pragmatic Philanthropy: Asian Charity Explained*, Palgrave Macmillan.

Schervish, P. (1998), "Philanthropy", in Wuthnow, R. ed., *Encyclopaedia of Politics and Religions*, Washington, DC: Congressional Quarterly, pp. 600 – 603.

Smith, D. H., et al. (2006), *A Dictionary of Nonprofit Terms and Concepts*, Bloomington, IN: Indiana University Press.

Sulek, M. (2010a), "On the Modern Meaning of Philanthropy", *Nonprofit and Voluntary Sector Quarterly* 39 (2), pp. 193 – 212.

—— (2010b), "On the Classical Meaning of Philanthrôpía", *Nonprofit and Voluntary Sector Quarterly* 39 (3), pp. 385 – 408.

Thompson, A. A. & Landim, L. (1998), "Civil Society and Philanthropy in Latin America: From Religious Charity to the Search for Citizenship", in Ilchman, W. F., Katz, S. and Queen, E. L. eds., *Philanthropy in the World's Traditions*, Bloomington/Indianapolis: Indiana University Press, pp. 355 – 370.

Teshome, E., et al. (2014), "Participation and Significance of Self-Help Groups for Social Development: Exploring the Community Capacity in Ethiopia", *Springer Plus* 3 (1), p. 189.

Van Til, J. (1990), "Defining Philanthropy", in Van Til, J. and Associates eds., *Critical Issues in American Philanthropy: Strengthening Theory and Practice*, San Francisco: Jossey Bass, pp. 19 – 38.

Wirgau, J. S., et al. (2010), "Is Business Discourse Colonizing Philanthropy? A Critical Discourse Analysis of (PRODUCT) RED", *Voluntas: International Journal of Voluntary and Nonprofit Organisations* 21, pp. 611 – 630.

From Evaluation to Dialogue: Establishing A New Framework for Description of Country-based Philanthropies

Shi Mai & An Shanshan

[**Abstract**] The evaluation index provides an essential methodological basis for recognizing the differences and peculiarities of different societies' philanthropy patterns. However, most of the previous indices are based on the traditional cognition of philanthropy in the western society. It makes them lack proper care for civilization outside the western world and hard to promote mutual understandings among civilizations. This paper aims to establish a more inclusive descriptive framework for comparative philanthropy studies from the theoretical perspective of system. Three characteristics of the new framework are as follows: First, to minimize the appraisiveness and internal complexity, we paid more attention to practice and defined philanthropy as a social behavior system of value creation. Secondly, according to this definition, we dissected the resource flow process into four basic units, which serve as the basic structure for observing and describing different practice patterns. Thirdly, combined with practical experiences, we further induced the macro driving power of the system into six essential sources and took them as the concrete mediums for describing philanthropies.

[**Keywords**] Philanthropy; Comparative Study of Nations; Descriptive Framework; System; Resource Flow

当代中国慈善话语的多元文化谱系*

马剑银**

【摘要】对于“慈善”话语当代中国并没有真正的共识，还有人不愿意用“慈善”而喜欢用“公益”，但有时又将“慈善”与“公益”用英文“charity”和“philanthropy”直接对应，这里存在语词的误用，实质是文化的误解。人们使用“慈善”话语，都自觉不自觉地反映或者表达某种文化，这些文化有传统中国的、西方的，西方的慈善文化中又有古希腊－罗马的、古希伯来－基督教的，即使现代西方的慈善文化也有英、美国甚至欧陆的区分，此外印度－佛教文化和伊斯兰文化在中国的慈善实践中也有印记。因此，当代中国慈善话语的表达具有文化多元的特征，而且这些文化实际是在竞争之中，共同塑造着中国慈善文化的未来走向，所以我们需要有一种文化自觉。

【关键词】慈善；慈善话语；慈善文化；话语竞争

* 本文是在《中国公众捐款：谁在捐？怎么捐？捐给谁?》（韩俊魁、邓锁、马剑银等著，社会科学文献出版社，2021）一书“余论”的基础上改写而成，感谢盖茨基金会和基金会中心网。

** 马剑银，法学博士、公共管理学博士后，北京师范大学法学院副教授，公益慈善与非营利法治研究中心主任。

一

在当代中国语境中提及“慈善”，往往似是而非，人们很容易达成有关这一语词的共识，但这种共识又很容易被击碎。例如：“捐款”与“捐赠”，都是拿出属于自己的钱财/财物去帮助他人，那么所有捐款和捐赠行为都属于“慈善”吗？帮助他人，都是慈善吗？做志愿者是做慈善吗？慈善等于公益吗？这些问题的答案清晰吗？

当代中国“慈善”话语的观念多元性，导致现行法律（主要是《慈善法》）对“慈善”概念的界定无法为公众所理解，多种具有不同文化意义的慈善观念相互碰撞，造成了一种“异质时空同在”的现象。

1949 年之后，“慈善”为社会主义国家的社会保障体系所吸纳，失去了独立存在的基础，甚至在“文革”期间，慈善被“视为洪水猛兽，当作资产阶级‘人性论’、资产阶级的‘糖衣炮弹’、腐蚀和瓦解人民群众革命斗志的毒药和砒霜，‘狠批猛斗’，以致使人们避之犹恐不及，谈‘慈善’而色变”（孙月沐，1994）。20 世纪 70 年代末 80 年代初中国进行改革开放，慈善事业也随着社会重建而开始回归。首先是海外华侨与港澳台同胞对境内的公益慈善捐赠（以下简称“华侨捐赠”）蓬勃发展，历次自然灾害中都有华侨捐赠的身影；此外，华侨捐赠还重点关注教育事业。20 世纪 80 ~ 90 年代有关公益慈善捐赠的制度规范、法律与政策文本针对的目标主要就是华侨捐赠，不少地方出台了专门的地方性法规或地方政府规章，1999 年《公益事业捐赠法》的一个重要立法目标就是规范华侨捐赠，甚至该法的起草就由全国人大常委会法制工作委员会会同华侨委员会进行。① 华侨捐赠接续了 1949 年以前近代中国的慈善发展传统，体现了国家与文化认同以及中华民族的凝聚力。华侨捐赠是当代中国慈善事业发展的重要起点，为境内公众进行慈善捐赠树立了榜样与范例。

20 世纪 80 年代末，中国内地的慈善捐赠事业也开始起步，关注的焦点除了救灾之外，主要是扶贫与教育。例如 1989 年开始实施的中国青少年发展基金会

① 参见时任全国人大常委会法制工作委员会副主任张春生所做的报告：《关于〈中华人民共和国公益事业捐赠法（草案）〉的说明——1999 年 4 月 26 日在第九届全国人民代表大会常务委员会第九次会议上》。

的“希望工程”和中国儿童少年基金会的“春蕾计划”是两个典型的教育兼扶贫类慈善项目，前者的目标是“救助贫困地区失学少年儿童”，后者的目标是“致力于改善贫困家庭女童受教育状况”。20世纪80年代初成立的许多具有官方背景的基金会，尤其是“国字头”的一些基金会，成为当时公众捐赠的重要接收力量。2004年《基金会管理条例》施行之前，并不存在不具有官方色彩的基金会；即使此后很长一段时间，非官方背景的基金会也不具有向社会公开募捐的资格。第一家具有公募资格的民间基金会是2010年12月3日成立的深圳壹基金公益基金会。而之前，非官方的慈善公益事业想要获得公募资格，则需“挂靠”公募基金会或其他具有公募资格的组织，设立“专项基金”或“专项计划”，例如2007年李连杰在中国红十字总会设立“中国红十字会李连杰壹基金计划”。

20世纪90年代，中华慈善总会和地方慈善会系统作为建制化的慈善组织纷纷成立，成为当代中国慈善事业重要的组织化系统，这也是国家自上而下进行社会建构的重要举措。慈善会系统的官方色彩浓重，主要体现政府对作为社会保障补充的民间款物捐赠的需求与进行监管的意志，同时慈善会系统也是一支实现民众动员的重要力量，在很长一段时间内，慈善会系统和各大官方基金会动员民众进行捐赠，其中很大一部分通过单位内部组织动员，然后以单位名义进行捐赠，这是特殊年代“公众捐赠”的特殊方式，塑造着当代中国慈善话语的主流形态。

20世纪90年代中期，除了慈善会系统，自下而上的民间慈善话语也开始出现。尤其是1995年第四次世界妇女大会在北京召开，为中国带来了公民参与、政策倡导、非营利、志愿服务与NGO（非政府组织）等话语，慈善也不再局限于扶贫、教育等领域，而是具有了公益倡导与美好社会追求的理念。越来越多的国际上流行的公益慈善观念，包括“月捐”“联合劝募”“社会创新”等观念也开始进入中国，尤其是2008年汶川地震之后，逐步形成一个以基金会为主体，包括若干社会团体和社会服务机构（民办非企业单位）在内的公益慈善行业。

2011年，“郭美美事件”的出现，破坏了公益慈善行业的公信力。据民政部统计，“郭美美事件”之后全国社会捐款一度锐减一半，某些地方红十字会甚至没有收到任何捐款。一时间，有关公益慈善组织（尤其是具有官方色彩的组织）的负面消息充斥公共舆论，引发“蝴蝶效应”（马剑银，2012）。另一方面，社会公众开始尝试绕开公益慈善组织直接捐助需要帮助的人，不仅有陈光标式的“直接撒钱”，还有某些明星公众人物所谓“零成本承诺”的慈善行为（这两者都引发了整个行业的争议，均被认为不符合公益慈善发展的趋势，具有迷惑性）；而且随着互联网技术的发展，以个人大病求助为主要内容的互联网求助也风起云涌，社会公众纷纷通过轻松筹、水滴筹等互联网平台直接给需要帮助的人以款物支持。虽然《慈善法》制定与施行过程中，有关官员与学者认为“个人求助”行为不属于《慈善法》意义上的慈善活动，但互联网个人求助行为的资金体量依然十分惊人。据统计，2016～2019 年，由民政部指定的全国互联网公开募捐信息平台募款总计不到百亿元；而水滴筹、轻松筹、无忧筹、爱心筹 4 家个人大病求助服务平台，三年为个人大病求助募捐超过 500 亿元。①

因此，要讨论当代中国语境中公众出钱帮助他人（最广义的慈善），需要充分观察这 70 年来慈善话语使用的发展状况，透过有关慈善话语的争论，直击其背后不同的文化内核，探究其多元的文化谱系。

二

无论“慈善”的文化意义如何，有一点是所有文明中的慈善观念的共通之处，就是“利他”，用自己的财物或能力去帮助他人。也就是说，带有对他者的好意，可以用“爱”的广泛含义来表达。但不同文明有关“对他人之爱”的内涵并不相同，公众在表达与实践“爱他人”、用自己的财物和能力帮助他人时，同样在表达不同的文化意义。在当代中国语境中，公众在进行捐款时，就存在多元的慈善文化观念。

无论是《慈善法》，还是当前“公益”“慈善”的主流话语，都不是源自中国传统的本土产物，但不能说传统中国文化缺乏慈善意识与慈善实践。先秦以降诸子百家的思想中具有丰富的慈善理念，历朝历代也出现了大量的慈善行为与机构，这些理念、行为与机构中，有中国特有的话语表述与实践，直到近代中西文化碰撞交融时，它们或者被转述，或者被曲解，或者被隐藏，但有很多

① 参见徐永光《30 年公益进退如之何？——在 2019 年中国基金会发展论坛上的发言》，微信公众号“南都公益基金会”，2019 年 11 月 23 日。

因素依然活跃在当代中国人的行为、话语与思想之中。

“慈善”作为一种文化传统，源于“天下为公”的社会理想，《礼记·礼运》中有“故人不独亲其亲，不独子其子，使老有所终，壮有所用，幼有所长，鳏寡孤独废疾者皆有所养”，而这一理想集中表现为儒家的“仁爱”思想。孔子云“仁者爱人”，此种爱以己身为原点，推己及人，是利他之心和助人为善的精神，即为人之本性与责任，因此有“己所不欲，勿施于人”“君子成人之美，不成人之恶”“己欲立而立人，己欲达而达人”等话语，将他人作为像自己一样的人来看待，即“同情”“同理”。当然，这种以己身为原点的爱人观念中的“爱有差等”，费孝通将此观念命名为“差序格局”，即爱有亲疏远近之分（费孝通，1998）。荀子认为，仁爱以自爱为起点，必先自爱，才能爱人（《荀子·子道》）；孟子同样认为“老吾老，以及人之老；幼吾幼，以及人之幼”（《孟子·梁惠王上》）。作为儒家思想的两个典范，孟子更关注不仅要爱己，而且要爱他人，而荀子更关注爱他人从爱自己开始。

儒家之爱，在“自爱”与“天下大同”之间取一中道，因此才有以己身为原点的“修齐治平”，对于君主，以及作为君主代理人的官吏而言，接受儒家士大夫教育，就是这种由己身出发，推己及人，直到天下的观念。以天下为己任，以己身为本，将天下之事变成自身之事。无论是君主还是官吏，都有父母之视野，将天下以“家”事之，所谓家国天下。“仁爱”的推己及人表现为一种父母对子女的慈爱。

在此种慈爱主义之下，各朝各代出现了各种以“仁政”为基础的慈善活动，历史上记载的慈善实践基本上都源于国家责任的承担，是“帝国家长主义通过自上而下的方式惠及人民”，而“慈善机构的民间特征和控制是不能过度宣扬的”（朱友渔，2016：12～13、16～17）。所有民间发起的慈善都被纳入官方的体系中，由官方机构承担民间慈善的批准和保护（例如财政补助）责任。

即使是当代中国，公众在帮助他人时，同样有这种痕迹。在中国人的慈善观念中，基于血缘、地缘、业缘甚至学缘的互助观念从来就是其中的一部分，家国天下的理念，是共同体建构的主要基础。帮助他人，以利他为标准，并不在意此“他”是不是不特定之个体，也就是说，传统中国的公共性观念与源自西方的公共性观念并不相同。在通过互联网的个人大病求助中，70%以上的捐助者其实并不是陌生人，而是具有“爱有等差”性质的熟人共同体。① 在当代中国语境中依然存在相应的观念，例如广东存心善堂等基于熟人社区互助的“慈善实践”（韩俊魁，2020），社区互助和慈善之间的界限，并非如《慈善法》界定的那样泾渭分明。所以，“捐款”的概念更深入人心，老百姓对行业中专用的“捐赠”概念却有些陌生，因为在中国语境中，公众对用自己的财物帮助他人的理解与西方传统的“捐赠”概念并不完全一致，与《慈善法》意义上的“慈善捐赠”概念也有很大的差异性。

当然，中国传统文化中，也不仅仅有儒家。与儒家相对，墨家提出了“兼爱”观念，这种观念几乎是将“天下大同”的理念绝对化，后世佛家也有“众生平等”的观念，但它们对于中国人的影响，都没有推己及人的“仁爱”与“慈爱”来得大。

而在两希文明影响下的西方世界，则是另一番图景。基督教文化中，慈善文化的核心就是“爱他人”，用拉丁文 Caritas 来表述。《旧约》中写满了向穷人施舍和帮助他人的训诫，因为这种行为会获得上帝的赐福，按照上帝意旨“施舍钱财、周济贫穷，其公义永存，其角必被高举（声名远播），无上荣耀”（《诗篇 103：9；112：8》）；《新约》中更是主张要倾尽所有，爱他人就像爱自己一样，帮助那些需要帮助的人，而且要求帮助他人不要有选择性，要低调不要显摆等。当然，基督教教义将做慈善与永生目标联系在一起，“进入天堂”成为教徒慈善的最大内在动力。正是因为基督教对慈善独特的观念，基督教化了的罗马帝国将救济穷人的义务赋予了教会，这是后世西方基督教会与慈善事业不解之缘的开端（蒋军洲，2016）。

基督徒认为，慈善是一种宗教义务。在帮助他人的优先性问题上，基督教慈善观念会选择“最需要帮助的人”，圣·奥古斯丁和圣·瓦西里对此有详细的论述，这是基督教慈善最核心的特征之一（伯姆纳，2017：14～15）。

但希腊文明中的爱并不相同，虽然与基督教之爱一样，古希腊的爱（philanthropos）也是“爱人”，但更多表达的是“爱（非神之）人”，而基督教之爱主要是“爱（非自己之）人”。“philanthropos”源于普罗米修斯为人类带来火种而遭受宙斯的处罚，理由就是做了爱非神之人的行为。当时古希腊的观

① 此观点源自与水滴筹相关负责人的访谈（20200909）以及之后对相关数据的随机抽样分析。

念中存在对穷人或者乞丐的排斥，这种排斥与神话中神对待人的态度是一致的。古希腊神与人之间的关系是互惠的，人类祭祀神，神保护人，每一个城邦都有自己的保护神，人神关系是希腊公共生活的基础，如果失去了这种交互性，那么就无法维持人神关系（库朗热，2006：135～136）。而处理人类自身的关系时，也有“爱那些爱你的人，帮助那些帮助你的人。给那些给你的人，不要给那些没有给过你的人”（语出赫西俄德）的观念（伯姆纳，2017：5）。古罗马继承了古希腊的这种观念，认为爱他人不应让自己有损失，爱有阶层并且互惠。古希腊罗马的慈善观念恰好与正义观念相悖，如亚里士多德的伦理学所言，正义是“得其所应得”“物归其主”，救济穷人并不符合分配正义，将盈余分配给穷人“恰如注水于漏卮”，等同于“挥霍”（亚里士多德，1965：325）。当然古希腊罗马的慈善观念是丰富的，在不损害自己利益的同时帮助他人的观念也逐渐从互惠之爱的观念中发展出来，例如深受古希腊文明影响的西塞罗就认为，如果帮助他人（哪怕是陌生人）并不会让自己受损，那还是可以做的，他在《论义务》一书中引用了恩尼乌斯的诗句：“有人亲切地给迷路者指明道路，有如把自己的灯盏点燃发出亮光：给人光明，自己的光亮也不显暗淡。”（西塞罗，1999：45～47）而后世则将两希文明的爱人观念融合成帮助值得帮助的人的西方现代慈善观念。

三

随着现代社会的兴起，慈善观念与两希文明的原初慈善观念也有了差异，典型的资本主义国家英国与美国，各自从 charity 和 philanthropy 话语中发展出两种不同的慈善文化。

英国的慈善文化与法律联系紧密。新教革命之后，虽然教会依然是从事慈善活动的重要主体，但英国通过历代制定的成文法与司法活动的判例法，将慈善活动牢牢地控制在法治观念之中，不仅以法条列举的方式界定慈善的目的与范围，而且还用公益性审查原则和四种禁止规则（公共性、非营利性、非政府性、非政治性）有序发展慈善法治（Harding，2014：21～37）。虽然慈善与宗教在英国在制度上实现了分离，但基督教教义依然为英国人从事慈善活动提供了精神指导，最基本的慈善观念依然是“同情穷人以及他人之不幸”，并“伸出援手，予以救助”。当然，从最新的英国 2011 年《慈善法》（Charities Act, 2011）来看，慈善目的已经远远超出这个范围，暗度陈仓，在潜移默化中实现了慈善观念的现代化。

与英国不同，美国慈善观念的现代化更为直白与直接。因为最初来到北美洲大陆的英国清教徒更为强调社区内的合作，对有需要的人群进行帮助时会通过一种叫作“穷人核查员”的地方官员了解个人的具体需求，但这项制度的开展逐渐让这些清教徒产生一种疑惑，即对穷人的慷慨救助是否会鼓励依赖性与懒惰。传统天主教的时代，富人慈善本身就是为了赎罪，而不是为了消灭贫穷。以卡耐基为代表的新教徒甚至认为富人滥施布施还不如将钱扔进大海（Carnegie，1889）。美国人从古希腊罗马的观念中汲取了养分，认为将财物捐给不可矫正的穷人是很糟糕的事，应该帮助穷人找到自助、自救之路，慈善更应该救助那些值得救助的人。

因此，之后的美国出现了“科学慈善/公益”（Scientific Philanthropy），强调“授人以渔”，科学慈善分为两派，其中一派强调贫穷源自懒惰，在扶贫过程中特别敦促受助者“自立/自助”，通过培养其能力脱贫，通过智慧与勤劳致富，警惕过分慷慨培养懒汉；而另一派则在不同程度上认为贫穷的根源在于不公平的社会机制，慈善的目的在于改变造成不公平的根源，强调要从制度上普及教育，解决种族问题以及敦促政府出台改善社会福利的政策等。科学慈善观念催生了现代组织化的慈善，出现了公益性社团和现代基金会（资中筠，2015）。

西方慈善的现代化过程与资本主义的发展紧密相关，带有个人主义与自由主义的基础观念，与传统的基督教爱他人、无保留救助穷人的慈善文化相比，出现了一些新的面向。

第一种面向就是作为个人激励方式的慈善。这是传统慈善观念在资本主义时代的映射，无论是古希腊罗马的互惠慈善观，还是希伯来基督教原始的永生慈善观，对于做慈善主体的激励机制是做慈善的最大动力。对于个人而言，做慈善的同时获得名誉与利益的激励。现代法律对个人捐赠的税收优惠政策就是其中一种激励手段。企业社会责任（CSR）机制同样是建立在这个理念基础上的。企业履行社会责任的目标是获取更大的利益，类似的还有公益营销、慈善广告等，“一个人被给予越多，他就越被期待做得越多”。自由主义观念强调做慈善总比给政府交税强，这是富人慈善与企业社会责任的思想基础。

第二种面向可以称作资本主义慈善，也就是用资本主义的基本理念来透视慈善。资本的基本特征就是自我增殖，也就是说，只有能产生钱生钱效果的钱才是资本。同样道理，只有能将慈善持续下去的慈善才是符合资本主义理念的慈善。从传统慈善观中衍生出来的救助那些值得救助之人的理念就是资本主义慈善的最初形象，这种形象随着资本主义的发展不断加强，所谓受助人“值得救助”，是因为救助他们更有可能创造“社会价值”，受助人并不需要回馈捐赠人，但要有更高的回馈社会的概率。这个观念有别于两希文明原始的慈善观念。

第三种面向被称为慈善资本主义，也就是说将慈善作为资本主义的一种实现方式，这种观念将捐赠本身视为可以创造出一种解决社会问题的手段的营利方式，这就会吸引更多的资本，更快获得资本，产生更大、更持久的影响（比索普、格林，2011）。也就是说，作为资本的钱能够在慈善目标的引导下发挥杠杆作用，撬动商业世界中更多的资本，这就是“社会创新”“新公益”“慈善新领域的革命”。慈善资本主义也被称为“无咖啡因的资本主义”（吴强，2018），甚至还有学者认为慈善资本家“只是世界严重不平等积患的征兆，而不是药方，被吹得天花乱坠的慈善资本主义，未必有能力产生切实的影响；采取商业理念进行运作可能会伤害市民社会，进而危及民主政治和社会转型”（Edwards，2008）。

四

自明清以降，中西文明碰撞冲突，中西慈善观念相互交融，促进了近代中国的慈善事业发展。遇到灾害荒年，救济的方式也发生了很多改变，形成了以传统国家力量为基础的“官赈”、新兴商人参与改良的“义赈”（“商赈”），还有西方来华传教士组织的“教赈”三股力量合流的局面，这也是中国近代慈善的典型特征（杨剑利，2000；谢忠强，2010）。

近代中国慈善的文化交融格局之下出现了一些慈善家，例如熊希龄、张謇等，晚清民国时期的慈善文化已经出现了文化多元与文化交融的格局。虽然1949年之后，整个慈善实践和制度随着新政权实施新制度与传播新观念而停滞和被废止，但20世纪70年代末之后这种局面有所改变，重新接续近代以降断裂的慈善叙事，如前文所述，尤其是华侨捐赠，使当代中国的慈善事业发展重新起步。无论是话语、实践，还是制度建设，新时期的慈善同样体现着文化多元，前文所述各种文化以及文化发展不同阶段的慈善观念，在当代中国都有拥趸。就公众捐款而言，在捐出自己的财物去帮助他人时，存在不同的原因与心态；同时，从对个人求助和城乡社区互助性质的争议、对月捐与联合劝募的态度，以及宗教慈善的实践等来看，也存在文化差异的因素。从调研的数据来看，超过半数的公众向医疗健康领域捐款，其次是救灾、扶贫与教育领域，这说明传统慈善文化，无论是传统中国的慈善观念还是西方基督教的慈善观念，对当代中国的慈善实践影响颇大；而所谓慈善新前沿、新公益等国际上的一些新观念与实践，在中国语境中可能还局限于行业内部的自娱自乐，与公众的距离还相当遥远。公益慈善行业中有“捐赠人教育”等概念，说到底就是如何进行不同慈善文化的融合与趋同的命题。

从历史到当下，中国老百姓的主流观念认为公益慈善事业的主体应该是政府，这个结论与西方传入的现代公益理念存在较大分歧，但却恰恰体现着传统家国天下体系慈善观念的影响。20 世纪 70 年代末以来，官办慈善一直在慈善体系中占据优势地位。2004 年的《基金会管理条例》创造了非公募基金会的表述与制度设计，促进了民间力量以创办组织的方式从事公益慈善活动的实践，但就公众而言，向不具官方背景的公益慈善机构捐款的比例依然很低，“郭美美事件”打击了整个官办公益慈善体系，但取而代之的并非民间的公益慈善组织，而主要是个人求助和直接捐赠，尤其选择网络个人求助平台与互助平台进行捐款。而 2020 年，我们明显地感受到，官办慈善机构也已经加入互联网慈善的洪流之中，成为其中重要的组成部分（权敬，2020）。

西方的慈善观念自明清以降就开始传入，但这百年来（或者从 20 世纪 70 年代后期开始的 40 多年来），中国语境中的慈善观念并未完全沿着西方慈善发展的路径迈进，而是表现为文化多样性，形成了慈善话语与实践的文化谱系。2016 年《慈善法》的立法过程相当民主公开，但几年来施行所遇到的困难也表明公众对于慈善的认知，尤其是对法律意义的慈善认知缺乏一些必要的共识。

法律的理想模式是基于社会生活事实而生调整规则，进而由规则集合成制度，由制度建构成秩序，并在规则、制度、秩序三位一体的系统中产生价值体系与意义体系，即法律文化（马剑银，2008）。《慈善法》的制定与其他领域的法律移植一样，期望用一种成熟的法律文本去催生相应的法律事实，这就面临着倒因为果与水土不服。有关中国语境中的慈善公益与公众捐款的观察与研究，几乎才刚刚起步。随着互联网、大数据、区块链等信息技术的发展，公益慈善领域的文化多样性不仅没有消弭，而且固化，使我们不得不正视这一现实，抛却单线思维——例如在现代公益与传统慈善的二元对立中进行非此即彼的选择，或在绝对的国家与社会二分的框架中分析慈善的定位。

当代中国语境是多样文化冲突与交融的场域，也是各种思想观念与制度规则竞争的试验场。公众进行捐款与公民意识培育、公共生活参与观念密切相关。理性捐赠、合格志愿者、组织化慈善的成本考量等问题依然考验着中国公众的慈善认知。

慈善的话语与观念依然在竞争，慈善的文化谱系也正在发生变化，这些竞争与变化同样形塑着中国的慈善法治与慈善治理模式，也在建构着慈善话语的新含义。我们依然需要回顾历史、比较文化、聚焦现实，未来始于当下，当下就是我们每个人的努力——人人慈善，并非只是一句口号，而是一步一个脚印的实践。

因此，这里只是一个起点处的脚印而已……

参考文献

〔美〕马修·比索普、迈克尔·格林（2011）：《慈善资本主义——富人在如何拯救世界》，丁开杰等译，北京：社会科学文献出版社。

〔美〕罗伯特·H. 伯姆纳（2017）：《捐赠：西方慈善公益文明史》，褚蓥译，北京：社会科学文献出版社。

费孝通（1998）：《乡土中国 生育制度》，北京：北京大学出版社。

韩俊魁（2020）：《本土传统慈善文化的价值与反思——以汕头存心善堂为例》，《文化纵横》，第4期。

〔法〕库朗热（2006）：《古代城邦——古希腊罗马祭祀、权利和政制研究》，谭立铸等译，上海：华东师范大学出版社。

蒋军洲（2016）：《慈善捐赠的世界图景：以罗马法、英美法、伊斯兰法为中心》，北京：法律出版社。

马剑银（2008）：《法律移植的困境——现代性、全球化与中国语境》，《政法论坛》，第2期。

马剑银（2012）：《破解中国公益组织的治理困境——从“郭美美事件”中的红十字会谈起》，国家民间组织管理局编《2011 年中国社会组织理论研究文集》，北京：中国社会出版社。

权敬（2020）：《慈善会系统在“99 公益日”中筹款达 9. 5 亿元：正在崛起的动员、筹募和撬动的力量》，《慈善公益报》，9 月 16 日，第 2 版。

孙月沐（1994）：《为慈善正名》，《人民日报》，2 月 24 日，第 4 版。

吴强（2018）：《“两光之争”的背后：公益事业、资本主义和意识形态》，《文化纵横》，第 1 期。

〔古罗马〕西塞罗（1999）：《论义务》，王焕生译，北京：中国政法大学出版社。

谢忠强（2010）：《“官赈”、“商赈”与“教赈”：近代救灾主体的力量合流——以“丁戊奇荒”山西救灾为例》，《华南农业大学学报》（社会科学版），第 2 期。

〔古希腊〕亚里士多德（1965）：《政治学》，吴寿彭译，北京：商务印书馆。

杨剑利（2000）：《晚清社会灾荒救治功能的演变——以“丁戊奇荒”的两种赈济方式为例》，《清史研究》，第 4 期。

朱友渔（2016）：《中国慈善事业的精神》，中山大学中国公益慈善研究院翻译组译，北京：商务印书馆。

资中筠（2015）：《财富的责任与资本主义演变——美国百年公益发展的启示》，上海：上海三联书店。

Carnegie, A. (1889), “Wealth”, *The North American Review* 148/391, pp. 653 - 664.

Edwards, M. (2008), *Just Another Emperor?: The Myths and Realities of Philanthrocapitalism*, New York: A Network for Ideas & Action and The Young Foundation.

Harding, M. (2014), *Charity Law and the Liberal State*, Cambridge University Press.

The Multicultural Pedigree of Charity Discourse in Contemporary China

Ma Jianyin

[**Abstract**] No real consensus in the “CiShan/charity” discourse in contemporary China. Some people prefer to use “Gongyi/public benefit” instead of “Cishan/charity”, but sometimes use the English “charity” and “philanthropy for “Cishan” and “Gongyi” . There is a misuse of words, which is essentially a cultural misunderstanding. When people use the charity discourse, they reflect or express a certain culture consciously of unconsciously. These cultures include traditional Chinese and Western ones. The Western charity culture is distinguished as ancient and modern sources, and the former includes Greek-Roman, ancient Hebrew-Christian charity cultures, the latter includes Britain, American and the Continent of Europe ones. In addition, India-Buddhist and Islamic charity cultures also have their mark on the practice of charity in China. Therefore, the expression of contemporary Chinese charity discourse is characterized by cultural diversity, and these cultures are actually in competition, jointly shaping the future direction of Chinese charity culture, so we need to have a cultural consciousness.

[**Keywords**] Cishan/Charity/Philanthropy; Charity Discourse; Charity Culture; Discourse competition

建构中国特色慈善文化理论体系

——基于“公共善”的慈善爱国思想分析[*]

王　宁[**]

【摘要】 随着我国社会的发展进步，慈善活动日益成为普通大众广泛参与的一项活动。由于受西方慈善思想文化的长久影响，我国慈善事业发展缺乏一个符合中国国情和文化的慈善理论指导，导致我国慈善事业在繁荣发展的同时各种慈善乱象也层出不穷，慈善主体的慈善行为急需正确的文化理论引导。爱国思想成为我国慈善文化的重要内容是我国历史发展的结果，是由爱国思想的公共性决定的，是我国慈善事业持久健康发展始终的重要保障。慈善活动具有感染性和传播性，因而对思想文化的传承、传播意义重大，遵循慈善活动的发展特性，构筑符合我国国情、人情、世情的慈善文化理论体系，是我国国家治理现代化视野下慈善事业现代化建设的重要任务。

【关键词】 爱国主义；中国特色；慈善文化

慈善无国界，但慈善活动的主体有国家。慈善文化理论是慈善事业发展的精神内核，爱国思想与慈善文化相糅合形成的“慈善爱国思想”是我国慈善文化理论的重要内容。“慈善对于自由、开放、民主的市民社会至关重要”（佩

---

* 基金项目：国家社会科学基金青年项目（项目编号：17CMZ030）。

** 王宁，博士，教育部重点研究基地宁夏大学西夏学研究院，研究方向：中国少数民族史。

顿、穆迪，2013：13)，建构符合社会主义核心价值观的中国特色慈善文化理论体系是当前我国慈善事业发展的重要任务。笔者在学界现有相关慈善研究的基础上，注意到我国慈善思想文化泥沙俱下，慈善实践活动缺乏一个系统的慈善文化理论体系的指导，符合我国社会发展现状的中国特色慈善文化理论体系亟须重塑。本文基于对“爱国”这种国民共同具备的“公共善”的慈善品质进行分析，阐释建构以新时代爱国主义思想为基础的中国特色社会主义慈善文化理论体系的重大意义，企图抛砖引玉，在各位专家、学者的共同研究下，早日建构出完善的中国特色慈善文化理论体系。

一 建构中国特色慈善文化理论是我国慈善事业发展的现实诉求

我国的现代慈善事业起步晚，慈善事业管理制度不完善，“公益慈善领域多次出现道德底线失守的现象”（赵敬丹、张帅，2018：87)，慈善乱象层出不穷，这些问题产生的文化原因主要可归纳为三个方面。其一，开放时代多元文化冲击下，中国传统慈善文化影响式微，产生文化建设在慈善领域失守的现象。我国实行对外开放政策，西方文化的传入势不可当，“在帝国主义政府的慈善活动中，美国人试图将自己的社会理想强加给外国人民”（弗里德曼、麦加维，2016：107)，泥沙俱下的多元文化思想涌入，弱化了传统慈善文化的影响力，造成我国慈善传统文化中的一些精华部分失守，人们的慈善价值取向呈现多元化的发展特征，公众慈善行为容易产生道德迷失现象。我国当代社会中很多人在谈到慈善事业时，“动辄以欧美为师，抱有崇洋心理，而忽视本国国情和本民族文化”(周秋光、曾桂林，2017：3)，我国慈善传统处于危险之中，“需要我们去管理，才能使它兴旺”(佩顿、穆迪，2013：13)。其二，完善的中国特色慈善文化理论体系的缺失，阻滞了慈善事业的发展。“不同社会环境的慈善行为存在不同”(佩顿、穆迪，2013：20)，形成不同的慈善文化，“慈善传统在每种文化中都具有独特的形式”(佩顿、穆迪，2013：22)。尽管我国关于“善”的文化源远流长，但却始终没有建构起统一的慈善文化理论规范，公益慈善的理念“缺少慈善伦理、慈善文化的引导”(赵敬丹、张帅，2018：88)，慈善文化理论建设滞后于慈善事业的发展，我国慈善事业的发展缺少精神支柱，慈善主体缺乏凝聚力、向心力、感召力，慈善主体的慈善价值取向呈现多变性、多样性、自发性的特征，造成慈善事业的发展极易受到外界的影响。其三，慈善行为多样化，慈善主体大众化影响下慈善行为主体思想文化水平参差不齐，诱发慈善乱象。我国现代慈善主体的多样化特征，一方面体现在从事慈善活动的主体规模扩大。慈善已不仅仅是政府或富人的行为，更是普通大众能够广泛参与的社会活动，当今中国的慈善事业已经发展成为普通群众的“主体活动”（周珊，2018：42）。另一方面体现在慈善活动各主体在知识文化、经济条件、道德水平等方面存在差异，使个体对“慈善”产生不同程度的认知，慈善社会功能的发挥也会千差万别，易对慈善资源造成浪费。

二　“公共善”的慈善观与爱国思想有机融合的历史考察

慈善观与爱国思想的有机融合是我国历史发展的结果。在不同历史时期，人们对“国家”有着不同的认知，慈善行为施、受双方的爱国思想因时代及个体差异，以不同形式不同程度地展现在慈善事业的发展历史中。封建“家天下”的王朝统治下，古代慈善爱国思想具有维护王朝统治的封建色彩；进入近代以来，在内忧外患的局势中，随着清朝统治的结束，传统社会格局被打破，人们的国家观念逐渐实现了由封建王朝到近现代民主、平等的转变，“慈善救国”“慈善强国”的呼声，映射出近代慈善人士的浓重的慈善爱国情怀。

（一）古代传统的国家观与慈善思想的融合发展

爱国思想根植于我国传统文化中，古代传统“国家”观念内涵丰富，集中表现在古人的“天下”观、“家国”观上，如：“若大国之攻小国也。大家之乱小家也，强之劫弱，众之暴寡，诈之谋愚，贵之敖贱，此天下之害也”（毕沅校注、吴旭民校点，2014：65），“危邦不入，乱邦不居。天下有道则见，无道则隐”（程昌明译注，1999：83），等等。关于“国”“家”“天下”，古人流传下来的“忧国忧民”“安邦治国”“强国御侮”等名言警句、名人事迹不胜枚举，它们体现着古代先贤的爱国思想及对古代“国家”的认识，此处毋庸赘述。值得一提的是，早在远古时期，古人已经将传统“国家观”与“慈善观”相融合，通过慈善活动缓和社会矛盾，维护社会统治秩序，探寻“国家和人民”、“人与人”甚至“人与自然”共存、共生的朴素慈善爱国思想，如尧即心存天下，“加志于穷民，痛万姓之罹罪，忧众生之不遂也”，将人民的疾苦与自己密切相连，因此，能够“仁昭而义立，德博而化广；故不赏而民劝，不罚而民治”（方勇主编、程翔评注，2018：8），是古代圣人以“爱民为本”“心忧天下”的朴素慈善爱国、爱民思想的体现；进入封建时代，随着封建统治阶级对“以民为本”思想的重视，施善成为维护王朝统治的重要手段，慈善思想与慈善事业得到发展，西周时期，即已出现“慈幼、赈穷、恤贫、散利、薄征、弛力”等保息六养万民之政及聚万民的十二荒政，为历代封建王朝继承发展，圣明的帝王赤子一般对天下的老百姓，“饥者则食之，寒者则衣之，将之养之，育之长之，唯恐其不至于大也”（刘向，1992：172），认识到“国以人为本，”当知道他们有灾难时，应当急救之不可复疑之，速蠲其租赋[①]，“国民安则国安”，为国者在救济民众上不能吝啬[②]等等，在封建统治阶级意志作用下的慈善思想具有维护王朝统治的古代爱国思想色彩。古代传统慈善爱国思想指导人们在慈善实践活动中做到为“天下”兴利除害，“体恭敬而心忠信，术礼义而情爱人”（荀子，2009：17），树立“大道之行也，天下为公”（崔高维校点，2000：75）的志向，构建“天下之人皆相爱，强不执弱，众不劫寡，富不侮贫”（毕沅校注、吴旭民校点，2014：61）的古代和谐社会。

尽管我国古代国家观念与慈善观念已经实现了融合，但是，由于受各种封建因素的影响，爱国思想和慈善思想的结合并未在社会上形成广泛的共识，因此，古代人的慈善行为往往局限于血缘宗法小社会的范围内，“宗法之善，在有余则归之宗，不足则资之宗”（冯桂芬，2002：84），“收族之法行，而岁时有合食之恩，吉凶有通财之义”（顾炎武，1997：307），有“宗法既行，民无饥寒”（冯桂芬，2002：84）之说。少数全国性的、大范围的或跨地域的慈善行为大都是统治阶级出于维护自身统治需求进行的慈

① 摘自网络版《两宋研究史料汇编》，正史篇/续资治通鉴长编/哲宗·元祐元年～八年（卷364～484）/（宋）李焘撰·文渊阁四库全书本，第2880页，http://guji.unihan.com.cn/web#/list。

② 摘自网络版《两宋研究史料汇编》，别史篇/东都事略/列传六十一～七十（卷78～87）/（宋）王偁撰·文渊阁四库全书本，第127页，http://guji.unihan.com.cn/web#/list。

善活动，往往带有维护封建统治的阶级色彩①，古代以国家为视角的大社会慈善活动相对缺乏。

（二）近代国家观念下慈善爱国思想的新发展

近代中国社会发生了翻天覆地的变化，1840 年通过鸦片战争，西方列强用坚船利炮打开了清政府闭关锁国的大门，在内忧外患的局势下，先进的中国人开始睁眼“看世界”，经过清末新政、洋务运动、维新运动等一系列自救、革新运动后，各种新事物、新思想纷至沓来，近代国人掀起了向西方学习的热潮，由引入西方的器物，到学习西方的制度、思想、文化，我国向西方学习的程度不断加深，在欧风美雨的影响下，在面临亡国灭种危险的境况下，在救亡图存的运动中，中国人国家意识、民族意识空前增强，为国、为民的爱国思想成为近代有识之士的广泛共识，提出“恒以牺牲自己成就国家之光荣民生之幸福为其基础”（天翼，1914：27）的政治杰出人物评判标准，是近代中国人以国家、人民为重的爱国思想的体现；在近代爱国思想的作用下，中国人空前团结，在全国范围内开展反侵略斗争，各种爱国运动、强国运动风起云涌，如上海交大的学生反对东北特殊化，“拥护政府采取强硬外交，以维国家领土主权之完整”② 的爱国运动，证明了民族意识、国家观念在社会上引起了广泛的认同，救亡图存是热爱祖国的近代中国人共同的价值追求。在近代爱国救亡社会背景下的爱国思想与慈善思想紧密融合，指导着近代慈善人士的“慈善救国”“慈善强国”活动。

“由于帝国主义列强的侵略，中国近代慈善才发生了不同于古代慈善的变化”（周秋光等，2013：31），随着近代国家观念的形成，在近代救亡图存的社会历史背景及时代精神的号召下，“爱国”成为寓于慈善实践活动中的主题，“追求国家富强和社会发展的新取向，是传统慈善事业向现代慈善事业转化的标志性事件”（李喜霞，2019：163），具有近代慈善爱国思想的新型慈善人士纷纷涌现，他们认识到“慈善事业最大的目的就是要使社会常常有进步，并不是单救那受饥寒的人就可以算数的”（张揆让，1920：72），认为“无益于斯人无益于社会无益于国家而所谓有益于己者”的慈善是荒谬的，“不可凭其可惜亦

① 摘自网络版《两宋研究史料汇编》，别史篇/东都事略/列传六十一～七十（卷 78～87）/（宋）王偁撰·文渊阁四库全书本，第 126 页，http://guji.unihan.com.cn/web#/list。

② 《周播》第 1 期，1946 年，第 5 页。

甚矣”（酉诲，1914：25），指出慈善家应该“勿自私其私，自利其利，认真为国民谋幸福，以成为一个利国福民之大慈善家”（澧铭，1925：20），在慈善爱国思想的作用下，近代慈善家对传统消极性慈善救济行为进行批判和反思，指出“慈善事业的界说就是帮助不能自立的人，使他能永久自立，不做社会的负担，所以慈善家做事，一定要想想事情的结果，要担保他所做的事有益于社会，还要担保他所救助的人永久能自立”（张揆让，1920：73），探索实施积极的“慈善救国”“慈善强国”的方略，提出通过大兴工艺来拯救中国之贫（郑观应著、辛俊玲评注，2002：516），帮助贫民立生计、教育，使贫民绝其所以致贫之因，不致为全国之累[①]，慈善救助活动由“授人以鱼”转向寻求长远帮助人们脱困的“授人以渔”，注重“教养”并重，兴办慈善教育，向贫困人士教授文化知识和手工技艺，培养贫困者自谋生计的能力，如：经元善等慈善人士捐资兴办正经女学等近代教育机构，对入学的女子进行教养；绅商李平书、王一亭等人兴办了贫民习艺所、广慈苦儿院、上海贫儿院等数十个慈善机构，收养年幼失怙的男女孩童，通过对孤苦儿童施以适当教育，使其能够自食其力，自立于社会。在爱国主义思想引领下近代慈善救助的实践活动具有“慈善救国”“慈善强国”的时代色彩，我国近代慈善事业不断发展，实现了由传统“以养为主”的消极慈善救助向近代“教养兼顾”新型慈善的转型；随着近代慈善事业不断发展，近代爱国主义思想得到广泛传播，慈善爱国主义思想与慈善实践活动实现了良性互动。

在我国，爱国主义思想及慈善思想都有着悠久的历史文化渊源，爱国思想自古以来一直都作为中华民族精神的核心，存在于中国人民的内心深处；以类的同一性为基础，爱国主义思想与慈善思想通过有机融合形成的慈善爱国主义思想，对慈善事业的近代转型有促进作用，是我国慈善事业沿着正确轨道发展的重要保证。因此，构建以爱国主义思想为基础的慈善文化理论体系始终是我国慈善事业完善发展的重要方向，体现了对我国历史、文化的传承和尊重，符合中国国情、民情及当代慈善事业发展的需要。

① 《社说：中外慈善事业之不同》，《东方杂志》第1卷第11期，1904年，第265页。

三　新时代中国特色慈善文化理论建设的重大意义

实践活动是人的思想在行为上的体现，慈善实践作为一种具有道德性的行为表现形式，能够反映出人们的思想道德文化水平；慈善实践强大的感染性、传播性，使慈善活动本身不仅是对思想文化的践行，同时也是对思想文化进行有效的传播、传承。因而，建构以新时代爱国主义为基础的慈善文化理论体系意义重大。

首先，构建以新时代爱国主义为基础的慈善文化理论体系为我国慈善事业的发展提供了理论保障。矛盾普遍存在于社会中，慈善事业是政府进行资源配置、平衡收入的补充力量，对调和、缓解社会矛盾有积极的效果（周珊，2018：42），在构建社会主义和谐社会的过程中，慈善事业始终有其存在的价值。随着社会的发展，普通群众广泛参与到慈善实践活动中，构建以新时代爱国主义为基础的慈善文化理论体系，充分展现了对我国历史、文化传统、国民情感的尊重，符合社会发展规律，易于被民众接受，能够增强慈善事业的生命力，实现慈善事业的久远发展，充分发挥慈善事业的社会治理功能、社会建设功能、道德教化功能，为慈善主体的慈善行为指明方向。其次，构建以新时代爱国主义为基础的慈善文化理论体系可以引导人们慈善思想的正确方向，有利于慈善文化的发展和爱国思想的弘扬。“人类并非从来就具有人道理想，它的实现是个历史过程。”（史怀泽，1992：107）“慈善行为的发生完全取决于个人的道德认知，取决于社会成员自身的道德境界”（郭祖炎，2013：49），人类的慈善思想道德需要培植、引导。慈善实践活动作为一种具有道德性的人际互动活动，对人们的思想具有感染力，人们实施慈善行为，客观上也是对思想道德的一种传播，随着社会普遍发展、富裕，慈善事业的全民参与趋势显著，内在于慈善活动中的慈善思想将会成为全民共同的价值认知，慈善实践是培育、弘扬爱国主义思想，使理论和实践有机统一的重要途径。慈善爱国思想在指导慈善事业发展的同时，也在进行传播，新时代爱国主义思想通过慈善活动内化于心，外化于行，逐渐变成人们“普遍的心理模式和集体记忆”（任志锋，2019：19），确保人们在享有慈善行为自愿、自由的同时，做到爱国自律，自觉维护国家利益，通过慈善行为的广泛传播、传承实现“爱国”这一“公共善”在全社会范围内的有效传播与传承。最后，“爱国”是民族国家发展的永恒主题，是当代社会主义核心价值观的重要内容，因此，构建以新时代爱国主义思想为基础的慈善文化理论体系，符合时代、社会的发展规律，能够指导慈善事业沿着正确的轨道前进，使之成为我国社会主义建设事业中的有机组成部分，无论是对培育新时代中国公民的社会主义核心价值观，还是对建设社会主义和谐社会都具有深远意义。简而言之，就是使慈善事业在发挥社会救助功能的同时，也能发挥好慈善实践、慈善文化对爱国思想的传承、传播作用，以利于在全社会范围内实现对爱国慈善思想的普遍价值认同。

“爱国”是近代民主国家中公民的共同情感，“国家先于（民族）群体，社会高于个人”被写入白皮书作为新加坡人的共同价值观（亨廷顿，2009：294），英国曾提出“为了国王和国家”的口号，西班牙的口号是“为了上帝和西班牙”（戴蒙德，2016：269），在美国的人道援助方面，一些人主张“不是所有的援助都拥有同样分量；对于非国民，美国政府的责任应不同于对国民的责任”（佩顿、穆迪，2013：103）。在慈善救助中慈善平等难以实现，历史与现实的发展经验告诉我们只有国家发展壮大，人民才会幸福，“爱国”情感是蕴含于人们内心深处并为当代中国人共同遵守、维护的“公共善”。文化理论的建设不是盲目的，而是一项需要科学指导的活动，慈善文化理论的建设要以发展的眼光和理性的态度去审视社会现实，在充分尊重我国的国情、人情、世情的前提下坚持与国家大政方针政策相适应，遵循慈善活动发展的“利他”性、“公共”性、“自主、自愿”性等特性，以中华传统慈善文化为根本，结合当代发展的国情，融合中西，会通古今，构建出符合中国人情感和心理的中国特色慈善文化理论体系，重塑对中华文化的自信。

参考文献

〔法〕阿尔贝特·史怀泽（1992）：《敬畏生命》，陈泽环译，上海：上海社会科学院出版社。

（清）毕沅校注、吴旭民校点（2014）：《墨子》，上海：上海古籍出版社。

亟诲（1914）：《社论：说慈善》，《进步》，第6卷第5期。

程昌明译注（1999）：《论语》，太原：山西古籍出版社。

崔高维校点（2000）：《礼记》，沈阳：辽宁教育出版社。

〔美〕弗里德曼（Friedman, L. J.）、〔美〕麦加维（McGarvie, M. D.）编（2016）：《美国历史上的慈善组织、公益事业和公民性》，徐家良、卢永彬等译，上海：上海财经大学出版社。

方勇主编、程翔评注（2018）：《说苑》，北京：商务印书馆。

冯桂芬（2002）：《校邠庐抗议》，上海：上海书店出版社。

（清）顾炎武（1997）：《日知录》，兰州：甘肃民族出版社。

郭祖炎（2013）：《中国慈善伦理研究》，湖南师范大学博士学位论文。

〔美〕亨廷顿（2009）：《文明的冲突与世界秩序的重建》，周琪等译，北京：新华出版社。

〔美〕贾雷德·戴蒙德（2016）：《枪炮、病菌与钢铁——人类社会的命运》，谢延光译，上海：上海译文出版社。

（汉）刘向（1992）：《说苑全译》，贵阳：贵州人民出版社。

澧铭（1925）：《小论说：我所希望之慈善家》，《钟声月刊》（香港），第1期。

李喜霞（2019）：《国家与社会：晚清慈善事业的新精神》，《宁夏社会科学》，第4期。

〔美〕佩顿（Payton, R. L.）、〔美〕穆迪（Moody, M. P.）（2013）：《慈善的意义与使命》，郭烁译，北京：中国劳动社会保障出版社。

任志锋（2019）：《论新时代爱国主义教育的文化理路》，《思想理论教育》，第9期。

天翼（1914）：《国外观》，《进步》，第6卷第5期。

（战国）荀子（2009）：《荀子》（精华本），沈阳：万卷出版公司。

赵敬丹、张帅（2018）：《中国公益慈善教育的未来走向》，《黑龙江社会科学》，第1期。

周秋光、曾桂林（2017）：《中国慈善通史研究：价值、现状与路径》，《湖南师范大学社会科学学报》，第4期。

周珊（2018）：《马克思主义理论学科视阈下慈善问题研究述评》，《长沙理工大学学报》（社会科学版），第5期。

周秋光等（2013）：《中国近代慈善事业研究》（上），天津：天津古籍出版社。

（清）郑观应著、辛俊玲评注（2002）：《盛世危言》，北京：华夏出版社。

张揆让（1920）：《慈善事业》，《复旦》，第8期。

Establishing A Theoretical System of Philanthropic Culture with Chinese Characteristics: An Analysis on the Development of Philanthropy and Patriotism Based on "Public Goodness"

Wang Ning

[**Abstract**] Along with our country the development and progress of the society, charity has become a general public widely participate in an activity, due to the infiltration of western charitable culture, lack of charity development in our country a charity conforms to China's national conditions and cultural theory instruction, can lead to the development of philanthropy in prosperity in our country at the same time all sorts of charitable mess also emerge in endlessly, charity of philanthropy needs the right culture theory guidance. It is the result of the development of Chinese history that patriotic thought has become an important part of Chinese charity culture. It is determined by the publicity of patriotic thought, and it is an important guarantee for the sustainable and healthy development of Chinese charity. Charity activities are infectious and contagious, so they are of great significance to the inheritance and dissemination of ideology and culture, it is an important task for the modernization of charity in China to follow the development characteristics of charity activities and build a theoretical system of charity culture in line with China's national conditions, human feelings and affairs.

[**Keywords**] Patriotism; The Chinese Characteristic; Charity Culture

理性的儒商慈善观：基于交换理论视角的诠释

武　幺　赵瑞芳　隋胜杰*

【摘要】 商业慈善并非新出现的一个社会现象，它随着经济与社会的发展而逐渐兴起，成为近年来研究的热点。今天，商业慈善与企业的社会责任密不可分。而回顾过往，历史上的儒商作为商业传统与伦理道德的统一体，承担着促进社会发展和推动社会融合的崇高使命。本文通过对历代儒商慈善思想的梳理，总结归纳出儒商慈善观的演进逻辑，并在交换理论的视角下，通过"理性二分法"探讨了儒商慈善行为动机的本质属性。研究发现，历史上儒商的慈善行为动机包含经济和道德两方面的因素，在古代早期主要表现为价值理性的驱动，而在后期，其慈善动机开始带有明显的目的理性色彩。本文对于当代中国商人价值观的选择亦有一定的启示作用。

【关键词】 儒商；慈善观；交换理论；理性二分法

* 武幺，山东工商学院公共管理学院讲师，研究方向：公益慈善伦理与文化；赵瑞芳，山东工商学院公共管理学院讲师，研究方向：公益慈善事业管理；隋胜杰，山东工商学院公共管理学院公益慈善事业管理方向本科生。

一　引言

商人作为一种古老的职业早在奴隶制时期的商代和西周就已出现。数千年之后的今天，由商人集团组成的商业组织已成为驱动现代社会发展不可或缺的三大组织之一。在开展商业活动、追求商业利润的过程中，企业往往会遵循一定的道德原则，即以商业伦理规范来指导自身的行为方式。这种商业行为所具备的道德能动性在当今社会主要表现为企业社会责任（CSR）。就目前来看，已有越来越多的企业把履行好 CSR 看作其提高市场竞争力的一种重要手段。CSR 不仅与现代企业的公民价值观紧紧相连，而且与公益慈善的核心理念密不可分。目前学界普遍认为，西方企业的社会责任理念建立在对社会契约思想的继承基础之上（Donaldson & Dunfee，1999；李淑英，2007；林军，2004）；而中国企业对社会责任的认识与理解除了受到西方契约思想的影响之外，还离不开以儒家思想为代表的中国传统文化的熏陶（杨晓智，2006；张彩霞、陈学中，2013）。

历史上，儒商是中国商人中最为典型的，其突出特点是：将“儒”与“商”结合在一起，实现了中国传统文化与商业文化的结合。儒商精神作为其价值观的核心，是儒商发展过程中重要的文化产物，其内涵主要包括两个方面，即儒商的商业观与慈善观。在本文中，我们重点探讨的是后者，即儒商的慈善观。在我国古代，商业传统与伦理道德往往表现为一对矛盾体，但二者在儒商的身上得到了完美的融合。这种结果的呈现究竟是受到儒家文化影响后商人价值观的一种必然选择，还是基于理性思考的商业决策？本文将对儒商慈善观的演进逻辑进行梳理，并在交换理论的框架下探讨儒商慈善动机发生机制的规律。

二　儒商与儒商价值观：概念界定与历史演进

（一）儒商的界定

尽管目前学界尚未就儒商的定义达成共识，但学者们从不同视域出发，均给出了其界定的含义，从某种程度上讲，这也反映出儒商内涵的多元性。

关于儒商的定义，学者中富有代表性的观点主要有以下几种。

第一，儒商是具备文化修养的人。儒商，是传统中国商人在文化上达到的制高点（顾蓓晔，1993：239），凡有较高文化素养、品格高尚、见利思义、对社会有所贡献的成功商人，都可以被称为儒商（朱贻庭，1996：24）。

第二，儒商是以中国传统文化为精神支柱的商人。他们具有的共同特征是：受中国传统文化哺育，有良好的文化教养及职业道德，人际关系和谐，商务活动文明而精明，效益良好（蔡伯元，1994：36）。

第三，儒商是由儒士转而经商的人。儒商即“士商”，这里主要指明清时期出现的那些“弃儒就贾”“儒而学商”的商人（宋长琨，2010：12）。

概括而言，我们可从广义和狭义两个维度来理解“儒商”这一概念。从广义的维度来看，儒商是指具有良好的道德文化素质，进行商业经营活动的商人群体；而从狭义的维度来讲，儒商是指浸染在以儒家思想为代表的中国传统文化中，同时在其经营的价值理念和行为方式中体现出传统儒家伦理文化特色的商人。在本文中，我们主要从狭义的角度来对儒商及其价值观进行分析。

（二）儒商的商业观：经济伦理思想的嬗变

众所周知，儒家文化作为中国的主流文化在极大程度上影响了古代中国社会意识形态的塑造和政治建构，儒家文化中包含着丰富的经济思想，并且随着时代的发展，儒家的经济思想逐步演变为一个较为完善的思想体系。

关于儒商的商业观，已有不少学者做出了相关论述，如陈启智将儒家的经济思想概括为：经世济民的伦理经济思想，藏富于民的自由经济思想和个业并举的均衡经济思想（陈启智，2000：10）。于铭松等认为，儒家的经济价值观所包含的重义轻利、重农抑商、富国富民富家、重均分而轻生产、黜奢崇俭思想对中国封建经济的发展产生了深远的影响（于铭松、邢燕，2001：76）。刘喜珍则通过探讨中国古代儒家经济伦理思想嬗变的历史轨迹，提出中国古代儒家经济在商品生产、交换、分配、消费四个环节中的基本特征：勤、信、均、俭（刘喜珍，2001：69）。

可以看到，在整个儒学意识形态的建构过程中，儒商的商业观逐渐成形，与此同时，其价值观的内涵也变得越来越丰富，儒商慈善观的发展脉络在儒商的历史演进中逐渐清晰。

（三）儒商的慈善观：起源、发展与变迁

作为儒家文化的代表，孔子的核心价值观是“仁者爱人”。“仁”就是爱人，与人为善，待人宽厚仁慈，对人尽心竭力，能施恩于百姓，周济大众。孟

子曰：“仁者爱人，有礼者敬人。爱人者，人恒爱之；敬人者，人恒敬之。”荀子说：“义与利者，人之所两有也。……虽桀纣不能去民之好义，然而能使其好义不胜其欲利也。”数千年来，儒家的仁爱布施观和义利观对中国的慈善事业产生了持久而深远的影响。儒商深受儒家思想的影响，在漫长的历史中，儒商逐渐形成了特有的慈善观，而历代儒商则身体力行地践行着慈善，历史上出现了大量的商人典范。

1. 古代早期：“天下大同”的朴素儒商慈善观

在我国古代早期，儒商主要以儒家正统思想的精华“仁、义、礼、智、信”为安身立命之本，以为社会所尊崇的儒家行为规范和道德标准来要求自己，以“创造社会财富，服务于天下”为己任，提倡互相关爱，宽容谦让，讲究“贾而儒行”“亦儒亦商”“以儒术饬商事”，坚持儒家的“民本”及“大同”思想，反对贫困，乐善好施，博施济众，在从事商业活动的同时始终进行着“利他”精神的实践。可以说，古代儒商的朴素慈善观，反映出这一社会群体对“老有所终，壮有所用，幼有所长，鳏寡孤独废疾者皆有所养”之天下大同理想社会的一种向往。

历史上的首位儒商可以追溯到春秋末年，孔子的弟子端木赐（字子贡）在孔门十哲中以言语闻名，善于雄辩，且有干济才，办事通达，曾任鲁国、卫国之相。子贡善货殖，有“君子爱财，取之有道”之风，为后世商界所推崇，不仅如此，《吕氏春秋》中还有关于“子贡赎人让金”的记载：“子贡赎鲁人于诸侯，来而让，不取其金。”子贡能够对鲁人施以援手，并不求回报，充分体现了他助人为乐的慈善观，是其发自内心的道德行为。[①]

与子贡处于同一时代的另一位著名商人范蠡，被誉为中国历史上最早的慈善家。黎红雷认为，虽然范蠡不是孔子的弟子，但其“富而好德”，与孔子的“富而好礼”精神相通，陶朱公应该也是具有儒家气质的商人（黎红雷，2016：18）。《史记·货殖列传》[②] 将范蠡的慈善行为描述为“十九年中三致千金，再分散与贫交疏昆弟。此所谓富好行其德者也”。范蠡三致千金的故事充分体现了

① 参见《吕氏春秋·先识览·察微》，古诗文网，https://so.gushiwen.org/guwen/bookv_4081.aspx，最后访问时间：2020年6月6日。

② 参见《史记·货殖列传》，古诗文网，https://so.gushiwen.org/guwen/bookv_216.aspx，最后访问时间：2020年6月6日。

儒家思想中“重义轻财、救济贫困”的慈善观。范蠡不仅济贫，还努力扶贫。他资助鲁国穷士猗顿，毫无保留地将致富方法告诉了他，顿也因此发家致富。这是“己欲立而立人，己欲达而达人”这一儒家理想的最好实例（李涛，2017：149）。此外，战国时代的商人白圭因其“乐观时变”的经营之道而被奉为商人祖师，除却提出“人弃我取，人取我予”的经商理念外，深受儒家思想影响的他取财有道，以“仁术”经营，利己利国又利民。可以说，古代儒商多具有较为崇高的社会责任感，怀抱救世济民的远大抱负，追求达则兼济天下。

2. 明清时期：“以义制利”的传统儒商慈善观

受社会制度、生产力水平、文化、历史事件等各方面因素的影响，我国古代公益慈善事业以官办、官办民营、官督民办的模式为主（邓国胜，2015：19）。随着慈善事业由官办慈善向民间慈善转变，历代士绅和儒商皆积极参与扶贫济困、赈灾救险等公益慈善事业，也留下了许多慈善逸闻，其中便有“李珏慈商”“李五舍糖”等。然而，尽管儒商起源较早，但由于受各朝各代“重农抑商”政策的影响，直到明清时期，儒商、儒贾等词才出现。

随着社会秩序在明清时期得到重新整合，商业的发展与人口的增长，儒士与商人之间的界限被打破。大批读书人弃儒从商，进入商业领域。而早年接受的儒家正统教育使其思想和行为方式都深受儒学思想的影响，这促使大量儒贾或儒商的诞生。儒商以商帮的组织形式，再次登上历史舞台（宋长琨，2010：95）。商帮作为以地缘为基础组织和发展起来的商人团体，以同地域的为聚合对象，建立商业会馆，议事、聚会、洽谈商务、发展公益事业。比如，会馆的日常活动就包括为旅居他乡的商人解决困难，维护同乡或同行的利益。而一些由商人兴建的行会、公所等业缘组织，也分担了救助同行、安葬同乡等职责。随着儒商群体的不断壮大，儒商之间、众商帮之间的互动不断增强。

与此同时，市民思想已出现萌芽，人们开始反思自身价值，并重新审视个人的社会责任（周秋光、曾桂林，2006：175）。明代思想家、政论家唐甄把经商致富作为一种“致太平”的途径，更是“以身率之”，亲为商贾。受其思想影响，传统社会中处于四民之末的商人群体开始积极响应社会需求，以儒商为代表的商人们更是大力参与到社会事务和民间慈善组织中，关爱亲友、孤弱，热心乡里和社会公益之事，儒行与贾业实现了良性互动。由于社会观念开始转变、商人的经济价值得到肯定，儒商对善行义举乐此不疲，慷慨认捐，赈济灾荒，参与灾后重建，他们成为这一时期民间慈善事业颇为重要的一分子。明清时期民间慈善事业的崛起和兴盛与商人秉持“财自道生，利缘义取”的儒商慈善观是分不开的，而盛清时期的商业力量更是直接促进了当时慈善公共空间的拓展（梁其姿，2018）。儒商博施济众的慈善成为他们表达社会责任感的主题，这一点从儒商的商道中可以窥探一二。儒商商道包括诸多内容，其中最能反映儒商精神慈善观的便是“先义后利，以义制利”。义是儒商的商德，儒商的大义，是关注民生，积极投身社会公益事业，为社会和国家多做贡献。许多儒商在取得成功之后不忘初心，不忘对后辈的教育，加大对教育的投入，慷慨投资，兴办学校，培养了许多人才，令他们能够服务社会，造福于民。

3. 晚清民国：富国兴邦的儒商新慈善观

近代以来，随着经济和社会环境的解构与重建，儒商的人数有所增长，儒商在慈善方面由个体走向联合，形成更大的社会影响力。在诸多儒商中颇具代表性的有张謇、经元善和荣德生。这类商人群体追求“言商仍向儒”，“商”“儒”不分家，有的由商而士，有的则由士入商，多成为近代商人中久负盛名的社会慈善家。比如，张謇在从事各项慈善事业的过程中，尤为注重慈善教育的创设与发展，在未得到社会积极响应的情况下，仍决心依靠自身力量来创办各项慈善教育机构，并为盲哑学校培养师资力量。总的来说，张謇秉持着重教甚于重养的慈善理念，开展大量实践，还捐资捐物创办多种带有慈善公益性质的文化教育机构。从张謇身上，可以观察到近代儒商慈善观发生的变化，即无论是对慈善本身的理解还是做慈善的方式都发生了明显的改变：儒商慈善的主题开始由抚恤爱民向强国兴邦转变。慈善主题的变迁，一方面表现为儒商的慈善行为由包括施粥、舍药、慈幼、养老、恤孤等在内的短期社会救助与救济的传统公益慈善模式开始向“授人以鱼不如授人以渔”的新型慈善模式转变；另一方面，儒商在追求自我利益与民族利益的双向实现过程中，以卓越远见倡导以工商实业救国兴邦，以公益福利事业富民养邦，以文化教育强民振邦，这一慈善观显然受到了当时历史及社会经济条件的极大影响。随着重商主义思潮的兴起、资本主义工商业的产生与发展、西方列强的入侵与民族危机出现，儒商开始转向实业救国、富国兴邦的新慈善（杨洁高、孙尚诚，2013：52）。

4. 现当代：与时俱进的现代儒商慈善观

新中国成立后相当长的一段时期内，传统文化的发展遭遇曲折，停滞不前，儒商文化也曾一度遭到破坏。但随着20世纪70年代末80年代初我国改革开放事业的兴起，李晓华等一大批既有救国济世之鸿鹄之志，又有驾驭市场之雄才大略的一代新商人出现（张炎荪、杨杏芝，1998：73），儒商精神在现代儒商手中得到发扬光大，成为现代企业家精神的重要组成部分。当代儒商秉持贾服儒行的职业观，坚持以人为本的管理思想，弘扬优秀的传统企业文化。如黎红雷曾将当代儒商精神的内涵归纳为以下几个方面："德以治企"——践行儒学"道之以德，齐之以礼"的理念，德启善根，提高员工素质；"义以生利"——基于儒家的义利观，以利他主义为基础，形成了自己的经营哲学；"信以立世"——秉持"儒学内诚于心，外信于人"的理念，内外兼修，塑造品牌；"智以创业"——践行儒学"智者不惑"的理念，善抓商机，致力于成为"时代的企业"；"仁以爱人"——继承儒学"仁者不忧"的理念，关爱员工，服务大众，提升员工的归属感和幸福指数；"勇以担当"——践行儒学"勇者不惧"的理念，严格自我管理，形成强有力的感召力和组织凝聚力，不断提升企业勇于进取的战斗力（黎红雷，2018）。

在这样的背景之下，包括儒家慈善文化在内的中国传统慈善文化获得了新的发展机遇，儒商的慈善观也与时俱进，与西方"企业公民"理念相结合，中西方传统文化碰撞后成功实现了文化的交会。许多企业逐渐意识到，开展慈善事业有利于改善企业形象，提升企业品牌，也有利于企业的长远发展。因而，我国很多企业开始重视对慈善事业的投入，坚持从事慈善事业，在自然灾害与公共安全危机事件发生之时，多表现出以"救助天下为己任"的使命感。如2008年汶川地震发生后，有数百家企业捐款超千万元，捐款捐物的企业更是不计其数。这充分说明我国企业在发展慈善事业方面做出了突出贡献。除此之外，一些大的企业更是将企业社会责任提高到企业战略的新高度。为实现企业的价值追求与可持续发展，在全球企业社会责任运动中，中国企业逐渐从被推动者变为重要的推动者。在我国社会主义市场经济体制已经建立和人类社会进入21世纪的今天，中国企业家群体成为儒商在当代的一个缩影。公益慈善责任成为企业社会责任最重要的组成部分，企业家在开展公益慈善活动的同时，也赋予儒商以新的内涵：除了参与救灾和扶贫的传统公益慈善事业，新儒商对现代公益慈善领域也表现出极大兴趣，一方面不断拓展新的慈善内容，另一方面更是追求从"输血式"慈善转向"造血式"慈善，不断创新与突破，在丰富儒商慈善观意涵的同时，也为公益慈善事业注入新的活力。

（四）儒商精神的内涵：合一性与一致观

在儒商商业观与慈善观大发展历程的背后，恰恰就是对儒商精神的不断建构与补充。如果借用学界观点，可以从以下两个角度对儒商精神的内涵进行解读（刘甲朋，2013：5～10）。

1. 东方商业文化与人文思想的合一性

从文化的角度来看，儒商精神是在儒学文化圈内孕育出的一种东方文化精神，体现的是东方式经营管理中的价值观和思想方式。有学者认为，儒商精神就是儒商在长期的经营实践中，在经济、政治、文化等诸多社会要素交互作用下形成的。儒商的经营理念、经营组织方式和行为方式都深受中国传统文化，特别是儒家文化的影响（唐凯麟、罗能生，1998：6～11）。而另外一些学者则将儒商精神概括为一种人文思想。在他们看来，儒商精神是在儒商长期的经营实践过程中形成的，是对儒商在形成发展和生产经营中体现出来的一种人文思想、精神的概括，是儒商共有的进步商德和对从事商品生产经营、交换的共性认识与经验相互交融发展而形成的一种特有的人文思想和精神的总和（张炎荪、杨杏芝，1998：74）。

2. 经济利益与道德规范的一致观

从经济的角度来看，儒商精神的实质就是儒家精神中的经济道德理性，其特征是经济合理主义。有一种观点认为，儒商精神的本质在于将儒家的道德原则和价值原则运用到经济活动中，具化为“义以为上”“以义制利”的古典式经济运行规则，并形成中国传统商人自觉遵守的职业道德（李惠钦，2002：85）。另一种观点则强调儒家思想与经济的有机结合，在商业活动中引入并贯彻儒家的思想观，实现儒家思想对商业价值观和商人行为规范的渗透。儒商精神这一概念的提出，其实就是将儒家思想中“仁”“义”“诚”“信”同商业精神融合，形成具有儒家特征的商业伦理道德观念和风范。

三　儒商慈善观：从交换理论到理性二分法

如前所述，儒商“贾而儒行”“亦儒亦商”的表征，其背后呈现的其实多是儒商价值观中的向善元素。数千年来，儒商慈善观的历史演进过程不仅反映出中国传统文化的深刻影响，而且彰显了儒商对自身社会责任的反思。儒商以义制利、以义求利和以义为利的思想，可以在社会交换理论视角下得到充分解读。

社会交换理论诞生于20世纪五六十年代，由美国社会学家霍曼斯提出。该理论的思想来源较为多元，主要包括功利主义古典经济学中的交换思想、文化人类学中的交换思想、社会传统中的交换思想以及行为心理学中的交换思想。社会交换理论主要侧重于诠释包括商品交换在内的经济关系中人际互动的动机，理论的支持者普遍认为，交换是互动的主题，交换构成了人类社会。

尽管在马克思主义中已隐含了交换理论的思想，但其交换模型主要局限在资本家和无产者之间。齐美尔则通过对马克思主义的批判，重新解释了交换理论，他的交换原则主要阐释了金钱对社会关系和社会结构的影响：从某种意义上讲，儒商慈善动机的产生除受到儒家传统思想的熏陶之外，也源自“对自己不具有的有价值的物品的渴望”，除金钱外，这里的“物品”也包括认可、尊重、顺从等其他物质性不强的东西，即较高的社会地位和社会声望等。此外，商人作为社会行动者感受到儒家文化拥有的资源具有价值，这恰恰是其与社会建立交换关系的动机。

此外，按照布劳的观点，在社会交换关系中，个人会按照自己所拥有的资源与其他人进行互换。布劳概括出四种一般等级的报酬：金钱、社会赞同、尊重或尊敬与服从。在他看来，在绝大多数的社会关系中，金钱都不是一种合适的报酬，因而价值最小。社会赞同是一种合适的报酬，但对多数人来讲，它并不具有很高的价值。与二者相比，尊重、尊敬与服从在报酬体系中具有更高的等级。面对在金钱与社会地位二者之间进行抉择的情境时，儒商之所以会选择后者主要是因为报酬的排序问题。那么，从这个角度来看，商人们热心公益慈善事业、言商向儒的行为是可以理解的。而霍曼斯的交换理论则认为，只要某种行动所产生的结果对一个人来说具有价值，那么他就有可能采取同样的行动。此处价值不仅指经济价值，也包括社会价值和伦理道德价值。对于历史上的儒商而言，多行慈善对他们提升社会地位、改变公众认知与刻板印象是非常重要的。通过贾儒结合的方式，商人居于四民之末的地位得到了一定程度的改变，传统观念中“商品流动环节并不会增加社会财富”“无商不奸”“无奸不商”的看法逐渐改变，商人们发现，如果尊崇儒家行为规范和道德标准，多行善事，产生的结果不仅有经济方面收益的增加，而且有社会声望的提高及社会影响力的增强。一方面，儒为商的发展提供一种规范；另一方面，慈善行为能够为商人带来价值的最大化，这就为儒商慈善观的形成与发展创造了极为有利的条件。

那么，回到本文开头提出的问题，儒商慈善观究竟是儒家文化影响下对于价值观的一种感性思考，还是交换利益主导下的理性商业观呢？我们可以借助马克斯·韦伯关于理性的论述来对这个问题进行回答。他在其《经济与社会》一书中提到，人的行动可以分作以下几种类型：目的理性、价值理性、情绪行为以及传统行为。其中，目的理性与价值理性属于理性行动，而情绪行为和传统行为属于非理性行动（韦伯，1997：56~57）。从理性的角度来看，本文涉及的问题可以通过“理性二分法”来进行分析。

从目的理性的角度看，人们会将目的、手段和附带后果作为其行为的取向，并做出合乎理性的权衡。而价值理性则认为，人们会无视可以预见的后果，其行为服务于他对义务、尊严、美、宗教、训示、孝顺或者某一件“事”的重要性的信念。如果从目的理性的立场出发，价值理性是“非理性的”，并且这种价值取向越是上升为绝对价值，就越非理性，因为无条件考虑行为固有价值的结果就是对行为后果的忽略。但是，价值理性与目的理性之间绝非对立，价值理性强调行为本身的价值与含义，关注道德精神领域和对人的关怀，而目的理性更为强调结果和效益的最大化，二者在社会运作中扮演着同样重要的角色。

儒商的社会行为方式以经济和道德作为其双重取向，在古代早期，主要是基于价值理性的驱动。正如上文所探讨的中国古代早期朴素慈善观的形成过程，商人主要受儒家人本主义核心价值观的影响，以儒家治国理念宣扬的建立“人人为公”的理想社会为目标，同时，以实现“天下大同”为己任，在商业实践的过程中，始终坚持超越个人功利的价值定位，坚持义本论，义主利从，义先利后。而随着时间的推移，儒商的慈善动机开始带有“目的理性”的浓郁色彩：特别是进入明清时期后，商人开始意识到慈善能够带来诸如经济收入增加、社会地位与社会声望提升等经济资本、文化资本和社会资本方面的增值，因而商人在从事公益慈善活动方面更为乐此不疲。这也成为儒商慈善观在这一时期大发展的一个重要原因。尽管如此，不得不承认的是，儒商价值理性导向并未完全消失，儒家思想的影响始终贯穿于儒商历史上的商业实践之中，并随着儒家思想与时俱进的发展而不断向前推进。按照“理性二分法”的观点，直到今天，一方面儒商慈善观中“儒”的部分（价值理性）依然会对商人的慈善行为产生深刻的影响；另一方面慈善观中“商”的部分（目的理性）仍未失去其应有之义。

四 讨论与反思

本文通过追溯历史渊源探讨了儒商慈善观发展的四个不同阶段。早期朴素的慈善观，经过历史的发展演变，逐渐转向“交会式”的现代慈善观。而在慈善观的演进过程中，儒商行为方式的驱动属性也相应地发生了一些变化，从单纯的价值理性开始转向价值与目的理性共存的状态，这种转变大致的发生时间是历史上的明清时期，主要原因是当时社会上资本主义萌芽开始出现，商人对工具理性逐步构建了相应的认知（即不管目标是什么，只要目标既定，就需提供达到这个目标的最佳手段），在此过程中，由于受到儒家传统文化的强烈影响，商人的慈善观念仍旧带有一定的目的理性特征。至此，大体可以总结归纳出儒商慈善行为的驱动发生机制（见图1）。

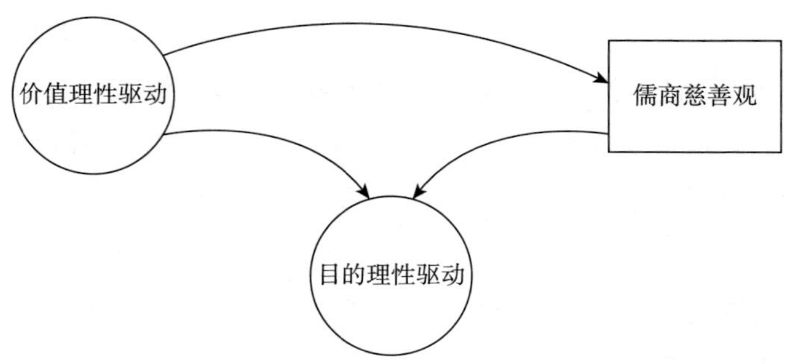

图1 儒商慈善行为的驱动发生机制

不仅如此，运用韦伯理论剖析得出的儒商理性二分特征，可以尝试回答韦伯提出的关于“理性的吊诡”这一问题。正如马尔图切利等学者在梳理韦伯理性化思想时发现的，在《新教伦理与资本主义精神》一书中，韦伯曾暗示了理性化的两面，即：一方面，理性化是现代文明的普遍趋势；另一方面，工业化、资本主义和科层制的高度发展，会危害到人类社会的基本价值。按照其观点，理性化的发展超出了人的控制范围，导致目的理性与价值理性之间失去平衡，并最终导致目的理性压倒价值理性，现代人存在的意义就此丧失（马尔图切利，

2007；王淼、马晶晶，2020）。针对“理性的吊诡”这一问题，从儒商慈善史的发展来看，利益的驱动作用其实并未超越儒家正统思想中关于“天下”的设想，也并未影响到历代商人对义利观的传承。因此，我们认为，解读韦伯提出的“理性”不能仅仅局限在目的理性或者工具理性的范畴之内，还应该考虑到包含譬如风俗、伦理、传统或其他无条件的固有价值的纯粹信仰等这样一些影响要素在内的价值理性的影响。

在以上关于儒商慈善动机的探讨分析中，我们主要借鉴了韦伯等人的西方理论框架，并没有建立一个研究中国问题的本土理论诠释框架，这也使得研究具有一定的局限性。近些年来，许多学者都曾强调过关于研究的“本土化”问题，倡导在研究中实现议题、应用和范式的“本土化”。比如，以肖瑛为代表的学者在研究中就提出，在中西文化的碰撞中，在对文明个体的关键现象展开历史的与经验的研究过程中，完成儒家文明对社会伦理、政治以及经济关系的建构是极为重要的，并在此基础上可以尝试构建中国社会的理论（肖瑛，2020：190）。基于这个观点，探讨东西方文明的性格及变迁，并以其为途径来分析西方商业观中“以利为利”和东方商业观中“以义为利”这种差异的形塑过程，将成为今后进一步研究的重点。

2014 年，习近平在首尔大学发表了题为《共创中韩合作未来 同襄亚洲振兴繁荣》的重要演讲。在演讲中他指出，“国不以利为利，以义为利也”。这说明，在融入全球化、构建人类命运共同体的过程中，无论是国家还是商人都离不开以“先义后利，以义制利”的价值取向，包括儒商在内的所有商人，应该不断去借鉴传统，更好地去履行企业家的社会责任。这也充分说明在社会主义市场经济不断发展和完善的今天，儒家文化与儒家伦理思想仍未失去它的意义。

参考文献

蔡伯元（1994）：《贵和思想的现代价值》，《社会科学》，第 7 期。

陈启智（2000）：《儒家经济思想及其特点》，《孔子研究》，第 6 期。

邓国胜主编（2015）：《公益慈善概论》，济南：山东人民出版社。

顾蓓晔（1993）：《传统中国商人的心理分析》，深圳：海天出版社。

黎红雷（2016）：《当代儒商的启示》，《孔子研究》，第 2 期。

黎红雷（2018）：《儒商与儒商之道》，孔子网，http://www.chinakongzi.org/rw/xszj/lihonglei/201809/t20180925_182947.htm，最后访问时间：2021 年 1 月 28 日。

李惠钦（2002）：《略论古典儒商精神及其现代价值》，《焦作大学学报》，第 1 期。

林军（2004）：《企业社会责任的社会契约理论解析》，《岭南学刊》，第 4 期。

李淑英（2007）：《社会契约论视野中的企业社会责任》，《中国人民大学学报》，第 2 期。

李涛（2017）：《浅析儒商范蠡的思想及当今影响》，《学理论》，第 4 期。

梁其姿（2018）：《商人力量如何拓展了明清的慈善空间?》，2018 中国慈善文化论坛，https://www.sohu.com/a/279050708_114988，最后访问时间：2020 年 6 月 5 日。

刘甲朋（2013）：《论儒商精神的界定》，《湖北经济学院学报》，第 6 期。

刘喜珍（2001）：《中国古代儒家经济伦理思想历程与特征探析》，《北方工业大学学报》，第 2 期。

〔德〕马克斯·韦伯（1997）：《经济与社会》（上卷），林荣远译，北京：商务印书馆。

〔法〕达尼洛·马尔图切利（2007）：《现代性社会学》，姜志辉译，南京：译林出版社。

宋长琨（2010）：《儒商文化概论》，北京：高等教育出版社。

唐凯麟、罗能生（1998）：《传统儒商精神与现代中国市场理性建构》，《湖南师范大学社会科学学报》，第 1 期。

王淼、马晶晶（2020）：《理性的“吊诡”：由韦伯学说到现代性悖论思考》，《宁夏社会科学》，第 1 期。

肖瑛（2020）：《“家”作为方法：中国社会理论的一种尝试》，《中国社会科学》，第 11 期。

杨洁高、孙尚诚（2013）：《近代以来儒商慈善的转型及其意义分析》，《山东工商学院学报》，第 5 期。

杨晓智（2006）：《儒家伦理与企业社会责任》，《经济论坛》，第 12 期。

于铭松、邢燕（2001）：《重义轻利：儒家经济价值观》，《华北电力大学学报》（社会科学版），第 4 期。

张彩霞、陈学中（2013）：《儒家思想视域下的企业社会责任观》，《济南大学学报》（社会科学版），第 5 期。

张炎荪、杨杏芝（1998）：《儒商精神及其现代价值》，《山西师大学报》（社会科学版），第 3 期。

周秋光、曾桂林（2006）：《中国慈善简史》，北京：人民出版社。

朱贻庭（1996）：《“儒商”与儒商精神》，《探索与争鸣》，第 10 期。

Donaldson, T. & Dunfee, T. W. (1999), *Ties That Bind: A Social Contract Approach to Business Ethics*, Boston: Harvard Business Review Press.

The Rational Confucian Merchants' View on Philanthropy: An Understanding Based on the Exchange Theory

Wu Yao, Zhao Ruifang & Sui Shengjie

[**Abstract**] Commercial charity seems not to be a new social phenomenon. With the development of the economy and society it has gradually emerged and in recent years became a research hotspot. Today commercial charity is inextricably linked to corporate social responsibility. Similarly, as a unity of business traditions and moral principles, historical Confucian merchants undertook the noble mission of promoting social development and social integration. This paper summarized the basic laws of the changes in the Confucian merchants' philanthropy views by combing the thought of Confucianism and charitable concepts in ancient times. Through "the dichotomy of the formal and material rationality" by Max Weber the essential attributes of the motivation of charity behavior of Confucian merchants were discussed in the view of social exchange theory. The research found that historical Confucian merchants took both economy and morality as their behavioral orientation: in the early time, the charity motivation was driven by value rationality, however, in the later period, it showed the instrumental side. This research may also be instructive for the choice of value of the contemporary Chinese businessmen.

[**Keywords**] Confucian Merchants; Charitable Concept; Social Exchange Theory; Dichotomy of the Formal and Material Rationality

家族慈善基金会影响力促生的思考

郭　素*

【摘要】 随着家族慈善事业蓬勃发展，家族慈善基金会成为家族慈善实施的重要载体，家族慈善基金会如何提高机构影响力成为家族及基金会人员关注的焦点。本文通过对世界知名的洛克菲勒家族慈善基金会的观察，归纳提炼了影响家族慈善基金会影响力形成的显著特质，即家族慈善基金会的独立性、公共性、科学性、代理性和持续性。

【关键词】 家族慈善；基金会；传承；影响力

随着社会、经济与环境等多方面的变化与变迁，全球气候变化、公共卫生等带来诸多社会风险，慈善捐赠在过去的30年中扮演着越来越重要的角色，其中超高净值个人以及他们的家族将慈善事业作为实现个人价值与承担社会责任的重要内容，以解决社会和环境问题，从而应对变化与挑战。

家族慈善基金会作为家族慈善实施的主要载体，在全球范围内得到越来越多的关注和实践应用，而中国家族慈善基金会在近些年也蓬勃发展，正式注册的家族慈善基金会的数量及其增长速度也远超过去30年。1986年成立的贤銮福利基金会①是中国第一家家族慈善基金会，截至2018年底，中国家族慈善基金会共268家（深圳国际公益学院家族传承中心，2019）。在基金会实体成立之

---

* 郭素，清华大学公共管理学院博士后。

① 《基金会管理条例》施行后更新为现名：福建省泉州贤銮福利基金会。

后，摆在家族成员面前的核心问题就是如何使其有效传承家族精神（休斯，2011）并形成家族慈善基金会的社会影响力。本文拟结合具有深远影响力的洛克菲勒家族慈善基金会案例，探讨家族慈善基金会影响力的促生因素，观察在全球范围内具有影响力的家族慈善基金会所具备的特质。

洛克菲勒家族慈善事业已走过百年历程，在美国、中国以及亚洲、拉美等世界范围内对公共卫生、教育、环保、艺术、宗教等领域产生重要影响。因其捐赠时间跨度之长、规模之大和成就之显著，洛克菲勒家族可以当之无愧地执美国乃至世界慈善事业之牛耳（资中筠，2015）。洛克菲勒家族从第一代约翰·洛克菲勒起便涉慈善事业，随着家族不断壮大，先后成立了洛克菲勒基金会、洛克菲勒兄弟基金会等十余家家族慈善基金会，在机构历时和影响力方面，洛克菲勒基金会和洛克菲勒兄弟基金会最为突出。以下将“社会认同/公信力”作为中间媒介，结合造成家族慈善基金会社会资本鸿沟、依附式发展梗阻、需求匹配失准以及影响力分散化（闫福增，2019）问题的因素进行反向剖析，同时考察“代理治理”以及“持续性”等促生家族慈善基金会影响力的多项因素。

一 家族慈善基金会的独立性：摆脱依附关系和建立社会公信力

洛克菲勒基金会与企业和政府保持独立关系，在关键时刻帮助其恰当地保护自身，并从危机中脱颖而出。1913 年洛克菲勒家族在纽约州进行独立基金会注册申请，获得该州政府批准，正式成立了洛克菲勒基金会，成立之初基金会获得家族大笔捐赠资金，在资金上与家族企业保持完全独立。

基金会成立同年，“科罗拉多屠杀”事件爆发，作为矿方最大的股东，洛克菲勒家族成为众矢之的，事件的负面影响直接导致国会成立专门委员会对此案进行调查。当时威尔逊总统指定的戴维斯·菲尔利委员得出的最终调查结果极为负面和苛刻，洛克菲勒一世和二世根本无法接受此结果，于是家族立刻决定请刚成立不久的洛克菲勒基金会对工业和平问题进行独立研究。“对于科罗拉多矿工冲突事件，基金会对此工业产业的无序和失衡进行一次认真并彻底的调查，这是基金会最好的做法。我们不根据任何一方的优劣性去评价和决定，而是客观中立并科学地研究美国甚至其他国家在此方面的经验教训，包括毫不隐讳地揭露真实存在的弊端。”①洛克菲勒基金会以独立身份参与、客观调查并报告冲突事实的行为，得到了当时委员会的高度赞赏。哈佛大学校长伊利奥特在专门委员会做证时，对基金会用这种方式转移财富做了相当肯定的评价（马秋莎，2013）。此后，洛克菲勒基金会不但使因该事件而受到严重挫伤的家族公共形象得到提升，而且使家族慈善基金会赢得了高度的社会认可。

家族慈善基金会作为非营利组织，本质上是区别于政府和商业的第三部门，不具备其他两个部门的权威和资源，但往往成为依附式发展（闫福增，2019）的典型。政府和企业出于理性经纪人的考虑，对各项事务进行一定程度的干预，以谋求更大利益，非营利组织的独立性由此受到限制甚至缺失（宋程成等，2013）。在洛克菲勒家族的案例当中，家族慈善基金会没有成为依附政府和企业的组织，而是成为独立于两者的社会第三方。独立性给了它自由灵活的空间，不仅使它与公民的距离更近，得到的信息更加真实，而且可以更有效而迅速地完成目标，使其站在一个客观而公平的立场上，影响公共政策，进行公益服务，取得公民的信任和支持（陈靖一，2011）。

同属洛克菲勒家族的洛克菲勒兄弟基金会也一直坚持进行独立的专业资助，从而保持基金会持久的影响力。

“按照基金会注册地的法律，慈善基金会就应该是独立的、不依附政府的组织，比如当任政府决定退出《巴黎协定》，不愿意为气候变化等问题付出行动，但基金会的宗旨和资助领域不能改变，做了几十年的环境工作，可以期待它的长期效应，因为如果其他因素改变，影响力就发挥不出来了。”“特别是这次新冠肺炎疫情期间，基金会具有自身的独立性，我们并没有受到特别大的冲击，基金会工作需要照常进行，可能计划实施的节奏有所调整，但越是在这段时间，我们越应该给需要帮助的人以支持，这样才能使资助有效果，产生影响力。”②

① 洛克菲勒基金会 1913～1914 年度报告。

② 2020 年 5 月洛克菲勒兄弟基金会工作人员访谈记录。

二　家族慈善基金会的公共性：提供行业公共产品与系统性制度变革

家族慈善基金会的公益慈善产品或服务是否反映了公益广泛的公共价值是值得探讨的问题。

家族慈善基金会作为非营利组织往往倾向于在利用社会资源进行自我发展的同时，在一定程度上减少对社会议题的关注，在社会情况发生变化时依然按照“老路子”解决社会问题，而并没有真正解决普遍的具有公共性的问题（闫福增，2019）。威姆西林（Wamsley）认为非营利组织代表和维护公共利益，这使得它和其他组织相比最具优势的地方在于其确保公共问题的解决方案和解决过程符合公平、正义和民主规范的特点（Lambright，1971），同时它所表现出的公共性可以得到更多的公众信任（Haque，2001；Hogan，2004）。

洛克菲勒基金会作为典型的家族性非营利组织，其宗旨定位是在面向未来并回应人类发展进步问题的基础上确定的，“促进知识获得”是从公共教育方面，而“预防和缓解痛苦”是从公共卫生角度，宗旨的描述即为家族慈善基金会的目标圈定了范围并展示了其公共性的特点。“这一目标与卡耐基基金会相似而更广泛，陈义更高，覆盖面及于全世界人民。”（资中筠，2015）基金会公益慈善产品受益面的广泛性以及服务受益人群的非特定性，充分体现了其公共性的特点。

起初，医学捐赠并不是洛克菲勒家族慈善的首选，在洛克菲勒一世自己掌管慈善的时代，慈善捐赠对象主要是教会和大学等。作为理事长的洛克菲勒二世基本按照父亲的“老路子”进行慈善规划和社会服务提供，并没有真正找到产生系统性变革并具广泛性的社会需求项目。直到基金会的董事兼顾问盖茨先生读完美国医生威廉·奥斯勒（Willian Osler）的《医学的原则与实践》一书后，才开始对医学以及公共卫生领域的彻底变革。“医学科学的发展非常困难，它不像别的学科一样，如化学、地理、地质学或天文学，因为它本身的研究需投入巨额资金，且这样的投资基本无利可图，因此私人资金都退出了这个领域。只有这些基金会，这些当代最伟大的文明，看起来有能力为医学科学的发展提供大量资助，这些基金会同时能成为令其他财富群体信服的榜样。”（Gates，

1922）盖茨先生认为当时的医学体系完全没有建立起来，而这恰是人类发展的巨大社会需求，并强调医学的价值以及所有文明中疾病的致命性和医学对保留与推动文明的关键作用。

基于基金会对医学重大社会问题的认知，洛克菲勒基金会在美国建立了洛克菲勒医学研究院，支持霍普金斯公共卫生与健康学院等医学研究机构。从整体上看当时医学地位在美国文化和权力中的攀升，从而了解基金会产生了多么深刻的文化和社会影响力，印象将更为清晰（马秋莎，2013）。19 世纪早期，以英国为代表的欧洲整体医学研究以及临床医疗技术居于世界前列，美国当时在医学上远远落后于欧洲，但是受到欧洲医学发展的影响以及洛克菲勒基金会的大量资金投入，医学在美国迅速成为“科学医学”。由洛克菲勒基金会支持的医学教育改革最终使美国医学教育赶上或超过了欧洲的水平，基金会影响力大幅提升。一方面，因医学研究和教育耗资巨大且收益甚微，其他营利性机构无法进入，为当时受到质疑的洛克菲勒家族基金会提供了提高知名度和产生影响力的机会；另一方面，洛克菲勒家族基金会作为大型慈善机构开启了与医学界的深度合作，这本身就代表了一个迅速变迁的社会为建设新的道德体系和社会秩序所做的努力，而这种努力推动了主流化的新价值观的塑造，包括对科学的崇拜，同时帮助家族慈善基金会和医学界取得荣耀（马秋莎，2013），获得社会认同并产生影响力。“迄今为止，北京协和医学院是洛克菲勒基金会历史上海外单笔捐赠最大的慈善项目。”（马秋莎，2013）洛克菲勒基金会资助北京协和医学院也成为推动中国现代医学体系建立的重要事件，使得基金会在中国、美国以及全球范围产生巨大影响力。

三　家族慈善基金会的科学性：以科学管理提升项目绩效和基金会影响力

家族慈善基金会在一定程度上由于其自身的固有特征与现代慈善存在一定张力，成为不断理性化的家族慈善实施载体，体现家族宗亲互助观念的同时，基于差序格局视角的推己及人的慈善观与现代慈善理念和法规抵触（张映宇，2017）。如何做到现代慈善（Nielsen，2013）的“学而精”“做而专”是家族慈善基金会面临的重要课题，洛克菲勒基金会是家族慈善历史当中，首个提出

“科学慈善”管理理念的基金会，其在目标具体化（斯科特、戴维斯，2011）、科学管理与监督、结果导向与评估方面较早地建立了规范。

洛克菲勒基金会从确立对医学领域进行变革式资助的目标到 1914 年北京协和医学院的正式成立，历经了 12 年时间。在此 12 年中机构设立目标，并组织专家团队进行了 3 次远洋考察调研，后又经过基金会董事会和专题会议多轮论证。1914 年 12 月 11 日基金会董事会宣布成立美国中华医学基金会，并组织召开了第一次会议，洛克菲勒二世成为美国中华医学基金会的第一任董事会主席。美国中华医学基金会按照洛克菲勒基金会的创建宗旨，对医学会工作进行具体目标的分解。1915 年 8 月，美国中华医学基金会决定组织第二个专业考察团进行具体工作内容的调研，对项目执行的具体问题进行考察，包括招生入学条件、授课语言、课程大纲、外国教师比例、薪酬体系、教学评估等（福美龄，2014）。

“在当时中国的医疗水平条件下，洛克菲勒基金会能够花这么长的时间专门进行调研考察，并从尊重科学的角度提出协和医科大学的建设方案，这在当时是让整个社会耳目一新的，非常震撼的，而后的结果也证实了专业科学的重要性，这也使得基金会名声大噪。”①

在洛克菲勒基金会的百年发展历史上，北京协和医学院项目远远超出了预期，成为洛克菲勒家族遵循科学，不断以求索的精神与专业团队合作，不断推进基金会科学化、理性化的典范。洛克菲勒基金会也因以科学的态度、专业的精神建立起来的北京协和医学院得到广泛的社会赞许，基金会也家喻户晓，拥有最显著的国际影响力（布洛克，2014）。

四　家族慈善基金会的代理性：家族成员让渡管理权，释放家族领导力

在家族慈善基金会里，通常家族创始成员以理事会最高领导的身份进入理事会，以实现其对基金会的“所有权”，② 基金会的“经营权”由秘书长掌握。

① 2012 年 2 月 24 日中华医学会与壹基金公益研究院举办“中国卫生慈善倡议行动”会议，某研究者发言。

② 按照《中华人民共和国慈善法》规定，已捐赠资产或资金应属于社会。

家族慈善基金会的组织结构、人事管理和项目管理体现了"所有权"与"经营权"分离的特点。"委托-代理关系是伴随着所有权与经营权的分离产生。"（戴中亮，2004）在基金会的整体运作、项目管理、资金管理以及人员招募与任免等方面，家族成员与运营团队由于认知、经历和信息不对称等产生分歧，委托-代理的关系长度存在差异。委托-代理关系对基金会影响力具有约束力。在家族成员与非家族成员管理层之间，在解决信息不对称问题和利益冲突的背景下设立一个最优机制以实现委托方-代理方的利益是家族慈善基金会的重要选择。

按照西蒙的组织理论，在家族慈善基金会组织中，理事会应当属于正式化结构中的最上层，其中理事会成员成为理事会行使决策权的主要力量（西蒙，2013）。家族慈善基金会理事会一般由家族理事和非家族理事组成，非家族成员多寡与专业代表性和多元性的强弱对基金会专业决策产生直接影响。2019 年洛克菲勒兄弟基金会理事会由 20 名理事和 1 名顾问理事组成；其中约一半理事为洛克菲勒家族成员，其他均为非家族成员理事。2018 年理事会成员中白人占 80%，亚洲或南亚占 10%，黑人或非裔美国人占 10%，女性理事占 45%。[①] 理事会成员专业背景各异，包括艺术、教育、金融、国际关系、法律和社会工作等，多元化背景有效提升了理事会在机构治理、投资实践和捐赠战略等方面的能力。

"几年前，我们的一位项目主管提议资助印度的一个项目。我们把这个提议交给了理事会。我们不是必须这样做，但是我们认为把它交给理事会进行审查并获得回馈是有益处的，因为我们从来没有资助过类似的项目。其中一位理事，他是一名美国前外交官，曾在印度担任大使，他就我们的提议提出了非常尖锐的问题，引发理事会的激烈辩论，当时，我和那位项目主管也认识到，那位理事提出的问题非常重要，但是我们确实无法给出完满的回答。于是，我们回去就此问题进行了充分调研，然后将最终方案重新提交给理事会进行决策。结果是，那位理事是对的。"[②]洛克菲勒兄弟基金会非家族理事的专业性和独立性使基金会理事会层面能够正确决策。

"我们的理事长是洛克菲勒家族的第五代成员，在基金会治理方面非常活

① 洛克菲勒兄弟基金会官网：https：//www.rbf.org/leadership/trustees。

② 2015 年 11 月 19 日洛克菲勒兄弟基金会总裁斯蒂芬·汉兹访谈记录。

跃。在她领导下的理事会制定基金会的总体制度政策和战略规划，包括资助政策、捐赠基金的管理制度及其他。但是，一般而言，所有这些制度政策和战略规划都是管理团队提议，然后由我转达给理事会，最后由理事会会议讨论通过。按照基金会的章程，作为首席执行官，我有相当的权力可以批准资助和管理人力资源等，除非是特别大额度的资助或者我们主动寻求理事会的建议，因为我们有一个非常专业和有智慧的理事会，我们经常咨询其意见。”①

在洛克菲勒兄弟基金会机构治理当中，家族成员作为最高决策者，明确划分了家族代表参与基金会理事会的权限，对基金会的使命和方向进行把控，抓住重大政策方针决策权，将日常人事、财务和运营等方面管理权让渡（Davis & Donaldson，1997；Morck et al.，1988）给管理层，恰当理解和使用家族“所有权”，使“所有权”与“经营权”分离但相互支撑。

“管理团队非常值得信任，非常骄傲地说他们的专业和敬业，赢得了受捐人、广大合作伙伴以及社会的广泛肯定。”② “基金会得到了社会众多赞誉和影响力，我认为专业管理团队的贡献最大，这是现代慈善管理的重要标志。”③ “最令人佩服的地方是基金会专业化、职业化的管理，这是我的基金会需要学习的。”④

洛克菲勒家族成员在基金会建立了有效的代理关系：一方面，吸纳了具有多元化背景的非家族成员以实现理性管理决策；另一方面，充分授权管理层。这些特点缓冲了家族感性与机构理性化趋势以及差序格局视角下推己及人的慈善观与现代慈善理念和法规的抵触，从而避免了影响力分散化，聚合了基金会影响力。

五　家族慈善基金会的持续性：跨越社会资本鸿沟，实现资金和影响力可持续

家族慈善基金会通过解决社会问题获得社会资本的同时，其保证机构拥有

① 2015 年 11 月 19 日洛克菲勒兄弟基金会总裁斯蒂芬·汉兹访谈记录。

② 2018 年 11 月洛克菲勒兄弟基金会理事长第五代家族成员访谈记录。

③ 2019 年 10 月洛克菲勒兄弟基金会项目主任访谈记录。

④ 2011 年中国某家族慈善基金会创始人访问洛氏 Kykuit 庄园感言。

可持续的金融资本至关重要。家族慈善基金会作为非营利组织虽然在一定程度上拥有了支撑其发展的社会收入渠道，但其向前发展的需要远远不能得到满足，往往要面临巨大的社会资本鸿沟，这也成为基金会影响力向规模化迈进的现实障碍（林闽钢，2007）。

1913年，洛克菲勒基金会正式成立，洛克菲勒一世向基金会捐赠共2.41亿美元，[①] 这是基金会永久性的留本发展基金（Endowment）。此基金可进行保值增值的投资活动，以保证基金会具有持续性的资金收入。至今，洛克菲勒基金会已有108年历史，每年捐出数亿美元，但原始基金仍不断保值升值，这为基金会在全球范围持续实施捐赠并产生社会影响力提供了坚实保障。

同样具有国际影响力的洛克菲勒兄弟基金会，不仅享有家族第二代与第三代成员捐赠的永久性留本发展基金，而且首创影响力投资工具，从而实现慈善资金保值增值。2007年洛克菲勒兄弟基金会启动投资业务战略创新计划，并决定雇用外部专业投资咨询机构进行投资决策。2010年初，洛克菲勒兄弟基金会总裁斯蒂芬在理事会上提议应承诺将基金会总资产的10%进行影响力投资，令其产生长期的社会、环境以及经济价值。2016年，基金会在影响力投资领域的实际资金投入比例已上升到12%，同年基金会又提出了3年内达到20%的目标。基金会要求影响力投资领域的投资回报率目标按照同等纯商业的标准进行制定。基金会严格按照资产回报率预期、预期风险、资产类型、投资结构、流动性等多个指标进行尽职调查和评估分析。根据最终“影响力投资”的收益数据，基金会在没有改变原有慈善宗旨的前提下，获得了不低于商业回报率的投资利润，从而保证家族慈善事业传承具有可持续性的资金支撑。

“我们属于比较老派的基金会，与近几十年成立的大型新兴基金会相比，规模上有很大差异，有些基金会在建立之初即确定一定期限内使命完成就可谢幕，而兄弟基金会成立近80年来，它一直需要有可持续发展的规划和格局，资金可持续是非常重要的方面，因为可持续的资金保障，才能使得基金会慈善事业绵延不绝，影响力不断累积、扩大。”[②]

---

① 其中包含从为纪念妻子而建立的“劳拉·司佩曼·洛克菲勒基金”转入的7000余万美元。

② 2020年5月洛克菲勒兄弟基金会人员访谈记录。

六　总结

洛克菲勒家族慈善在历史长河中，因历时、捐赠额和对社会的贡献在世界范围产生巨大影响力，其家族慈善基金会也在百年之中不断蜕变与提升，在历史的长河中留下了一个个印迹，如北京协和医学院等多个项目成为“洛氏基金会王冠上闪亮的宝石”（马秋莎，2013）。洛克菲勒家族基金会释放的影响力促进了社会进步，其影响力的促生不是一蹴而就的，而是在历史过程中调试和突破，并不断完善的，它为其他更多家族慈善基金会促生机构影响力提供了有益借鉴。独立性、公共性、科学性、家族成员与基金会管理层的代理性以及保持基金会长久发展的持续性等特质促使家族慈善基金会影响力的产生。其中，五大显著特质如表 1 所示。

表 1　家族慈善基金会影响力促生的五大特质

特质	具体特点
独立性	家族慈善基金会的非营利组织法人属性，使其摆脱依附关系，保持相对于第一部门和第二保持独立的空间，充分体现家族慈善基金会中立、公正的角色优势，从而获得更多社会公信力，释放机构影响力
公共性	家族慈善基金会的公益慈善产品和服务是否具有公共价值属性，这一点非常重要。家族慈善基金会通过向更多非定向人群提供最大利益的服务，公共价值凸显，其公信力/社会认同性更容易建立，从而促生基金会的影响力
科学性	慈善逐渐趋向组织化、专业化和制度化，慈善组织应该更加专业和科学地应对深层次的社会问题，科学、专业、理性的家族慈善基金会管理模式使得家族慈善基金会的公益慈善稀缺资源产生最大化的社会效益，从而为真正解决社会问题提供根本保障，进而催生机构社会影响力
代理性	慈善家族作为基金会的创始者，通过在理事会中的重要角色实现其对基金会的“所有权”，但家族慈善基金会的运作管理中，家族公信力水平超过临界值时，需要充分让渡权力并构建良好的代理关系，建立家族与家族慈善基金会之间的有效治理结构，从而建立持续公信力和促生机构影响力
持续性	家族慈善基金会的捐赠来源于慈善家族，但作为独立运营的非营利组织，其本身没有创造经济利益的能力，这是非营利机构无法逾越的社会资本鸿沟，但家族慈善基金会永久性留本发展基金、影响力投资等公益金融资本的发展创新为家族慈善基金会资金的可持续提供可能性，从而帮助家族慈善基金会保持可持续的影响力

参考文献

陈靖一（2011）：《论中国非营利组织保持其独立性》，《社科纵横》，第5期。

戴中亮（2004）：《委托代理理论述评》，《商业研究》，第19期。

〔美〕福美龄（2014）：《美国中华医学基金会和北京协和医学院》，闫海英、蒋育红译，北京：中国协和医科大学出版社。

〔美〕赫伯特·西蒙（2013）：《管理行为》，詹正茂译，北京：机械工业出版社。

〔美〕理查德·斯科特、杰拉尔德·F. 戴维斯（2011）：《组织理论：理性、自然与开放系统的视角》，北京：中国人民大学出版社。

林闽钢（2007）：《社会资本视野下的非营利组织能力建设》，《中国行政管理》，第1期。

马秋莎（2013）：《改变中国——洛克菲勒基金会在华百年》，桂林：广西师范大学出版社。

〔美〕玛丽·布朗·布洛克（2014）：《油王：洛克菲勒在中国》，韩邦凯、魏柯玲译，北京：商务印书馆。

深圳国际公益学院家族传承中心（2019）：《中国家族慈善基金会发展报告2018》。

宋程成等（2013）：《跨部门协同中非营利组织自主性的形成机制——来自政治关联的解释》，《公共管理学报》，第4期。

闫福增（2019）：《非营利组织影响力规模化的现实困境与路径选择》，《山东行政学院学报》，第4期。

〔美〕詹姆斯·E. 休斯（2011）：《家族财富传承——富过三代》，钱峰、高皓译，北京：东方出版社。

张映宇（2017）：《家族基金会的两大财富管理工具》，《公益时报》，11月14日。

资中筠（2015）：《财富的责任与资本主义演变：美国百年公益发展的启示》，上海：上海三联书店。

Davis, J. H. & Donaldson, L. (1997), "Toward a Stewardship Theory of Management", *Academy of Management Review* (1), pp. 20 - 47.

Gates (1922), "Suggestion Regarding Policy in Medicine and the Rockefeller Foundation Covering the President and the Next Generation", 10. 22, 洛克菲勒档案馆，西蒙·弗莱克斯纳微缩胶卷，#46。

Haque, M. S. (2001), "The Diminishing Publicness of Public Service under the Current Mode of Governance", *Public Administration Review* (1).

Hogan, K. (2004), *The Science of Influence*, John Wiley & Sons, pp. 135 - 138.

Lambright, W. H. (1971), *Toward a New Public Administration*, *the Minnowbrook Perspective*, in Martin, F. ed., Scranton: Chandler Publishing Company.

Morck, R., et al. (1988), "Management Ownership and Market Valuation: An Empirical Analysis", *Journal of Financial Economics* (20), pp. 293 - 315.

Nielsen, W. A. (2013), *The Golden Donors: A New Anatomy of the Big Foundations*, Truman Talley Books.

A Thought on the Influence of Family Charity Foundations

Guo Su

[**Abstract**] With the vigorous development of family philanthropy, family philanthropy foundations have become an important carrier for the implementation of family philanthropy. How family foundations can increase their institutional impact has become a problem for families and foundation staff. The paper takes the world-renowned Rockefeller family foundations as examples to analyze, summarize and refine the remarkable characteristics of the influence formation of family philanthropic foundations, namely, family foundation independence, public value, and scientific operation, agency principal and sustainability.

[**Keywords**] Family Charity; Foundation; Legacy; Impact

依附性嵌入、内生性发展与中国社会组织话语权建设

——基于H省政府购买社工服务的案例研究*

王华凤　施从美**

【摘要】 政府购买服务的体量逐步增大，社会组织在公共事务治理中的作用也逐步显现，社会组织话语权构建成为新时代研究主题。基于此，对H省政府购买Y社工组织服务案例的研究深入分析了中国社会组织话语权的生成和发展逻辑。通过研究发现，在我国复杂的管理体系下，社会组织话语建构经历了由依附性嵌入到内生性发展的过程。发展初期，政策保障不足、社会组织合法性建构缺失等因素导致组织获得合法性认可存在障碍，资源"造血"能力不足造成了对政府的强烈依附。但随着社会组织的不断成长，专业能力逐步提升，资源"造血"能力逐步增强。这些内生性发展策略，使社会组织提升了话语权利，增强了话语力量，扩展了话语渠道，社会组织话语权逐步建设起来。

* 基金项目：国家社科基金项目"政府购买农业公益性服务的政策落实研究"（项目编号：19BZZ086），国家自然科学基金青年科学基金项目"社区非营利组织参与社会治理的行为模式与有效性研究：基于大数据的实证分析"（项目编号：71804120）。

** 王华凤，苏州大学政治与公共管理学院博士生；施从美（通讯作者），苏州大学政治与公共管理学院教授，博导。

【关键词】依附性嵌入；内生性发展；社会组织；话语权

一　问题的提出

党的十九大把社会组织纳入中国特色社会主义事业“五位一体”总体布局中，社会组织被视为新时代治理体系中的重要主体。上海、广州、北京等多个城市已积极引导社会组织参与到社会治理中来，这种协同共治的管理方法获得了政府的大力支持和认可，社会组织参与公共事务的类型和模式也在不断创新（张潮、王竟熠，2019）。其中最显著的就是政府购买服务的服务外包模式。此模式的推广，使政府与社会组织的关系不再由政府主导，而是转为契约式的合作关系。但由于社会组织发展处于初级阶段的现状，在参与社会治理的过程中只能先依附于政府获得社会资本、关系网络、价值体系和政策推动力（罗艳、刘杰，2019）。这种资源依赖，导致社会组织对于政府形成了一种“嵌入”的状态（唐斌，2010）。我们把这种依附于政府发展从而获得合法性和发展空间的方式称为“依附性嵌入”。但随着此模式的发展，社会组织面临行政化、工具性和自我“造血”能力逐步减弱的风险（栾晓峰，2017）。自主性、独立性的缺失，背离了社会组织参与社会治理的初衷，使其在政府购买服务中，权益表达受到限制。部分社会组织逐步认识到，社会组织要想发展，必须减少资源依赖，增强自身“造血”能力（叶托，2019）。这种以资源“造血”、专业能力提高、增加社会资本存量来逐步增强独立性的过程也就是社会组织的“内生性发展”过程。伴随着社会组织独立性的增强，政府购买服务中社会组织权益表达日益得到尊重和满足（王宝治、李克非，2015）。所谓话语权是指有权利说且能被听到的方式与能力，这种权益表达与争取的过程，我们称为话语权的建构过程。国内学者邓玮指出话语权是主体拥有权力的直接与综合反映（邓玮，2016）。英国学者费尔克拉夫认为所有的权力争夺都是话语斗争，想要获得权力必须做好话语实践，要在话语实践中考察权力博弈的动态过程（邱利见、刘学智，2020）。由此可见，政府购买服务下，在社会组织从“嵌入”到“内生”的过程中，权利提升与权益争取是伴随着社会组织话语权建构而逐步发展的。社会组织话语权构建与提升在社会组织建言献策，提高科学决策能力、地方治理效率等方面发挥着重要作用。因此，社会组织话语权构建已成为推动社会组织发展的重中之重。但目前国内学者对于社会组织话语权的研究多涉及国际社会组织话语权的构建，对于地方社会组织参与治理中的话语权发展研究还存在弱势关注。基于此，本文从历时性视角出发，关注政府购买服务背景下，社会组织话语权的建设与发展过程，期冀在经验上突破已有研究的关注局限。在理论上将嵌入与内生等组织发展要素纳入话语权构建的分析中，探讨现有制度性改革和地方治理创新下社会组织话语权建构的生成逻辑。

二　文献评述

话语最早被提出是在瑞士语言学家费尔迪南·德·索绪尔的《普通语言学教程》里，在这本书中索绪尔提出"语言符号是任意的"（索绪尔，2009），从而把言语活动分成了"言语"和"语言"两部分。在索绪尔看来，所谓对话是一定要发生在一种群体共建的话语系统中的。很显然，这里的话语系统中的言语已经开始带有权力的意味了。随后，法国社会学家米歇尔·福柯在他的一系列著作中对"话语、权力"做了深入的研究。其在著作中首次提出"话语即权力的论断"（福柯，2017）。他认为，"话语权作为一种话语权力，不仅仅限于语法规则的控制，而是蕴含了极为复杂的权力关系，是人们通过话语赋予自己的一种权力"（严锋译，1997）。在其一系列著作中一直体现的一种观点是：话语是一种阶级或集团用来传播自己思想的工具，在实践意义上体现出的是权力的运作和权利的分配，我们只有真正了解话语的内在程序，才能在现实中得到话语。在我国，学者黄宝玲认为，话语权是一种能力，是人们在某一特殊情境下，围绕某一特殊问题而展开讨论的自由，以及在此过程中所形成的言语规范、控制支配和传播的能力（黄宝玲，2015）。王宝治、李克非认为所谓话语权，就是指社会公民享有的平等表达其自身利益、意见和诉求的一种言语的权利以及该言语对社会的现实影响力。话语表达需要在人与人的互动过程、人与社会的交往关系中呈现出来，话语权在很大程度上体现出一种社会关系，它具有权利性、权力性双重特征（王宝治、李克非，2015）。

而对于社会组织话语权的问题，学界探讨较少，基本聚焦在以下两个方面，一方面是对现阶段国内社会组织话语权的分析。当前国内社会组织话语权发展如何？有学者认为在政府的科层制下，社会组织虽然努力进行内生发展，但是其在中国的发展还在雏形阶段，没有强大的组织结构基础和持续的资金支持，只能求助于政府政策支持，而这种发展更多是在政府回应监管中得到确立的（施从美、帅凯，2020）。同时，由于社会组织在与政府的关系中一直处于从属地位，其对自身掌控的自主性被不断削弱（宋程成，2017），因此，社会组织为获取资源，通常会减少对自己话语权利的表达。社会组织想要独立发声，只有不断通过内生性发展争取自己的话语权。此外，有的学者发现相较于官方正式注册的社会组织，草根社会组织更难获得合法身份，它们没有制度渠道进行观点输出，只能创新“替代”策略进行公共表达（张潮，2018）。还有学者从某一社会组织类型出发，指出社会组织话语权的重要性，认为在政社合作关系下，社会组织需要更多的承认及实践权，社会工作话语体系的社会认可是社工工作的基础和保障（王思斌，2013）。另一方面是社会组织的国际话语权研究。多数学者认为社会组织越发展，其在外交中的话语权就越大。比如，社会组织在中国与非洲的联系中有很大作用，中国在非洲影响力及话语权处于弱势，原因之一即在于中国社会组织在非洲的缺失（龙小农、陈阅，2013）。

从目前文献来看，西方学者对于话语权的解释大都在福柯“话语即权力”的基础上进行，而我国学者则是从公民出发，主要研究人的话语权。同时大部分学者对于社会组织与政府的关系都有很清楚的见解，对于社会组织话语权在国内和国际上的意义也有很深刻的认识，这为研究社会组织话语权的发展奠定了很好的基础。但现有文献更多的是对现阶段政府与社会组织的关系下，如何提升社会组织话语权的研究，而对于其缘起，即社会组织话语权是如何建构和发展变化的，却缺少必要的关注和讨论。社会组织话语权的发展建设过程是其话语权提升的基础，只有在充分了解其发展过程后，才能在过程中逐步改善，从而提高社会组织话语权。

三　研究设计与案例选择

十八大以来，中央政府出台一系列关于社会组织发展的政策，在登记备案、人才发展、税收减免等各个方面全力扶持中国社会组织发展。党的十九大也强调发挥好社会组织、慈善事业等在全面建设小康社会中的作用，这些都使社会组织可以通过更加制度化、多元化的方式参与到社会治理过程中来。但是由于现阶段中国社会组织管理政策和社会组织自身能力发展的差异（张潮、张雪，2020），政府依然掌握着重要资源，是社会组织发展的主要资源提供者和合法性提供方，社会组织的声音相对比较弱小。同时，中国社会组织“强嵌入－弱自主”的模式（唐文玉，2019）造成了社会组织话语独立性的缺失。近几年，随着现行《社会团体登记管理条例》等三部主要法规的修订和出台（蓝煜昕，2012），政府对于社会组织的政策制度保障不断提升，不少社会组织也开始注意建构自身话语权。

H省作为我国自贸港建设的定点地区，经济发展迅速，人们的需求也越来越多。为满足居民的不同需求，H省政府积极引进政府购买服务。Y组织作为H省最大的社工机构，肇始于2014年，在发展初期阶段一直依附于政府生存，在政府的帮扶下，2017年成为全国百强社会工作服务机构、全国第二批社会工作服务示范单位。随着组织的专业性和认可程度逐步增强，经过五年的积淀和发展，目前Y组织在H省各市县创建了知名公益服务连锁品牌。近几年，H省社会组织尤其是社工组织的发展趋势不断上升，本文案例Y社工组织在众多社工组织中以其专业性等优势，不断趋于完善。其发展过程比较完善，制度体制建设过程比较完整，与本文的“社会组织发展过程中话语权建构研究”有很强的贴合性。本文通过查阅文献和前期的田野观察预先提出“社会组织话语权是伴随着社会组织发展而不断建构起来的，其发展经历了一个依附性嵌入到内生性发展的过程”的研究主张，然后用Y组织的相关数据和资料对此主张进行证实，以提高案例研究的有效性。本文采取采集编写，深入政府、Y组织和当地居民访谈调查等方式获取第一手资料。研究方法方面，本文主要采用访谈法与观察法相结合的数据搜集方法，融合资料，信息搜集依据两个要点进行。第一个要点是多证据来源。包括对相关人物的访谈、对任务完成过程的观察和记录，以及访谈提纲，使用多证据收集资料，包括了多资料来源和学科视角。本文访谈的对象主要为Y组织的负责人、Y组织的社工人员、S市社会组织政府管理部门。第二个要点是记录和整理资料，建立资料库。本文的研究理论支撑主要来自访谈笔记、录音资料、观察记录，以及对研究问题的访谈文字叙述和描述材料等，以社会组织话语权建构的两个过程——依附性嵌入与内生性发展为两大模块。根据访谈对象的不同，进行访谈分类和编码，根据资料建立证据链。

同时从案例出发，对社会组织话语权的建构发展过程展开具体分析。

四　以话语权求生存权：依附性嵌入中社会组织的话语权分析

（一）依附性发展：中国社会组织的发展策略

从法团主义视角来看，依附性发展是指社会组织在对自身内外部发展环境的综合考虑下，做出依靠政府政策制度、法律法规等从而发展自身的策略。法团主义下，政府占据主导地位，社会组织在发展前期由于自身专业能力不足，对宣传平台具有依赖性，独立性缺乏，再加上相关政策制度缺失，因此具有很大阻碍，只能依附性嵌入政府的管理体制中。

1. 求取合法性制度保障。自十八大以来，政府对于社会组织发展的重视使其在登记注册、政策支持、税收减免等方面做出了多项整改。十九大报告中习近平总书记提出“打造共建共治共享的社会治理格局”的思路和要求更加敦促着社会组织蓬勃发展。虽然，社会组织的发展得到了大力支持，但是现阶段中国社会组织发展受到管理体制的限制，社会组织登记制度和关于其合法地位的认可和保护等制度还处于不完善阶段。政府的认可对于社会组织的发展及以后工作的开展具有重要意义，而且与政府部门进行交流沟通，是合作过程中必不可少的，只有正确处理二者的关系，获得合法性保障，社会组织才能在社会治理中更好地发挥作用。因此，社会组织抓住政府购买服务的机遇，利用政府政策所给予的保障，深入嵌入政府管理体制中去，从而获得合法地位和资源，在合法空间内利用自身专业优势不断提高自己，以达到共建新型治理格局的目标。

2. 自身发展能力不足。我国社会组织真正发展起来，是从近代开始的。社会组织发展时间短，治理任务重，其不足之处就成了阻碍其壮大的主要因素。西方国家的社会组织在经历了历史的洗刷之后，能力、制度、内部管理等都已完善。相比之下，我国社会组织的发展还处于初级阶段。自身能力的不足导致其在参与社会事务治理时，必须先依附于政府。其缺陷主要表现为，其一，对政府的资源依赖性比较强。社会组织参与社会治理所需除了自身的专业优势、发展规模、专业社工和资源链接能力等内生资源外，还包括政府、其他社会组织和慈善团体等所给予的生存环境、政策保障、政治支持、发展空间、经济援助等。这些外部资源对于社会组织来说是至关重要的。调查显示，目前社会组织发展的资金 80% 来自政府，团体捐赠很少，社会组织自身“造血”能力不强。其二，当前社会组织发展的专业水平有待提高。目前，国内对于社会组织人员的培训大都是在高校进行的，但大学课程纷繁复杂，针对社会组织的专业课学习效果不明显，专业水平达不到。由于社会组织的发展区域集中在大城市，工资待遇低，学生对于社会组织工作的认可程度低，毕业后几乎不会从事此类工作，专业人员普遍减少。而且，国内对于社会组织发展的重视程度不高、社会组织从业人员工资低等都造成了其把依附性嵌入作为发展策略，以实现自身发展。

（二）生存权的置换：H 省政府购买 Y 组织社工服务中的话语权调查

1. 政策保障制度的置换

社会组织发展初期，政府政策制度不完善，“强嵌入 - 弱自主”的状况使社会组织倾向于优先获取政策制度保障，这种状况主要表现为两方面特征。一方面，政策含混性：弱自主模式下的组织嵌入。我国社会组织虽然一直在发展，但具体的政策迟迟未出台，一直到十八大召开以前，也未见一部比较明确、清晰的关于社会组织发展的政策法规颁布实施。当然这与中央政策的连续性有关。这种“含混性”的特征主要表现为 20 世纪 90 年代，国家强调社会组织的“双重管理”。这种双重管理体制带来的是双重的准入门槛，会限制一部分社会组织获得合法身份，从而影响了社会组织的正态发展（王名、丁晶晶，2013）。十八届三中全会又提出“行业协会商会类、科技类、公益慈善类、城乡社区服务类社会组织”等四类组织可以直接登记注册。但“双重管理”体制的规定在某些地区仍旧实行，这就导致了社会组织发展的政策存在偏差。在民政部、国家档案局《关于〈印发社会组织登记档案管理办法〉的通知》中第 16 条明确规定，“省级人民政府民政部门可以根据实际情况会同同级人民政府，档案行政管理部门制定本办法实施细则”。据此规定，政府对于登记制度存在绝对自主权。这种情况就会造成现阶段相关政策保障的不完善。因此，政府在考虑是否加大某一方面的政策时，必须建立政策矩阵意识，要从各个政策之间是否互补或者对抗出发来考虑最终的选择（宋程成、张潮，2020）。Y 组织工作人员回忆：他们在登记注册社会组织时，由于对社会组织的政策、双重登记注册的程序问题和要求不了解，只能依靠政府，但有时候政府政策连续性不足，变动性比较大。在他们自身政策知识不足的情况下，也就无所谓话语权了，想着先注册比较重要。①

另一方面，政策宏观性：政府解释权下的组织发展。国家针对社会组织发展所出台的政策通常是具有指导性的宏观政策，所以在地方政府对社会组织的管理过程中，一些具体的、具有针对性的政策是欠缺的（耕荒，2014）。中共十八大以后，国家对于社会组织参与地方治理的鼓励支持，使地方政府在国家号召力的影响下，开始了关于社会组织参与地方治理的讨论，中共十九大上习近平总书记提出的“构建政府与社会组织协同治理的新型治理格局”理念，使社会组织快速发展，地方政府在国家号召和现实发展的现状下，可能会制定一些相应的法规，但由于地方政府对于社会组织发展的专业知识相对缺乏，政策配套资源和支持无法满足政策执行，很难真正操作。据 Y 组织工作人员对于政策相关问题的回答：对于政府购买公共服务的政策，H 省政府会根据国家要求制定相关政策，但是省级政策相对宏观，不可能具有完全针对性，实施的政策还需本地区政府部门自行制定。这就造成了 Y 社会组织在实际运行中有些政策前后存在差异，导致在评估过程中，其评估标准与实际运作存在差异，严重影响评估效果和资金下达。② 可见，这种政策供给相对不足导致 Y 组织在发展过程中感觉无所适从，一旦出现问题，解释权都归各政府部门所有，而 Y 组织话语权处于弱势，为了发展和生存，只能降低对话语权的需求来换取社会组织的发展。

2. 组织合法性的置换

学者 Suchman 把实用主义合法性解释为在当前环境下，组织努力去符合先前主体的规定。在对 H 省社会组织的调查过程中我们发现，现阶段 H 省社会组织的实用主义合法性需要得到政府的认可（Suchman，1995）。根据 Suchman 对于实用主义合法性的解释，本文把当前影响社会组织实用主义合法性的相关因素分为三个方面：政府的认可或干预，利益格局下组织的合法性变动，领导人的意志。

首先，合法性认可的置换。因为，在 H 省社工机构建立初期，除北、上、广、深等发达城市社会组织管理机制比较完善外，大部分地区对于社会组织的

① YS－19－08－27－03（此为访谈记录编号）。

② YS－19－08－27－03（此为访谈记录编号）。

了解还处于初级概念阶段，随着社会组织的注册数量增多和逐步发展，政府和公民对其才有了初步了解，因此除法律政策不完善外，政府对于社会组织的了解和认可度也比较弱。“政府主导”的传统地方治理思想，使地方政府很难把社会组织作为平等的合作伙伴，而是对其实施管理与控制（张潮，2018）。这种行政控制使其在对社会组织合法性认证的时候进行干预，而导致社会组织为了获取合法性依附于政府。在对H省社会组织进行调查的过程中发现，很多组织存在这种情况。社会组织在与政府沟通其价值观念、组织性质及服务内容时，由于政府对其组织了解不深，再加上社会组织的发展也处于初级摸索阶段，对于社会组织的建立和规划直接进行干涉便成为常态。社会组织依附于政府发展，组织的话语权就会处于相对弱势地位。

其次，降低利益诉求来保障社会组织合法生存。政府在社会组织的发展过程中，不仅起着监管作用，而且对于培育和扶持社会组织也具有重要意义。国家对于社会组织的发展和参与社会治理越来越重视，地方政府为响应国家政策，积极进行政府购买服务。调查显示H省当前社会组织的发展资金来源主要是政府，政府为了节省预算，在向社会组织购买服务过程中，可能会存在利益上的博弈。“我们组织在这个项目谈判的过程中为了争取到最大利益，也会接受政府的额外附加服务。这也算组织在招标过程中的一种利益博弈吧。争取到项目，就可以拿到资金支持，有了资金支持组织才会正常发展。所以在政府购买过程中，我们也会为了生存，主动降低或者说放弃我们的话语权，想着先发展，先能保障组织活下来，有了能力以后，我们才能更好地去提升话语权力，争取话语权利。”

再次，领导人变更后的社会组织合法发展。地方政府会出现领导人变更现象，如果新一届领导人对于前任领导人政策不认同，意志观念不相符，甚至会搁置废除前任的政策，这可能会对社会组织的合法发展产生不良影响。这种转变使社会组织在发展过程中为了持续性运转，会相对地实施话语保留策略。据工作人员阐释：“因为我们不知道新一届领导人对于社会组织的发展持怎样的态度，我们为了维持社会组织的正常运行，也不敢冒然改变发展策略，只能紧跟新一届领导班子的政策，这种情况下，我们就会进行话语保留，也不能说我们不想为组织发展建言献策，我们也是为了以后持续发展，所以领导人变更时，我们会进行话语保留从而持观望态度。”

3. 资源支持的置换

就社会组织的发展现状来看，社会组织主要的发展资金还是依靠政府，社会组织参与地方治理主要通过政府购买服务展开（宋亚娟、蓝煜昕，2019）。中国社会组织的诞生与西方不同，尤其对于处于初级发展阶段的社会组织，其自身资源“造血”能力相对不足，对政府资金的依赖性使社会组织在项目实施过程中话语权处于被动地位。对 H 省社会组织的调查显示，初期发展的社会组织为获取政府项目资金支持，在与政府的利益博弈中，通常会在讨价还价的过程中接受政府提出的附加服务，政府在预算不足的情况下可能会存在资金延付或资金缩减的情况，社会组织为了资金的持续支持还是会选择相应让步，保留话语博弈权。

同时，信息资源的获取对于社会组织的发展也具有重要意义。在社会组织发展的初级阶段，信息阻塞是组织发展的最大阻碍（徐本亮，2018）。组织机构必须紧跟政府政策，才能保持稳定发展。调查中发现，H 省对于大型政府购买服务需进行公开招标，各社工机构会通过官网得到信息，进行公平竞争；但是对于政府来说，一些小型项目和亟须解决的项目，招标程序烦琐，时间比较长，政府就会直接进行邀标，此刻，政府为了节约成本和时间也会在自己比较了解和熟悉的组织中选择，话语权相对较大。各社会组织为了得到邀标资格，会在项目信息不对称的情况下，进行项目争取。不同组织的利益博弈最终导致政府利益最大化，阻碍组织的正常发展，政府对于项目信息的把控也会使得社会组织在邀标过程中处于不利状态。因此，政府对于信息的控制使社会组织在沟通中不得不通过话语妥协获取发展。

五　在发展中争取话语权：社会组织的内生性发展与话语权分析

（一）内生性发展：社会组织话语权发展的动力

1. 社会组织话语权的受限

随着社会组织的发展越来越成熟，其参与地方治理的能力逐步提高，与政府的沟通也越来越频繁。在政府购买服务中，对于社会组织的管理也越来越严格，由此，社会组织只有提高自身能力，减少对政府的依附行为，才能在话语博弈中立于不败之地。因此，增强自身能力，争取自身话语权刻不容缓。

2. 社会组织能力的提升

社会组织发展之初，通过依附于政府生长获取了一定的成长空间，在政府的帮扶之下，获得了政策保障，进而获得合法地位的认可。同时公信力也不断增长，社会组织在参与地方治理的过程中所起到的作用越来越大，政府对其也越来越重视。近几年，国家对于社会组织发展的大力支持，及社会组织专业能力的提升、资源“造血”能力的提高、自媒体宣传平台的增加等使其有资本能够在稳步发展中争取话语权。

3. 社会组织认知的改变

处于发展初期的社会组织一直依附于政府，从而得到了政府的保障和支持，一些小型组织在这种环境中慢慢失去了独立发展的活力。但随着国家政策的支持和倡导以及大型社会组织在社会事务治理中所取得的成就越来越多，社会组织地位不断上升。此外，大家对于社会组织的认可程度逐渐提高，社会组织工作人员对社会组织的归属感也逐步增强，越来越多的社会组织开始走出政府帮扶的舒适圈，走向独立，寻求内生性自主发展。这种认知的改变，使社会组织在逐步发展中努力争取话语权的行使和话语权的提高，追求独立自主的话语权。

（二）在发展中争取话语权：Y 组织发展话语权的内生性发展策略

1. 以资源“造血”提高组织话语自信

目前社会组织资金主要依靠政府购买、社会捐赠、服务收入、投资收入、会费等。现阶段，我国香港、台湾、广州、上海等地区的社会组织资金依靠政府的购买资金的比例在逐步下降。为赢得独立自主和平等的话语地位，多数社会组织开始多渠道获取资金支持，其中社会捐赠是主要渠道之一。通常来说，社会捐赠包括个人、企业、基金会等来自国内、国外的捐赠。H 省目前由于地处偏远，经济发展水平与广州等大城市相比还有一定的差距，所以社会捐赠很少。因此，H 省社会组织也在不断扩展其服务收入来源。对于一些有需要的服务对象，只要他们有支付能力，社会组织就可以以合理的价格提供服务。比如 Y 组织通过公司团建、公司文化氛围培育等项目取得了很好的收入，有了更多的资金来源，社会组织有底气和能力获得更多的话语权。对于投资收入，虽然我国在 2016 年实施的《慈善法》中明确规定社会组织（慈善组织）可以进行投资，但目前 H 省关于社会组织尤其对于慈善组织的投资没有具体明确的规定，再加上Y组织的发展水平也没有达到可以进行投资的高度，所以无法通过投资获得有效收入。另外，随着社会组织的不断壮大，会费也被用来当作部分资金来源。只有努力做到资金来源的多元化，才能使社工机构独立运行，争取独立话语权。

2. 以信任资本增强话语渗透力，提升组织话语力量

信任主要包括内部信任和外部信任，内部信任就是指组织工作人员对组织的认可和内部凝聚力（林南，2005）。文化氛围是一个组织发展的基石，组织文化会使工作人员更好地融入组织，同时组织的宗旨和使命也是使组织成员能够坚持下去的理由；组织领导的工作作风和领导风格也是组织工作人员形成认同感的原因，组织人员对领导的认同、敬佩及领导人的人格魅力等都会增强组织内部的信任。外部信任通常来说就是公信力，是一种赢得公众信任的能力。只有获得了其他社会主体的信任，获得了各个主体的认可，社会组织所拥有的话语力量才会加大，话语渗透力才会增强，话语权才会加大。外部信任主要表现在财务、法律等制度建设层面。根据对Y组织的调研，其财务的公信力主要体现为财务公开、透明，财务计算制度规范，财务报告及时准确等。这不仅会获得公众的好感，也会获得政府和企业等主体的逐步认可，这对于社会组织话语力量的提升有保障作用。法律信任对于社会组织这种公益性组织影响比较大，社会组织以公益性为主，违反法律容易引起大家对此类组织的抵制。因此遵纪守法是社会组织增强话语力量最基础的要求。同时，项目实施过程中要时刻保持与项目对象的交流，而且要注重效率。只有这样才能提高社会组织的公信力，只有公信力提高了，社会组织的话语力量才会不断提升。

3. 以构建社会关系网络增强组织话语沟通，扩展话语资源

帕特南将关系网络称为公民参与网络。社会组织关系网络是指组织在发展过程中纵向上与政府的关系和横向上与其他社会组织、企业等的互动。资源共享使组织之间相互依存，组织之间的网络关系逐步形成并持续行动（张潮、张雪，2020）。因此，社会组织的网络扩展首先是以组织负责人为网络关系连接点。一般来说，社会组织负责人的人脉资源决定了组织构建多方合作的基础。据了解，Y组织主要负责人与政府、其他组织和高校等多方都有联系。通过这些人脉资源，可以进行组织之间的沟通、合作，摆脱完全依附于政府的现状。其次，以品牌名誉为网络关系连接点，建立组织之间的品牌联合（张冉，

2019）。品牌是一个组织加强和维持连续竞争优势的关键资源（张冉，2017）。社会组织的品牌不仅具有身份识别的作用，而且还是组织价值观、信息交流和传播的主要手段（Guo & Saxton，2018）。品牌的核心价值就是获得社会认可，并表达一种价值主张和个性。品牌建交就是社会组织以自身品牌为合作资源，与其他组织或公司在品牌之上进行交流合作，建立品牌之上的强强合作，从而合作共赢。"我们组织以扶贫的精准性而出名。现在一做扶贫大家都会提起我们组织，这算是我们的牌子吧，我们也靠这个牌子去联系其余的组织，像慈善组织啊，还有本地的公司啊，它们也想参与到我们中来，获得好的名声嘛。它们用资金支持我们，我们帮它们宣传或者做点事，大家合作共赢嘛。这样我们也不必整天去等政府的支持了，我们的关系网络越大，越独立，我们的话语权也就越多。"① 品牌建交的成功，扩大社会组织资源获取渠道，可以使组织在成长中慢慢扩大话语权。

4. *以自媒体发展引导社会舆论，加强组织话语传播力*

媒体作为社会组织信息传播和组织互动的渠道，对于组织话语权构建和组织传播尤其重要（Guo & Saxton，2018）。在社会组织发展初期，组织传播和表达方式除了依靠传统纸质媒介外，主要依靠政府的官方媒体等话语平台，但在政府的管理下，组织的意识形态及价值观等传播受到了阻碍。现在，随着科技的进步和社交媒体的发展，社会组织把握住了机会。Y 组织开始拥有自己的微博、微信公众号，同时随着大众喜闻乐见的快手、抖音等 App 的出现，社会组织建立了属于自己的交流平台。在访谈中 Y 组织的工作人员告诉我们："现阶段，我们组织各部门都有开通自己的专用公众号，通过一些公益短视频、搞笑公益段子、正能量组织服务等吸引了很多粉丝，在加深公众对于社会组织、公益等服务的观念的同时，也极大地宣传了我们的组织形象。"② Y 组织借助这些新媒体平台进行意识形态和价值观宣传，以这种接地气的方式融入了公众之中，拥有了属于自己的话语表达渠道。

5. *以能力提升增强话语力量，奠定组织话语协商基础*

社会组织在参与社会事务时，通常由于专业能力的不足而话语不自信或处于话语弱势，使组织在合作过程中处于弱势地位，依附政府去完成合作。因此，

---

① YS－19－08－27－12（此为访谈记录编号）。

② YS－19－08－27－12（此为访谈记录编号）。

专业能力的提升不仅对于社会组织的发展具有重要作用，而且对其增强话语自信、提高话语力量具有重要意义。专业能力的提升，主要是员工专业能力的发展。组织专业能力的发展要从源头抓起，进行人才的培养，Y 组织对于人才培育从三个方面进行。第一是培育组织文化，吸引人才。发展人才首先要留住人才，组织的氛围及环境对于吸引人才具有很大的影响（周俊，2015）。第二是进行人才培育，进行专业化培养。组织的专业性就是工作人员的专业水平，因此 Y 组织为提高工作人员的专业水平，会主动邀请专家进行培训，同时大力支持工作人员考取资格证、考研或进修，不断提高员工的能力水平。第三是建立鼓励机制，提高效率。社会组织能力的提升和效率的提高离不开奖励机制的刺激。只有把效率和自身利益挂钩，人们才会以更大的努力去提高它，因此，Y 组织在发展过程中，积极建立奖惩机制，以利益激励大家，从而获取最大效率。组织员工的专业水平提高了，组织的专业水平就会提高，以专业能力促进社会组织不断发展壮大才能使组织在与政府的协商沟通中拥有一席之地，话语力量不断增强，才能提高组织自身的话语权。

六　小结

组织能力、组织网络以及制度环境的差异，使得不同历史时期、不同地域的社会组织在话语体系的构建上也存在很大差异。本文通过对政府购买 Y 组织服务的案例分析，指出社会组织在建立之初，政策支持、社会认知、资金保障等都需要依靠政府，依附性嵌入下生存权置换成为其主要发展模式，因此在沟通或者宣传过程中，话语权利较小。此后随着社会组织的不断发展，话语意识逐步提升。社会组织通过增强资源“造血”能力、扩大社会关系网络等内生性发展策略，逐步争取自己的权益表达。这种从依附性嵌入到内生性发展的权益表达与争取的过程，是社会组织话语权构建的主要生成逻辑。但当前我国政府虽然大力倡导“协同治理”的治理体系，“大政府，小社会”的实际情况却在短期内难以改变。关注社会组织建构话语权的生成模式和逻辑，必须扎根中国大地和现实田野（王天夫，2020），进行更多的案例探索与反思。

参考文献

邓玮（2016）：《话语赋权：新生代农民工城市融入的新路径》，《中国行政管理》，第3期。

〔法〕福柯（2017）：《福柯说权力与话语》，陈怡含编译，武汉：华中科技大学出版社。

耕荒（2014）：《社会组织发展改革观察》，《中国民政》，第7期。

黄宝玲（2015）：《权利与权力视域中的网络话语权》，《行政论坛》，第6期。

蓝煜昕（2012）：《社会组织管理体制：地方政府的创新实践》，《中国行政管理》，第3期。

〔美〕林南（2005）：《社会资本——关于社会结构与行动的理论》，张磊译，上海：上海人民出版社。

龙小农、陈阅（2013）：《NGO与中国在非洲国际影响力及话语权的建构》，《现代传播（中国传媒大学学报）》，第7期。

栾晓峰（2017）：《"社会内生型"社会组织孵化器及其建构》，《中国行政管理》，第3期。

罗艳、刘杰（2019）：《政府主导型嵌入：政府与社会组织的互动关系转变研究——基于H市信息化居家养老服务项目的经验分析》，《中国行政管理》，第7期。

邱利见、刘学智（2020）：《教科书分析的路径探索——基于费尔克拉夫的批判话语分析理论》，《现代基础教育研究》，第4期。

宋亚娟、蓝煜昕（2019）：《政社合作中社会服务组织的功能建构及其实现——以S市购买服务为例》，《中国非营利评论》，第2期。

〔瑞士〕索绪尔（2009）：《普通语言学教程》，高名凯译，北京：商务印书馆。

宋程成（2017）：《跨部门互动与社会组织企业化：一项基于混合研究设计的分析》，《中国行政管理》，第11期。

宋程成、张潮（2020）：《公众之于特殊需要儿童社会融入支持态度：理论与经验》，《中国非营利评论》，第1期。

施从美、帅凯（2020）：《回应性监管：政府主导型社区基金会有效监管的行动策略研究》，《中国行政管理》，第7期。

唐斌（2010）：《社会工作机构与政府组织的相互嵌入及其影响》，《社会工作》（下半月），第7期。

唐文玉（2019）：《嵌入、依附抑或独立——"党社关系"维度下的社会组织发展模式考察》，《中共中央党校（国家行政学院）学报》，第4期。

王宝治、李克非（2015）：《公共治理视角下弱势群体话语权的保护》，《河北大学学报》（哲学社会科学版），第2期。

王名、丁晶晶（2013）：《社会组织参与社会管理创新的基本经验》，《中国行政管理》，第4期。

王天夫（2020）：《扎根中国大地 深化社会研究》，《社会治理》，第12期。

王思斌（2013）：《走向承认：中国专业社会工作的发展方向》，《河北学刊》，第6期。

徐本亮（2018）：《社会组织管理精要十五讲》，上海：上海社会科学院出版社。

叶托（2019）：《资源依赖、关系合同与组织能力——政府购买公共服务中的社会组织发展研究》，《行政论坛》，第6期。

严锋译（1997）：《权力的眼睛——福柯访谈录》，上海：上海人民出版社。

张潮、张雪（2020）：《组织能力、合作网络和制度环境：社区非营利组织参与社会治理的有效性研究》，《经济社会体制比较》，第2期。

张潮（2018）：《弱势社群的公共表达：草根NGO的政策倡导行动和策略》，《中国非营利评论》，第1期。

张潮、王竟熠（2019）：《童年的未来：儿童的公共参与和公共空间》，《中国非营利评论》，第2期。

张冉（2017）：《中国社会组织声誉管理研究》，北京：北京大学出版社。

——（2019）：《基于扎根理论的我国社会组织品牌外化理论模型研究》，《管理学报》，第4期。

周俊（2015）：《社会组织管理》，北京：中国人民大学出版社。

Guo, C. & Saxton, G. D.（2018）, "Speaking and Being Heard: How Nonprofit Advocacy Organizations Gain Attention on Social Media", *Nonprofit and Voluntary Sector Quarterly* 47（1）, pp. 5－26.

Suchman, M. C.（1995）, "Managing Legitimacy: Strategic and Institutional Approaches", *Academy of Management Review* 20（3）, pp. 571－610.

Dependent Embeddedness, Endogenous Development and the Construction of Chinese Social Organizations' Right of Speech: A Study Case on the Governmental Purchase of Social Work Services in H Province

Wang Huafeng & Shi Congmei

[**Abstract**] With the construction of the new state governance pattern, social organization as a new social subject is highly concerned, its role in the handling of social affairs gradually appears and then brings its corresponding voice in social development. Because of the influence of our traditional political thought and domestic environment, the social organization in the primary development stage of our country can not have independent discourse status and equal right to speak like the western social organization. Because whether and to what extent social organizations have the right to speak plays an important role in the development and stability of our society, the development of social organizations' right to speak has become the research goal of this paper. Taking the social work organization service purchased Y the H provincial government as a case, this paper analyzes the development of the discourse right of Chinese social organizations from the process of social organization from embedded to endogenous growth. Through the case study, it is found that the social organization has experienced the process from attachment to endogenous development under the complex government management system model of our country. In the early stage of development, due to the lack of policy guarantee, the government has the power of policy interpretation, the lack of legitimacy construction, The expansion of organizational network resources constantly develops itself, thus enhancing discourse rights, enhancing discourse power and expanding discourse channels.

[**Keywords**] Adherence Embedding; Endogenous Development; Social Organization; Discourse Power

我国社会组织政策主体合作网络演化与变迁（1988～2018）*

林顺浩**

【摘要】政策是影响社会组织发展的关键性因素，社会组织的各项政策规范已经形成了一套复合的政策体系。既往研究对社会组织政策主体之间横向联系的整体刻画不足，基于社会组织政策主体合作网络的演化特征的考察，能为富有动态性与本土性的政社关系研究进路提供新启示。以1988年到2018年我国颁布的295份社会组织政策为研究样本，将其间3次关键会议作为时间节点，运用社会网络分析方法，考察并分析了我国社会组织政策主体合作网络的演化特征及核心主体的角色变迁。研究显示，我国社会组织政策主体合作网络结构具有明显的阶段性特征，逐步形成了以“民政部+财政部+N”为政策主体合作的稳定结构。

【关键词】社会组织政策；政策主体；合作网络；政社关系

---

* 课题资助：2018年度茂名市哲学社会科学规划项目“政府与网络社团合作引导网络舆情研究”（项目编号：2018YB01）的阶段性研究成果。

** 林顺浩，清华大学公共管理学院，博士研究生，研究方向：社会组织政策与第三部门发展、社会组织治理。

一 引言

我国社会组织的发展经历了从弱小到逐步成长、壮大的过程，截至2018年底，我国社会组织总数已达到80余万家，社会组织成为社会治理创新不可或缺的元素。源于我国独特的政治体制与历史背景，社会组织政策的制定与实施，直接决定了社会组织的准入和发展空间（李友梅、梁波，2017：61～71）。如从1989年延续至今的“双重管理制度”，到2013年的“直接登记制度”的局部制度创新，政策变迁对社会组织发展产生了直接影响。在社会组织政策经历的“放任发展”、“归口管理”和“分类治理”等不同历史阶段中（王名、孙伟林，2011：16～19），社会管理和服务体系有序发展，基于逐步建立并完善的社会组织政策主体的合作网络和协同机制，在当前“放管服”的改革背景下社会组织治理政策制定尤为重要。

基于社会组织的成长得益于不断宽松的社会组织体制改革的核心命题，既往研究对影响社会组织发展的政策体系进行了一系列研究，主要体现在以下方面。一是围绕社会组织管理主体责任等宏观体制改革展开。学者着重分析了以“双重管理体制”为代表的，基于政治把关和共担责任的社会组织管理分权机制（王名，2007：62～64），在话语分析中，强调了以“民政系统”为代表的业务主管单位、未明确指向的众多政府职能部门的“业务指导机关”、它们之间在社会组织治理上的各种关系。实际上，社会的发展日益多元化，不同行业领域的社会组织发展与其业务指导机关的政策指导存在紧密联系，也造成了不同行业领域社会组织发展的不均衡（颜克高等，2017：122～144），为此，在民政、财税系统外，需将社会组织发展纳入与社会经济发展息息相关的环保、卫生、应急、宣传、公安等职能部门研究视野中。

二是围绕不同层级政府主体展开，主要讨论了央地“上下互动”模式为一系列政策的创新和出台提供了空间和场地，或不同层级部门主体的社会组织合作管理逻辑（倪咸林，2017：179～184；徐盈艳、黎熙元，2018：115～139）。在中央政策的鼓励下，地方政府不断因地制宜，积极探索社会组织发展的改革经验，诸如北京、温州、云南、广东等社会组织管理模式，为社会组织发展总结了地方经验（TEETS，2012；2013；2015）。该视角的文献多以历史或纵向的总结为主，多集中在块块政府的逻辑上，较少关注到条上的影响，并未深入政府部门横向之间的互动、限制和合作治理关系的解构之中。

三是围绕社会组织政策主体与政策工具之间的关系。有学者认为，当前我国社会组织管理领域并不存在国家级领导协调机构，缺乏系统梳理的政策体系日益模糊，政府在政策工具的选择上有较大的模糊性（黄晓春，2015：146～164）。学者讨论了服务购买项目发包中的不同党政部门主体的偏好，合作监管中的登记管理部门、业务主管部门和业务指导部门以及相关职能部门的治理工具等（马庆钰，2016：39～42），其核心观点在于“碎片化的威权主义”意外地为社会组织发展提供了适度空间。也有学者反思，正是社会组织制度不足和制度的多样性，为政府和社会组织提供了较大的政策自主空间（周俊，2014：82～94）。

上述研究丰富了对社会组织政策结构与社会组织发展间关系的认识，但仍仅关注到少数政策主体部门，如比较重视民政和财税系统对社会组织的影响，并未将明确的“业务指导机关”纳入分析视野，对于政策主体之间的横向联系的整体刻画研究还较为欠缺。同时，研究方法上，偏重于对少数典型政策内容文本的总结性梳理或案例概括，以突出政策的阶段特征和演化逻辑。而对于社会组织政策主体的横向合作网络的生成与演化路径、政策主体合作网络结构的时期特征、不同主体在合作网络演化中作用发挥等问题，现有研究成果中尚未有系统的阐述，上述研究对社会组织宏观政策结构的把握并不全面，由此导致对社会组织发展影响的理解不够深入。相对于既往研究，社会网络分析方法能够从历史和横向的描述角度，对社会组织政策主体进行相对全面的分析，正如在科技、卫生、信息等政策领域，社会网络分析方法增进了对治理对象的政策发展环境的宏观演化和细节特征的认识（刘凤朝、徐茜，2012：241～248；黄萃等，2015：68～81；于琦等，2019：5～11；魏娜等，2019：91～104）。

我国在社会组织政策方面已形成了一套内含丰富的政策体系，这套政策体系客观展现了社会组织政策主体合作行为，本文以1988～2018年中央层面颁布的社会组织政策为研究样本，提取出政策发布主体，运用社会网络分析方法，以1988年以来深刻影响社会组织发展的3次关键事件或会议为时间节点，考察不同时期的社会组织政策主体合作网络及其演化特征，在此基础上识别核心政策主体在网络中的角色演化，为政府部门协同和制定科学的社会组织政策提供参考，亦为政社关系研究提供新证据和新视角。

二　研究方法与数据处理

（一）社会网络分析方法

公共政策反映了政策主体间的价值偏好和利益博弈，政策主体是政策系统的重要构成要素，政策的制定与执行离不开政策主体之间的合作，政策主体间关系实际上体现了一种机构间关系（毛劲歌、庞观清，2015：117～120）。已有众多研究从价值判断的角度对部门间关系进行了深入讨论，却对政策主体间的合作网络对政策主体及其合作进程的影响研究不足（魏娜等，2019：91～104）。1990 年以来，中央层面陆续颁布了大量的社会组织政策文件，反映了政府对社会组织日益重视，为研究政府部门间的关系提供了一条可行途径。为此，从网络的视角研究机构间的合作关系成为一种新的路径。

"社会网络"指的是社会行动者及其间的关系构成的集合。社会网络分析就是对关系网络进行量化分析，识别行动者间关系和揭示网络结构，并以网络图谱的形式展示出来。在网络结构图中，点代表着社会行动者，社会行动者可以是社会单位或社会实体，连线代表着社会行动者之间的关系（刘军，2014）。个体网和整体网是网络分析的一般对象。其中，个体网分析主要关注主体的社会联系，而整体网分析则着眼于整个网络的结构，重点关注网络中主体间的联系密度与权力配置等指标，通常的做法是，提取政策文本中的发文部门，结构化编码形成发文部门之间客观的关系数据，通过构建关系矩阵数据，以量化分析的方法考察不同发文部门之间的互动关系。

（二）数据来源

本研究的数据来源于"中国社会组织网"官方网站的法规政策查询系统，该系统收录了 20 世纪 90 年代以来有关社会组织的政策法规，以该系统收录的全部社会组织政策为基础样本和线索，同时利用"北大法宝"，以"社会组织""民间组织"为关键词进行搜索，对政策文本进行逐年对比补充，在政策类型选取标准上，主要选取法律法规、规划、办法、通知、意见等类型，并未采纳一些非正式决策文件（如批复、复函等），最终整理得到政策文件 295 份，其中联合行文 116 份，占比近 40%，具体见图 1。

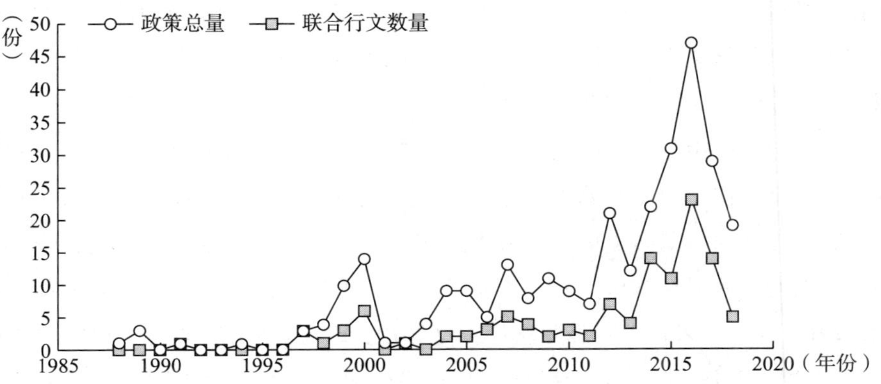

图 1　1988 ~ 2018 年各年度社会组织政策总量与联合行文数量

（三）样本区间选择

已有研究对我国社会组织发展历程进行了回顾与梳理，综合前人的研究（王名，2007：62 ~ 64；张文礼，2013：9 ~ 13），选取社会组织发展中的关键会议，以 1988 年政府机构改革为起点，1997 年十五大、2002 年十六大、2013 年十八届三中全会为时间节点（见表 1），将 1988 年至 2018 年的社会组织政策演变发展分为 1988 ~ 1997 年、1998 ~ 2002 年、2003 ~ 2013 年与 2014 ~ 2018 年等四个阶段。

表 1　中国社会组织政策发展历程中的重要会议

时间	会议	重要决策
1988 年	政府机构改革	民政部首次设立社团管理司，专门对社会组织进行统一登记管理
1997 年	十五大	“培育和发展社会中介组织”
2002 年	十六大	要健全“党委领导、政府负责、社会协同、公众参与”的社会管理格局，重视社会组织建设和管理
2013 年	十八届三中全会	“激发社会组织活力，重点培育四类社会组织，并实行直接申请登记制”

三　中国社会组织政策主体合作网络结构演变分析

按照 1988 ~ 1997 年、1998 ~ 2002 年、2003 ~ 2013 年与 2014 ~ 2018 年四个阶段，统计汇总中国社会组织政策，提取出政策颁布主体，构建政策主体政策合作关系矩阵，利用 Ucinet 6 和 NetDraw 绘图软件，绘制四个阶段的社会组织政策主体合作网络图谱（见图 2），同时对结构指标进行测量，以期揭示我国社会组织政策主体合作网络的动态演化。其中，网络节点越大表示度越大，即与该主体合作出台政策的主体数量越多；连线的粗细表示联结频次的高低，以此反映两个主体合作出台政策次数多少，这些都能在网络中直观反映出来；同时，中心势是衡量网络向其中某个主体集聚的趋势，网络密度测量主体间合作关系的紧密程度，揭示网络结构的不同构型及其合作特征（见表 2）（刘凤朝、徐茜，2012：241～248）。借鉴魏娜等人（2019：91～104）的研究，按照“中心势”与“网络密度”的高低程度，对网络结构进行类型化处理，可分为“分散－耦合型、协调型、中心－边缘型和松散型”等四种网络结构，社会组织政策主体合作网络结构也呈现出多种类型，具体特征见表 3。

表 2　中国社会组织政策主体合作网络结构特征

	1988～1997 年	1998～2002 年	2003～2013 年	2014～2018 年
样本数量	9 个	30 个	108 个	148 个
网络规模	8	16	43	63
网络节点数	6 个	13 个	36 个	57 个
网络关系数	3 条	10 条	225 条	787 条
网络联结频次	4 次	12 次	430 次	1194 次
中心势	0%	23.00%	22.45%	12.22%
网络密度	0.1429	0.0917	0.4806	0.6114
网络特征	松散型	中心－边缘型	协调型	分散－耦合型

表 3　我国社会组织政策主体合作网络结构

网络类型	网络特征	时间段
松散型	中心势和网络密度均比较低；没有形成以少数节点为核心的网络联结。节点之间的联结关系数较少，仅保持着松散的合作关系	1988～1997 年
中心－边缘型	中心势较高，网络密度偏低；少数节点拥有大量联结，多数节点只有少量联结，网络结构的稳定性和连通性较弱	1998～2002 年

续表

网络类型	网络特征	时间段
协调型	网络密度较大，中心势较高；各个节点间联系较紧密，且存在以少数节点为核心的行动主体，这些主体间合作关系紧密，形成一个联系紧密、凝聚力较强的网络结构	2003～2013 年
分散－耦合型	网络密度较大，中心势偏低；网络中各主体的权力分配比较均衡和分散；各个节点之间保持着紧密的联系，网络联结的频次较高	2014～2018 年

资料来源：根据魏娜等人（2019）的研究整理。

（一）1988～1997 年：松散型

1988～1997 年期间，中央层面总共颁布了 9 份与社会组织相关的政策文件。这 9 份政策文件涉及 8 个部门，其中国务院（国务院办公厅）单独发文 5 份，财政部和国家税务总局联合发文 2 次，中组部和民政部、国家教育委员会和公安部联合发文各 1 次，该阶段网络中心势为 0%，网络密度为 0. 1429，说明网络合作关系的紧密程度很低，同时政策主体权力相当和影响力相对分散。

在 1988 年的国务院机构改革中，民政部首次单独设立专门的社团管理司，标志着社会团体进入了统一归口管理的历史阶段，是对上个 10 年社会组织自由发展的收紧和整顿。以此为起点，国务院先后颁布了 3 个类别的社会组织管理的重要行政法规，这 3 个行政法规确立了国家对社会组织的管理政策框架与体制，其中《社会团体登记管理条例》（1989 年）标志着双重管理体制开始形成。实际上，该阶段的社会组织发展经历了曲折之路。1995 年在北京召开的第四届世界妇女大会，为中国带来了“NGO”（非政府组织）的概念，同时 1997 年党的十五大提出“培育和发展社会中介组织”，中国社会组织发展迎来了一个良好的窗口期。在国家层面确立社会组织管理的纲领性政策后，相关部门开始探索相应的治理机制建设，少数部门联合发布了专门领域的社会组织政策规范，主要零星地分布在“登记”“财税”“人事”等主题内容上，但联合颁布的次数很少，暂时还未形成具有核心节点的网络联结，只有零星的几条连线，这一时期的社会组织政策主体合作处于“松散型”的网络阶段。

（二）1998～2002 年：中心－边缘型

随着市场经济改革的推进和受国内外重大政治风险事件的影响，党和政府开始加强对社会组织规范的制度建设。1998 年，国务院发布了《社会团体登记管理条例》与《民办非企业单位登记管理暂行条例》，即各级民政部门是登记管理机关，其他相关机关是业务指导机关，社会组织的“双重管理”体制正式确立，进一步完善了社会组织登记条件、程序与监管措施，在将社会组织分为社会团体、基金会和民办非企业单位（社会服务机构）的基础上，探索基于不同类别、组织特性及功能的社会组织分类，一种以规范发展为特征的“分类管理”新体制已见雏形（王名、孙伟林，2011：16～19）。

1998～2002年，16个部门发布了30项社会组织政策，其中单独发文19份，联合发文11份。30份政策文件主要由全国人大常委会、国务院、中组部、民政部、财政部和国家税务总局等16个部门颁布，上述政策单独发文的机构主要是民政部（11份）、国家税务总局（2份），在联合发文上，民政部与公安部、科技部、文化部等7个部委联合发布7份，另外，财政部分别与国家税务总局、国家计委联合发布2份和1份，中共中央办公厅与国务院办公厅联合发文1次，其中1999年全国人大常委会颁布的《中华人民共和国公益事业捐赠法》，是我国第一部直接涉及社会组织的法律。联合发文的结构中共产生的联结数为10，基本上构成了一个小型网络，该网络结构的密度为0.0917，表明政策主体间的联系较为松散，但网络中心势为23%，从图2中可以看到，分别以民政部和财政部为核心节点的“中心－边缘型”网络结构基本形成。

（三）2003～2013年：协调型

进入21世纪后，随着市场经济改革深入和全球化趋势加快等国内外形势的变化，党和政府对社会组织的认知也发生变化。2002年，党的十六大提出“建设服务型政府”，社会组织被纳入国家治理的顶层设计，并提出要健全“党委领导、政府负责、社会协同、公众参与”的社会管理格局，赋予了社会组织参与社会管理的重要意义。2006年十六届六中全会强调要坚持“培育发展与管理监督并重，完善培育扶持与依法管理”的社会组织政策，此后我国的社会组织政策进入一个相对稳定发展的时期。

2003～2013年，总共发布社会组织相关政策108份，扩大到了43个不同层次的党政和司法部门，如最高人民法院、国务院及其组成部门、相关人民团体、党的议事协调机构等部门，其中单独发文74次，主要是由国务院（5份）、民政部（49份）、财政部（5份）等部门颁发。参与联合发文的机构有36个，共形成了225对合作关系，表明多个部门联合发文的情况较为普遍，政策主体之间的网络联结较为突出，如党委部门、政府部门的联合发文，同时首次出

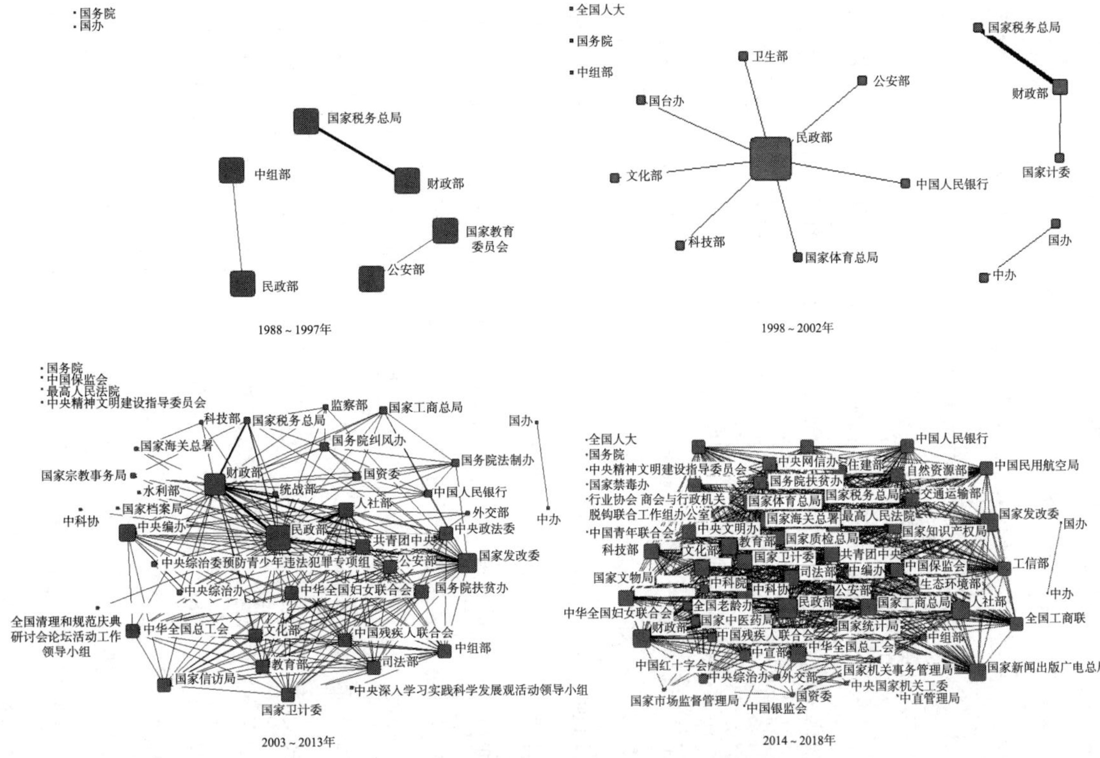

图2　1988~2018年社会组织政策主体合作网络图谱

注：在各个阶段中，机构名称尽量忠实于历史事实。若撤并前后两个机构同时出现在同一阶段，那我们选择以新设机构名称为主；位于图片右侧的中办与国办特定时期联合发文，而没与其他机构联合发文，因此二者作为一个整体独立于该时期合作网络之外。具有统筹性的治理机构所发布的政策文件对于社会组织治理领域具有全局指导性，因此不适宜与其他职能性机构联合发文。但二者间的互动关系同样是这一时期治理机构间合作关系的重要内容。

资料来源：作者自制，另彩图原图备索。

现以专项小组或委员会发文的形式，如中央精神文明建设指导委员会、中央深入学习实践科学发展观活动领导小组、中央综治委预防青少年违法犯罪专项组等，在一定程度上说明该阶段政策主体合作协调网络的进一步深化。该阶段的网络中心势为22.45%，网络密度为0.4806，都处于相对较高的水平，表明存在以少数节点为核心的政策行动主体，主体间合作关系紧密，值得注意的是，相较于前两个阶段，在这一阶段民政部与财政部实现了首次联合发文，同时经过10多年的发展，以民政部和财政部为核心的紧密协调网络结构已经形成。

（四）2014～2018年：分散－耦合型

实际上，社会组织双重管理体制创建之初对稳定社会秩序产生了积极效应，但在政府职能转移不断深入的背景下，该体制已呈现出与社会发展的不适应。党的十八大提出要加快形成“政社分开、权责明确、依法自治”的现代社会组织体制的目标，在十八届三中全会上，对延续了多年的社会组织双重管理体制进行了首次局部突破，提出“四类组织直接登记”制度。以此为起点，涉及社会组织治理的政策文件频频出台，社会组织治理改革进入高峰期。2016年，《关于改革社会组织管理制度促进社会组织健康有序发展的意见》成为新时代社会组织发展的顶层制度设计，一系列支持配套政策也随即出台，如财政部、民政部《关于通过政府购买服务支持社会组织培育发展的指导意见》等。值得注意的是，该阶段社会组织立法速度加快，如《中华人民共和国慈善法》《境外非政府组织境内活动管理法》的施行，《民法通则》中有关非营利组织法人的修订，标志着我国社会组织的相关法规及政策规范已经逐步成型，初步形成了中国社会组织发展的外部法律法规政策环境（陈晓春等，2017：87～91）。在该阶段，党和政府不断降低社会组织的政策门槛，在社会组织登记备案、税收减免、服务购买、人才培育、内部治理、监管评估等方面出台一系列配套政策，积极构建社会组织综合治理体系。以监管为例，民政部门主要对社会组织登记、年检、执法、评估、信用体系等方面进行常态化管理，业务指导或行业主管部门则侧重于对社会组织业务活动的指导和监管，财政和税收部门重点关注社会组织的资产财务以及免税资格认定，其他部门（如公安机关、外事部门）各司其职，切实履行监管职责，总而言之，具备“放管服”改革特征的社会组织政策体系开始形成。

相比上一阶段，在这一阶段社会组织政策数量和政策主体都进一步增加。

2014～2018年，共颁布了148份政策文件，涉及的政策主体扩大到63个，其中单独发文81次，主要是民政部（42份）、财政部（4份），联合发文67次，在联合发文中，越来越多的与社会组织管理不直接相关的政府部门也参与社会组织政策的制定与实施。值得注意的是，单个政策联合主体规模逐渐扩大，有的政策文件联合发文的单位竟高达39个，涉及范围包括党委部门、国务院组成部门及直属部门、党政议事协调机构、人民团体和企事业单位。该网络关系数为787条，联结频次达到1194次，约为上个阶段的三倍，网络密度高达0.6114，说明治理机构间的相互合作关系较为紧密，尽管民政部中心度仍处于较高水平，但是一些部门也开始成为网络结构中的重要节点，与上一阶段相比，该网络的中心势下降为12.22%，表明向少数政策主体集中的网络趋势相对放缓，政策主体之间的连通性变强，网络呈现分散－耦合型的结构。

四 基于合作“广度—强度”的政策主体角色演变分析

上述研究尽管呈现了社会组织政策主体合作网络的演变过程，但是对于不同政策主体在四个阶段的角色变化揭示不足。为此，接下来依据“节点度数”和“联结频次”两个指标衡量政策主体在网络中的位置演化过程。节点度数表示与该政策主体合作机构个数，度数越高表明与该主体联合颁布政策的机构部门越多，合作越广泛，视为合作广度；联结频次表示该政策主体与其他主体联合行文的总次数，联结频次越高表明该主体联合颁布政策频率越高，可视为合作强度。通过建立“强度—广度”坐标，将政策主体的角色类型化：一是高强度—高广度型（HH），这类主体在网络中呈现为核心节点，信息交流广泛且持续性较强；二是低强度—高广度型（LH），这类主体在网络中呈现为重要节点，信息交流广泛但缺乏一定的持续性；三是高强度—低广度型（HL），这类主体属于网络中的一般节点，信息交流对象有限但持续性较强；四是低强度—低广度型（LL），这类主体合作主体数量少，同时合作强度低，一般属于网络边缘节点，在网络信息交流活动中发挥作用较小（刘凤朝、徐茜，2012：241～248）。中国社会组织政策主体在1988～2018年的四个阶段中的角色演变如图3所示。

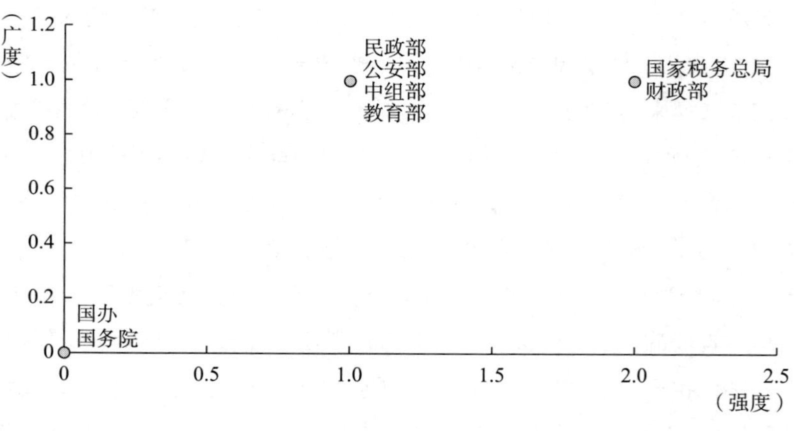
（广度）
1.2
1.0
0.8
0.6
0.4
0.2
0
民政部
公安部
中组部
教育部
国家税务总局
财政部
国办
国务院
0
0.5
1.0
1.5
2.0
2.5
（强度）

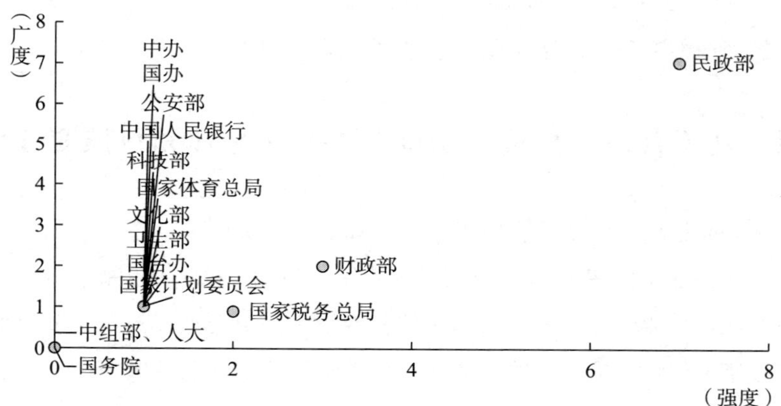
（广度）
8
7
6
5
4
3
2
1
0
中办
国办
公安部
中国人民银行
科技部
国家体育总局
文化部
卫生部
国法办
国家计划委员会
民政部
财政部
国家税务总局
中组部、人大
国务院
0
2
4
6
8
（强度）

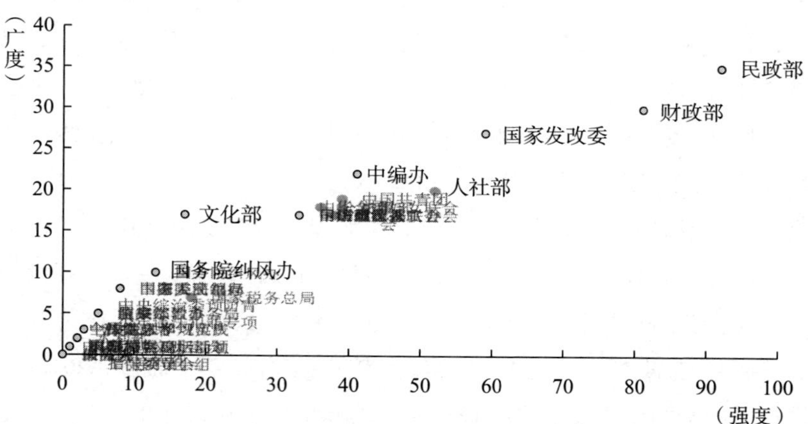
（广度）
40
35
30
25
20
15
10
5
0
民政部
财政部
国家发改委
中编办
人社部
文化部
国务院纠风办
0
10
20
30
40
50
60
70
80
90
100
（强度）

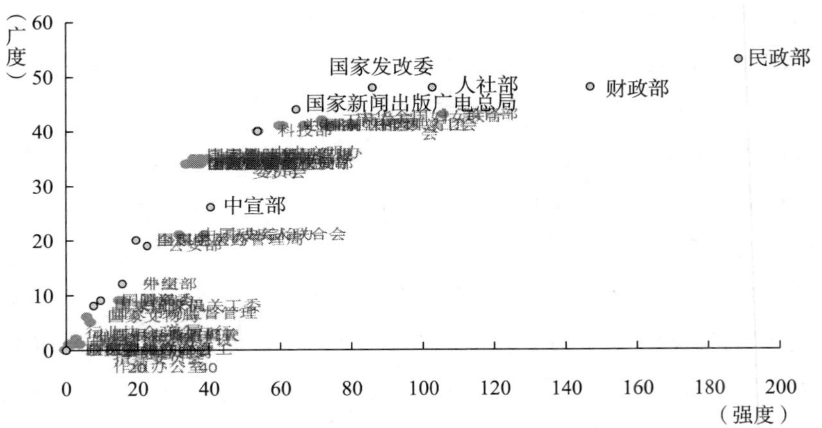

图 3　1988～2018 年社会组织政策主体的合作网络角色分布

注：图中出现部分机构重叠格局，表明机构社会组织政策作用具有一定的相似性。

资料来源：作者自制，另原图备索。

1988～1997 年，政策主体合作颁布的社会组织政策较少，功能较为分散，从图 3 可以看出，财政部和国家税务总局位于“二维矩阵”的 HH 象限，表明在前网络阶段中，财政部和国家税务总局是社会组织政策合作制定中较活跃的主体，在财税政策方面对社会组织发展进行了规范。

1998～2002 年，社会组织政策联合发文的主体增加。民政部位于 HH 象限，属于网络中核心节点，民政部与其他部门合作的广度和强度开始显现，财政部处于一般节点位置，信息交流对象有限但持续性较强。在此阶段，登记管理制度成为社会组织政策核心，以民政系统为核心的社会组织双重管理体制基本确立。

2003～2013 年，联合颁布的社会组织政策开始急剧增加，民政部、财政部和国家发改委位于 HH 象限，表明民政部与财政部在网络结构中的核心地位日益凸显，国家发改委转移到 HH 象限，表明社会组织在国家发展中得到持续重视，网络中的关键节点很突出。中编办、文化部和包括共青团中央在内的人民团体位于 LH 象限，是网络结构中的重要节点，信息交流广泛但持续性不稳。其余大部分政策主体均处于 LL 象限，它们通过关键节点相互关联。

2014～2018 年，民政部与财政部持续处于网络结构的核心位置，说明社会组织登记管理与财税政策成为社会组织政策的两大核心，同时，人社部、教育部也转移到 HH 象限，表明社会组织人才建设得到政府持续关注。国家新闻出版广电总局、国家工商总局、文化部、科技部和共青团中央、妇联等群团部门位于 LH 象限，是网络结构中的重要节点，成为社会组织政策的重要参与者。表明除民政部和财政部外，一些其他部门紧密地参与了社会组织合作治理。

整体而言，社会组织政策涉及的各主体之间的协调配合不断增强，民政部、财政部、人社部和国家发改委成为社会组织政策主体合作网络的核心，是影响中国社会组织政策主体合作网络演化的关键主体。民政部几乎在每个阶段都发挥着关键作用，始终处于 HH 象限且其核心地位不断提高，反映了政府对社会组织发展的重视程度日益增强，也反映了民政部作为社会组织管理的主体部门，承担着社会组织登记、管理、监督等重要任务。财政部和国家发改委因掌握着丰富的资金和财税政策工具资源、人社部因掌握人才资源对社会组织发展具有重要影响，在网络中也一直保持强势的核心地位。民政部、财政部在社会组织政策制定中逐渐形成了“双强”模式，对社会组织政策制定持续产生最重要的影响。

五　结论与启示

（一）结论

为讨论社会组织政策主体的横向合作网络生成与演化路径，本文以我国 1988～2018 年中央层面发布的 295 份社会组织政策为样本，提取政策发布主体，运用社会网络分析方法，对单独与联合发文的政策发文层次、合作网络结构进行考察，得出如下结论。

（1）少数关键部门的政策合作核心主体结构

社会组织政策发布的机构分布广泛，逐步覆盖 68 个党政机关和企事业单位，可以说社会组织处于多部门联合治理的制度环境中。单独或者牵头单位、主要协助单位和一般协助单位联合发布的政策构成了独具特色的社会组织管理制度体系。诸如中央政法委、中组部、中宣部等党中央部门机构，联合民政部、财政部、人社部和国家发改委等国务院相关部委，成为社会组织治理的政策主体核心，中华全国总工会、共青团中央、全国妇联、中国侨联和全国工商联等人民团体和群团组织通常参与到其他部门主导的联合发文中。同时，联合发文主体中还出现了中央精神文明建设指导委员会、中央综治委预防青少年违法犯罪专项组、中央深入学习实践科学发展观活动领导小组等党中央议事机构，以及国务院扶贫办、全国清理和规范庆典研讨会论坛活动工作领导小组、行业协会商会与行政机关脱钩联合工作组办公室等国务院议事机构。2002 年以后，社会组织政策主体开始涉及党中央部门机构、国务院及其下属各类机构、议事协调机构、人民团体等，其中民政部和财政部成为社会组织政策发布稳定的核心主体，另外国家发改委和人社部的网络地位也逐步显现。

（2）以行政法规为主的政策合作体系

在各个阶段，均有较高层次机构颁布纲领性政策文件，并在此基础上形成内涵丰富的政策体系。这些政策部门包括全国人大常委会、最高人民法院、党委部门、国务院及其下设的各类部门、人民团体、国有企事业单位、专项小组等议事协调机构，不同的党政机构在社会组织政策发布中的功能角色存在较大差异，政策文件以国务院及其组成部门发布的行政法规、部门规范性文件和部门工作文件为主，十八大后进入密集社会组织立法阶段。全国人大常委会颁布的几项关于社会组织的法律，国务院发布及修订的社会团体、基金会和民办非企业单位三大条例，中共中央办公厅和国务院办公厅发布的关于社会组织的意见通知等，这些构成了社会组织发展的纲领性法规政策。其中国务院颁布的行政法规确立了社会组织双重管理的基本框架，并延续至今，逐步覆盖登记、财税、人才建设、党建、培育支持、监督评估等方面。

（3）鲜明的阶段性演化政策主体合作网络

从 1988 年的政府机构改革开始，民政部成为社会组织专司管理机构，我国社会组织发展经历了统一管理、双重管理和局部直接登记管理三个阶段，在不同阶段，社会组织政策主体机构之间的关系和角色不同，形成了丰富的合作网络。从社会组织政策主体合作网络结构来看，主要是国务院组成部门构成了社会组织政策核心主体，同时与党中央组成部门、人民团体等机构合作形成不同类型的网络结构。社会组织政策主体合作网络呈现多样化特征，在党政认知变迁、焦点事件爆发和央地双向互动创新等多重逻辑下（李健等，2018：68 ~ 73），30 年间经历了“松散型、中心 - 边缘型、协调型和分散 - 耦合型”等网络结构。

实际上，1978 年改革开放到 1988 年的 10 年，是我国社会组织管理最为松散的10年，尽管党和政府积极推动社会组织复兴发展，但在此期间并未颁布成文的法律法规和建立统一的管理体制，处于无网络结构状态，出现了很多非法的社会团体。为此，从1988年开始，国务院颁布社会团体、民办非企业单位和基金会等社会组织的相关条例，社会组织管理步入正式和规范化阶段，但仍属于警惕的探索阶段。由于1989年的政治风波带来的影响，党和政府亟须对非法社会组织进行全面清理整顿，而在1995年北京举办的第四届世界妇女大会给社会组织的发展带来了春天，财政部、国家税务总局、民政部、公安部等国务院组成部门和直属机构进行了零星的合作，总体而言，此一时期仍属于前网络阶段，该阶段的中心势和网络密度均较小，因此该阶段呈现为“松散型”合作网络结构。

1998年到2002年，伴随着清理整顿行动，规范的社会组织管理政策框架得到修订。为了推动各类民间组织的正规化和合法化，在此阶段民政部与科技、文体、卫生等部门联合发布相关政策，初步具有分类治理的趋势，社会组织政策主体进一步扩大，尽管此阶段的社会组织政策主体仍不多，但是以民政部为核心的政策主体核心地位开始凸显，而其他参与合作的治理部门主要与民政部建立合作关系，非核心部门相互之间联系很少，中心－边缘型网络结构特征明显。

2003年到2013年，由于前一阶段社会组织双重管理的体制基本定型，此阶段的社会组织政策都是立足于此，社会组织发展进入稳定期，数量快速增长。在此阶段，一系列社会重大事件也对社会组织管理产生了较大影响，尤其是被认为是中国公益元年的2008年，汶川地震与北京奥运会等重大事件，激发了中国民间公益力量觉醒，社会组织的力量被政府和社会认可，而2011年“郭美美事件”又为我国公益事业发展蒙上一层灰暗的阴影。为此，培育发展与监管控制相结合的“分类控制”的政策体系成为政府政策逻辑，社会组织政策主体数量较上一阶段大幅度增加，核心主体进一步突出且联系较为紧密，由此形成“协调型”网络结构。

2014年到2018年，党的十八大后政府职能转移持续深入，社会组织在社会治理格局中扮演了重要角色，但我国社会组织发展起步晚，社会组织能力建设仍偏弱，为此，这一时期的政策主要围绕社会组织的“放管服”政策框架展开，在社会组织治理体系与治理能力建设方面进行顶层设计。党和政府对社会组织发展秉持底线控制思维，中央鼓励地方政府积极探索社会组织管理制度创新，形成了良好的试验反馈，对社会组织发展的某些关键领域与核心环节进行了系统化的体制机制改革，社会组织政策领域范围持续扩大，政策工具组合越来越丰富。在国家机构改革的党政融合趋势上，联合发文涉及不同层面的党政机关和企事业单位，同时中央议事协调机构也参与了联合发文，联合发文的主体数量和范围都进一步增加和扩大。民政部、财政部和人社部等核心主体部门的地位持续凸显，多数合作关系广泛体现在由大量治理机构联合发布的政策文件中，其他一些党政部门积极参与构建社会组织治理网络体系，积极搭建社会组织综合治理体系，网络密度持续增大，该阶段形成了“分散 - 耦合型”网络结构。

（二）启示：政策主体合作网络演化与政社关系研究新进路

20 世纪 80 年代末以来，中国场景下的国家与社会关系成为海内外关注的重要议题。海内外学者将源于西方的经典政社关系理论，诸如“市民社会”和“法团主义”，直接抑或略加修正地用于考察 90 年代的中国政社关系实践发展，而在我国政治、经济和社会转型改革的快速进程中，上述理论对复杂的中国实践的解释力日渐式微（唐文玉，2012：145 ~ 162），在社会科学研究本土化的语境下，本土学者也开始探索更符合本土特色的理论框架，如分类控制得到了学者认可（康晓光、韩恒，2005：73 ~ 89）。实际上，引起上述理论范式转型的有两个重要的因素：其一，国家与社会关系是一个动态的、相互作用的过程，国家或社会并不是静止一块的（米格代尔，2013：5 ~ 46）；其二，国内学者大多承认西方理论与中国国情相结合的必要性，不能忽视党在国家中作为公权力的核心组成部分。尽管单纯考虑政策主体联合发文行为，并不能完全展示政策主体之间深层的利益冲突与张力，但社会组织政策是政府与社会组织的直接联结点，通过构建政策发布上的主体合作网络，将地方政府解构成不同政策主体，在一定程度上能成为理解政社关系变迁的重要窗口。

首先，虽然以往意识到“条条块块”的“碎片化”与政社关系生成之间的差异，但是在具体操作上，仍不同程度地将政府视为一个整体。通过对社会组织政策主体结构和网络的研究，社会组织政策主体呈现出“民政部 + 财政部 + N”的核心网络结构模型，值得注意的是，N 所代表的部门在社会组织综合治理中越发不可或缺。对动态的政社关系研究而言，尽管上述部门处于合作的核心位置，但各部门对社会组织的关切程度存在巨大差异，这就造成了社会组织治理现实的复杂性，或可将政府解构成以“民政部 + 财政部 + N”的部门合作网络。例如，颜克高等根据社会组织在民政部和财政部中业务核心程度差异，对社会组织合作监管失灵现象进行了探究（颜克高、高淼，2019：107 ~ 114）。为此，着重分析民政部、财政部及相关部门与社会组织间的日常实践互动，或许能为建构具有动态张力感的政社关系理论框架提供生动的微观证据。

其次，尽管社科研究立足本土化的语境呼声不断，但在国家与社会关系的研究中，政府和党的作用通常被认为是一体的，或者忽视了党的特殊作用，政社关系中对政党维度的反思较为欠缺。通过对社会组织政策主体合作网络演化的考察，我们发现一个事实是，随着社会组织管理政策松绑，从 2002 年以来，党的组成部门或议事协调机构越来越频繁地出现在社会组织政策合作主体中，且中心度排位不断上升。同时，即便是在党政融合的机构改革趋势下，政党也保持一定的组织独立性，因此讨论政社关系的中国场景，越来越不能回避政党在其中的位置。例如，李朔严就探讨了政党统合对于草根社会组织发展的独特影响机制（李朔严，2018：160 ~ 185）。为此，景跃进富有前瞻性地指出，“将政党带进来”以扩展“政党 - 政府 - 社会”三维关系，政党研究进路将成为颇具学术潜力的视角（景跃进，2019：85 ~ 100）。

最后，譬如运用社会网络分析等研究方法对政社关系研究的可能。为探讨制度结构与社会组织发展的关系，学者认识到当前“碎片化的威权主义”的社会组织制度环境为社会组织发展提供了一定的自主空间，但是更多的是基于定性和案例的研究。在研究方法上，既往研究多是对典型的社会组织政策历史文本的梳理，以期归纳总结相应的政府与社会组织间的关系，往往存在主观选取政策文本和解读文本内容的局限性。未来需借鉴社会网络分析工具，运用大数据定量研究方法，以期在研究深度上，如在政策数量的变化、政策内容的倾向性、政策主体的多样性等方面，讨论制度结构对社会组织发展的影响。

参考文献

陈晓春等（2017）：《在华境外非政府组织法治化监管研究》，《中国行政管理》，第7期。

〔美〕乔尔·S. 米格代尔（2013）：《社会中的国家——国家与社会如何相互改变与相互构成》，李杨、郭一聪译，南京：江苏人民出版社。

黄萃等（2015）：《责任与利益：基于政策文献量化分析的中国科技创新政策府际合作关系演进研究》，《管理世界》，第12期。

黄晓春（2015）：《当代中国社会组织的制度环境与发展》，《中国社会科学》，第9期。

景跃进（2019）：《将政党带进来——国家与社会关系范畴的反思与重构》，《探索与争鸣》，第8期。

康晓光、韩恒（2005）：《分类控制：当前中国大陆国家与社会关系研究》，《社会学研究》，第6期。

李健等（2018）：《间断均衡视角下的政社关系变迁：基于1950—2017年我国社会组织政策考察》，《中国行政管理》，第12期。

李朔严（2018）：《政党统合的力量：党、政治资本与草根NGO的发展——基于Z省H市的多案例比较研究》，《社会》，第1期。

李友梅、梁波（2017）：《中国社会组织政策：历史变迁、制度逻辑及创新方向》，《社会政策研究》，第1期。

刘凤朝、徐茜（2012）：《中国科技政策主体合作网络演化研究》，《科学学研究》，第2期。

刘军编著（2014）：《整体网分析——UCINET软件实用指南》（第二版），上海：上海人民出版社。

马庆钰（2016）：《改进社会组织监管的初探》，《中国机构改革与管理》，第5期。

毛劲歌、庞观清（2015）：《公共政策过程中政策主体的伦理建设途径研究》，《中国行政管理》，第7期。

倪咸林（2017）：《十八大以来的社会组织治理：政策演化与内在逻辑》，《当代世界与社会主义》，第5期。

唐文玉（2012）：《如何审视中国社会组织与政府关系》，《公共行政评论》，第4期。

王名（2007）：《改革民间组织双重管理体制的分析和建议》，《中国行政管理》，第4期。

王名、孙伟林（2011）：《社会组织管理体制：内在逻辑与发展趋势》，《中国行政管理》，第7期。

魏娜等（2019）：《中国互联网信息服务治理机构网络关系演化与变迁——基于政策文献的量化考察》，《公共管理学报》，第2期。

徐盈艳、黎熙元（2018）：《浮动控制与分层嵌入——服务外包下的政社关系调整机制分析》，《社会学研究》，第 2 期。

颜克高、高淼（2019）：《利益冲突与技术限制：地方社会组织跨部门合作监管失灵的解释》，《中国行政管理》，第 7 期。

颜克高等（2017）：《发展抑或控制：地方政府社会组织分类治理策略偏好——基于中国 312 个地级市面板数据的经验研究》，《中国非营利评论》，第 2 期。

于琦等（2019）：《我国卫生政策主体合作网络演化研究》，《中国卫生经济》，第 8 期。

张文礼（2013）：《合作共强：公共服务领域政府与社会组织关系的中国经验》，《中国行政管理》，第 6 期。

周俊（2014）：《政府与社会组织关系多元化的制度成因分析》，《政治学研究》，第 5 期。

TEETS, J. C. (2012), "Reforming Service Delivery in China: The Emergence of a Social Innovation Model", *Journal of Chinese Political Science* 1, pp. 15 – 32.

—— (2013), "Let Many Civil Societies Bloom: The Rise of Consultative Authoritarianism in China", *The China Quarterly* 213, pp. 19 – 38.

—— (2015), "The Evolution of Civil Society in Yunnan Province: Contending Models of Civil Society Management in China", *Journal of Contemporary China* 91, pp. 158 – 175.

The Evolution and Changes of Chinese Social Organization Policy Makers' Cooperation Networks between 1988 and 2018

Lin Shunhao

[**Abstract**] Various policies and regulations of social organizations have formed a complex policy system, which profoundly affects the development of social organizations. Previous studies have insufficiently portrayed the horizontal relations between the social organization policy subjects. Based on the investigation of the evolutionary characteristics of the social organization policy subjects' cooperation network, it has provided new enlightenment for the dynamic and local research approach of the relationship between the government and the society. Taking 295 social organization policies promulgated by the government from 1988 to 2018 as a research sample, using the three key meetings during the period as time nodes, using social network analysis methods to analyze the evolutionary characteristics of the social organization policy main body cooperation network and the role of the core main body change. Research shows that the network structure of China's social organization policy subject cooperation network has obvious phase characteristics, and has gradually formed a stable structure with "Ministry of Civil Affairs – Ministry of Finance – N" as the policy subject cooperation.

[**Keywords**] Social Organization Policy; Policy Subject; Cooperation Network; State and Society Relationship

支持型社会企业与地域社会的公共性建设*

——以日本大阪 NPO 中心为例

郑　南　刘树禄**

【摘要】 支持型社会组织作为培育和支持社会组织发展的重要力量越来越受到关注，但在中国的社会情境下经常会遇到自主性差及依附行政资源输入等诸多瓶颈。本文在对国内支持型社会组织的概念、支持型社会组织与政府关系以及社会组织转型社会企业等进行梳理的基础上，提出支持型社会企业这一概念。通过介绍与分析大阪 NPO 中心的案例，具体论述支持型社会企业的特点、优势及创新意义。在地域社会公共性的建设中，践行自下而上发展路径的支持型社会企业以其自主性、民间性、专业性、市场性、创新性及灵活性等优势显示出了极大的可能性，通过连接资源、打造平台有效助力了社会组织和社会企业的专业化发展。虽然中国和日本的社会环境有所不同，但是支持型社会企业的成功经验对中国支持型社会组织的发展与创新也很有启发性。

【关键词】 支持型社会组织；中间支援组织；社会企业；

---

* 课题资助：吉林大学基本科研业务费项目“公益创投与社会组织的成长”（项目编号：2016QY010），国家社科基金项目“支持型社会组织参与社区治理的路径选择与联动机制研究”（项目编号：19BSH14）。

** 郑南，吉林大学哲学社会学院社会学系；刘树禄，清华大学教育研究院。

地域社会；公共性

一 问题的提出

主体多元性是治理现代化的一个重要特征，而社会组织是其中重要的参与者。根据民政部2019年4季度的统计数据，全国共有社会组织86.7万个，比上年增长6.1%。这些社会组织主要包括社会团体、基金会和民办非企业单位三种类型，涉及科学研究、教育、卫生、社会服务等8个社会领域。① 社会组织尽管发展迅速，但是在参与社会治理中面临诸多困境。对于这些困境学界已有很多研究并提出对策（文军，2012；谭日辉，2014；马立、曹锦清，2017；等等）。同时，也有一些学者从某个具体的角度出发展开研究，如社会组织合法性困境（高丙中，2000；梁德友，2019）、公共性困境（唐文玉，2016）、法律困境（杜英歌，2014）、组织间合作的困境（杨柯，2015）、主体性困境（陈义平，2017）等等。

面对社会组织发展的诸多困境，支持型社会组织作为社会组织发展的新形态，以提升一线社会组织能力为目标，在培育社会组织、支持和引导社会组织发展上获得了一定的关注与认同。丁惠平指出，"面对政府部门，支持型社会组织致力于开展合法性地位获致、专业性角色建构等行动；面对社会组织，支持型社会组织通过公益孵化、公益创投、社区营造等创新形式发挥着培育社会组织的关键性作用"（丁惠平，2019：51）。但是支持型社会组织作为社会组织的一种特殊类型，也面临着和社会组织相似的问题，如形式化和专业化困境（钱坤，2019）、组织和制度的制约（丁惠平，2019）等。因此，探索支持型社会组织发展的新模式有其现实意义。本文基于2018年11月于日本大阪NPO（非营利组织）中心进行的实地调研，在支持型社会组织的基础上提出支持型社会企业这一概念。对于地域社会的公共性建设，积极开拓公益市场、践行自下而上发展路径的支持型社会企业发挥了重要的平台作用，产生了社会影响力，也为中国支持型社会组织的发展提供了借鉴。

① 数据来源于中华人民共和国民政部《2019年4季度民政统计数据》。

二　文献回顾

（一）支持型社会组织的概念梳理

国外关于支持型社会组织的研究最早可追溯到20世纪80年代末至90年代初，一般冠以中介性组织、伞形组织、支持型组织、非营利部门联盟、志愿组织联合会等名称（周秀平、刘求实，2011：59）。Caroline在1987年提出“协调团体”的概念，她指出：此类会员制的组织主要出于为公益组织服务的目的而履行职能，如提供论坛、各项服务，促进政府和公益组织之间的有效联系及分配捐赠资金给公益组织的实施项目（Caroline，1987）。Brown在1991年发表的文章中提出了桥梁型组织的概念（Brown，1991），到了2002年，他又发展性地提出了支持型组织的概念（Brown & Archana，2002）。

在中国对此类组织的称谓大多为社会组织孵化器、支持型社会组织、枢纽型社会组织等。其中，“孵化器”是2005年由中山大学公民与社会发展研究中心首先提出的，它在支持社会组织发展上发挥了理念塑造、核心载体、能力提升、引导协调的作用（吴津、毛力熊，2011）。随着上海“恩派”社会组织孵化器的推广运行，这一称谓得以普及。在一些有关“恩派”研究的学术文献中，这类组织大多被称为支持型社会组织（葛亮、朱力，2012）。枢纽型社会组织是在2008年北京市社会建设大会公布的“1+4”系列文件中出现的一个新词。枢纽型社会组织是指由负责社会建设的有关部门认定，在对同类别、同性质、同领域社会组织的发展、服务、管理工作中，政治上发挥桥梁纽带作用、业务上处于龙头地位、管理上承担业务主管职能的联合性社会组织（李璐，2012）。通过对现有文献的整理可以发现，支持型社会组织和公益组织孵化器的概念内涵基本接近，而枢纽型社会组织的重心在于其是在行政力量的主导下建立的，浓厚的行政色彩是使其区别于另外两个概念的关键所在。

（二）中国支持型社会组织的现状

关于中国支持型社会组织的兴起原因，一方面是社会需求的推动，另一方面也在于政府的积极支持和推动。社会体制改革以及社会组织培育和管理方式创新为支持型社会组织的发展提供了强劲动力（张丙宣，2012；祝建兵，

2015）。除此之外，支持型社会组织的发展也与市场经济发展、政府职能转变、维护社会稳定等现实需求密切相关（余永龙、刘耀东，2014）。面对业务水平不断提高和总体数量不断增长的社会组织，支持型社会组织分化出了许多不同的类型。在业务类型上，支持型社会组织可以分为资金支持型、能力支持型、信息支持型、智力支持型及综合管理支持型等（徐宇珊，2010）。根据提供的服务，支持型社会组织又可以分为单一功能支持型和同业支持型（麦磊，2013）。而从主导力量来看，目前大致形成了三种类型的支持型社会组织——政府力量主导型、社会力量主导型、基金会力量主导型（丁惠平，2017）。

具体来看，目前学界关注较多的典型的支持型社会组织有上海恩派公益组织发展中心、南都公益基金会、南京爱德公益组织培育中心等孵化器组织，北京的市级枢纽型社会组织、上海街镇层面的枢纽型社会组织等（麦磊，2013）。大多数关于支持型社会组织的研究也是以上述机构为案例，探讨这些机构如何支持社会组织发展、遭遇了何种挑战以及与政府的互动关系。

（三）支持型社会组织对社会组织的支持及挑战

支持型社会组织通过培育社会组织、支持和引导社会组织发展，帮助其提升专业能力并厘清与政府的关系。具体而言，在实践层面通过孵化、公益创投、社区营造等创新形式发挥培育社会组织的关键性作用；另一方面，搭建沟通政府、市场和社会组织的平台，扮演社会合作召集者和促进者的角色，引领和规范社会组织行业发展；在理念层面，塑造社会组织的公益理念，支持型与实务型社会组织之间基于自愿、平等原则构建良性互动关系，推动社会组织健康有序发展和协同治理（张丙宣，2012；祝建兵，2016；丁惠平，2019；徐宇珊、向勋宇，2019）。

支持型社会组织也面临许多挑战。首先，在目标设定上容易发生定位偏移。在支持型和操作型社会组织之间出现了领导与被领导、管理与被管理的关系，挤压了普通社会组织的生存与发展空间；在支持型社会组织与政府的关系上，政府资助的“外溢效应”及目标的多重性导致了支持型社会组织选择目标错位的策略、权力转置过程中的官僚制衍化问题（余永龙、刘耀东，2014）。其次，在对支持型社会组织管理及相关的法律制度建设上，工作绩效难以衡量，服务存在价格歧视，认定、考核评估和监督机制不健全（石晓天，2015；王嘉渊，2020）。另外，支持型社会组织自身的组织能力建设不足，专业化训练效果欠佳，存在内源性腐败风险（余永龙、刘耀东，2014；石晓天，2015；王嘉渊，2020；刘耀东，2020）。总之，从长远来看，支持型社会组织仍然面临着制度和组织两方面的制约，这既对其构成了挑战，也孕育着发展的动力（丁惠平，2019）。

支持型社会组织在为社会组织提供支持的同时，也要处理与政府的关系。但正如多位学者指出的，由于国家对社会组织拥有强大的控制和吸纳能力，中国现阶段的社会组织对政府仍有不可忽视的依赖性（唐文玉、马西恒，2011；葛亮、朱力，2012）。因此也就存在上述学者所提到的“去政治的自主性”、“非制度性依赖”、从“行政化控制”到“体制性吸纳”等现象，支持型社会组织的自主性不强（葛亮、朱力，2012）。支持型社会组织只有通过有意识地压缩公共利益表达功能才能有限实现公共服务提供上的自主性。

（四）支持型社会组织社会企业化的可能性及挑战

支持型社会组织的社会企业化转型为其应对挑战提供了值得思考的视角。在传统基金来源减少和竞争日趋激烈的环境中，非营利部门面临着日益增强的提高效率和可持续性发展的要求。与此同时，在企业社会责任的呼声和推动下，日趋集中社会财富的私营部门以积极的行动应对复杂的社会问题（杨家宁、陈健民，2010：172）。在这样的背景下，社会企业以其社会公益性与市场商业性的双重特征，在解决社会问题、改进公共服务供给、推动经济持续发展、促进社会融合等方面发挥了无可替代的重要作用（王名、朱晓红，2010：10；潘小娟，2011：20）。从开放系统的视角来看，非营利组织商业化是一种组织的自我调节机制，并不危害其社会使命及履行能力（Moeller & Valentinov，2012）。因此，推动支持型社会组织向社会企业转型已经成为一个值得探索的领域。但不容忽视的是，在实现商业化的路径上，可能面临资金不确定、组织内部文化冲突等问题，为社会组织的发展带来新的风险（Kirkman，2012：143）。而在市场层面上，社会组织商业化也意味着要与营利组织进行竞争，反过来也会对社会组织的行为产生新的影响，甚至会产生使命漂移的问题。

基于以上对支持型社会组织的概念及发展现状、社会企业化可能性等的梳理，本文结合日本大阪 NPO 中心的实际案例，提出支持型社会企业这一概念（见图 1）。相对于支持型社会组织，支持型社会企业重视市场的力量而更具有自主性，同时，与一般社会企业相比，支持型社会企业基于专业人才的储备、丰富的社会关系资源与长期积累的经验可以为社会组织及社会企业提供更有针对性的支持。第一，支持型社会企业不依赖于政府的资源输入，通过市场手段开拓资源是其发展的最重要途径，因此具有很强的自主性。第二，作为支持型社会企业，大阪 NPO 中心通过长期举办社会企业竞赛及开展相关咨询业务、举办讲座等活动在倡导社会创新及培育社会企业方面发挥了重要作用。第三，由于与近畿地区的企业界关系紧密，中心作为支持型社会企业在企业、行政与社会组织（包括社会企业）之间发挥了重要的连接及平台作用，促进了地域社会的公共性建设。

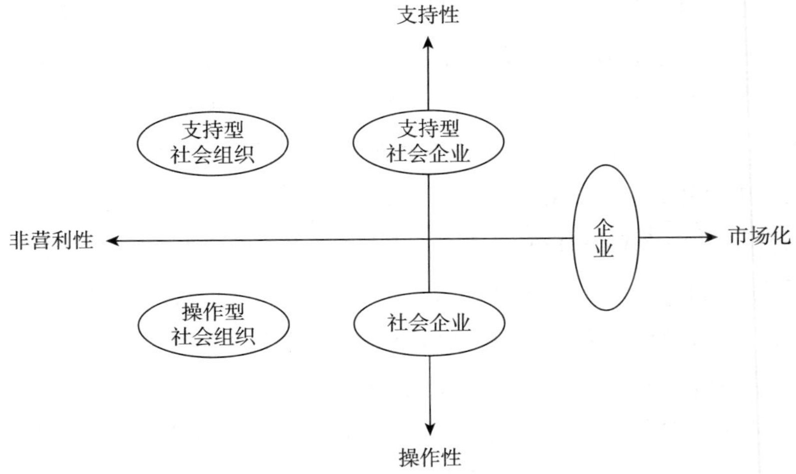

图 1　支持型社会企业的概念图示

三　扎根地域社会的支持型社会企业案例分析

（一）地域社会与大阪 NPO 中心的发展

1. 地域社会与公共性的转换

地域社会是研究社会变迁的一个重要概念。一般认为，地域社会最初由美国社会学家 MacIver（1882 ~ 1970）提出，他强调了地域社会是经营共同生活的地区（MacIver，1917）。20 世纪 60 年代，面对产业化和城市化带来的社会“空间结构”的剧变，日本学界掀起了超越城乡的“地域社会学”研究热潮。在日本社会学小辞典中，地域社会被概括为“具有一定范围而由生活在其中的居民归属意识所规定的社会。地域社会的范围可以小到近邻及社区，也可以大到一个地区”（滨嶋朗、竹内郁郎、石川晃弘，1997）。更有学者强调，“地域即使是与大地的自然地理特征密切相关，也是在人连续的社会生活历史中产生的，是社会的、文化的产物”（藤田弘夫，2006：14）。日本战后的经济复苏与社会发展曾经被认为是国家权力与资本结合的产物，其结果是带来环境污染等各种社会问题（福武直，1965：261）。基于此种认识，从整体社会的变化来检视地域社会的具体问题成为地域社会学的主流，也就是所谓结构分析的方法。简言之，地域社会学是通过分析国家权力利用公共政策的统治与地域社会诸主体的社会建设之间的动态过程，探寻地域社会形成的特质与条件（莲见音彦，1991：3）。蔡骥指出日本地域社会学的特征在于社会学与地方政治学的有机结合，用地域社会的“共同性”、“公共性”和“阶级性”来透视现代地方自治和居民自治的本质（蔡骥，2010：12）。而田毅鹏强调了日本地域社会学的特色在于超越了都市和农村的界限，并从总体视野出发来研究地域社会的结构、集团构成以及人类行动（田毅鹏，2012）。

日本地域社会的变迁与公共性的转换息息相关。日本是传统上具有集团主义倾向的国家，但也在社会变迁中形成了具有自身特色的公共性。因为“不同国家，即使是同一个国家各个时期的公共性也很不相同”（藤田弘夫，2011：11）。相对于西方社会所主张的尊重个体与对抗公权力的公共性，在东亚的语境中其具有了不同的特征。东亚的公共性概念缺乏西欧语言中所带有的公共的、公开的即相互沟通的政治意味，而且与欧美世界公共性实现主体的多元形态不同，历史上东亚的公共性主要是由“官”“公”来承载的（田毅鹏，2005：66）。20 世纪 90 年代之后日本诞生了新公共性理论，这也是与泡沫经济破灭所带来的剧烈社会变动相对应的。在理论层面，日本的新公共性更强调实现由“灭私奉公”“灭公奉私”到“活私开公”的转变（田毅鹏，2005：69）。这里的私其实就是指每一个市民，而“对于这种市民所开放的公共性就是新的公共性，任何一个市民都可以参加”（长谷川公一，2009：12）。新公共性理论甚至将私人领域中的亲密圈也看作一种公共性形成的场域（斋藤纯一，2010：94）。总体上，日本的新公共性理论强调公私协力而非对抗，而市民的主体性参与是其中重要的内容。

强调与地域社会的关联也是日本新公共性理论的一个显著特征，这与地方分权改革的推进密切相关。1993 年，日本参众两院通过了推进地方分权的决议。2000 年，通称为“地方分权一括法”的新地方自治法颁布并实施。由此中央政府与地方政府在名义上处于对等的关系，各地方政府可以根据地区的实际情况，通过自己的判断因地制宜施政。此外，日本地方分权改革也包括地区居民依据自己的判断及责任来参与地域社会的建设。在这种背景之下，有学者指出：“市民的对于自治的参与意识的增强以及 NPO 公益活动的迅速发展，证明了公共性不是行政的独占物，新的公共性应着眼于一直被行政轻视及压抑的在地域社会中孕育出的身边的‘小的公共性’并以此为基础促进地域的再生。”（中井检祐，2000：66）这种身边的“小的公共性”就是扎根于地域社会的公共性。田中重好也指出，公共性的创出是地域社会共同性向公共性成熟转化的过程。相对于封闭的共同性，地域社会的公共性要经过由地域社会承认的手续，而且要成为地域社会中被正当化的公准。而且这种地域社会的公共性也不是封闭于地域内的，而是对地域外呈现开放的状态（田中重好，2002）。总之，地域社会才是各领域以开放的态度通过相互协作建设新公共性的真正场域。

2. NPO 中心与地域社会治理

作为地域社会新公共性建设的具体体现，在日本各地诞生了很多 NPO 中心。1993 年，日本颁布了特定非营利活动促进法（NPO 法），以此为契机很多市民团体登记成为 NPO，获得法人资格。为了促进 NPO 的专业化发展，各地成立了很多 NPO 中心或者志愿者中心。处于 NPO 与行政、企业等各种组织之间也被称为中间支援组织的，其实就是支持型社会组织。在 2011 年日本内阁府《关于新公共支援事业实施的指南》中，中间支援组织被定义为，位于市民、NPO、企业、行政机关之间组织各种活动，由市民等主体设立，向 NPO 提供咨询及信息等支援以及媒介资源、政策建议的组织。[①] 这些中间支援组织包括①公设公营、②公设民营与③民设民营三类，在日本全国的分布状况如表 1 所示，其中政府主导型包括公设公营与公设民营。在公设公营的情况下，正式的工作人员

① https://www5.cao.go.jp/npc/shienjigyou-kaiji/gaidorain.pdf，最后访问时间：2020 年 10 月 25 日。

会定期换岗，而非正式工作人员也会到期离职而不利于专门技能的积累。① 从表 1 可以看出，民设民营的市民主导型 NPO 中心数量不到总数的 30%。

表 1　日本 NPO 中心的类型及分布情况

单位：个，%

地区分布	市民主导型	政府主导型	社会福利协议会改组成立	合计
北海道、东北地区	27	34	0	61
关东地区	37	123	6	166
北陆地区	11	22	0	33
中部地区	14	57	0	71
近畿地区	22	52	0	74
中国地区	10	17	0	27
四国地区	3	10	0	13
九州、冲绳地区	18	34	0	52
合计	142	349	6	497
比例	28.57	70.22	1.21	100

资料来源：根据日本 NPO 中心（https://www.jnpoc.ne.jp/index.html）的“全国 NPO 支援中心”（2019 年 9 月 2 日）相关资料整理。

关于 NPO 中心的功能，有研究做了以下归纳。第一，资金支援。设立专门基金来支援 NPO 等的活动。第二，咨询功能。通过专家提供财务、劳务、法律等方面的咨询服务来提高 NPO 的管理能力。第三，连接功能。围绕特定主题实现信息共有和交换，并形成相互支援的网络。第四，人才培养。培育 NPO 人才并进行合理配置。第五，评比表彰。对于 NPO 等开展的活动进行客观的评价。第六，收集信息，向政府提供相关建议。第七，据点功能。向 NPO 等提供聚集商议的场所，比如提供会议室和工作空间等（崛野亘求，2018）。如图 2 所示，中间支援组织其实是打造了一个支持社会组织专业化发展的平台，这也是顺应了日本社会多元参与的新公共性建设的潮流。

但是，近 10 年来日本的社会环境发生了很大的变化。2012 年底大力提倡新

① https://www.city.saitama.jp/006/007/014/014/003/p013027_d/fil/shiryo5－1.pdf，最后访问时间：2020 年 10 月 25 日。

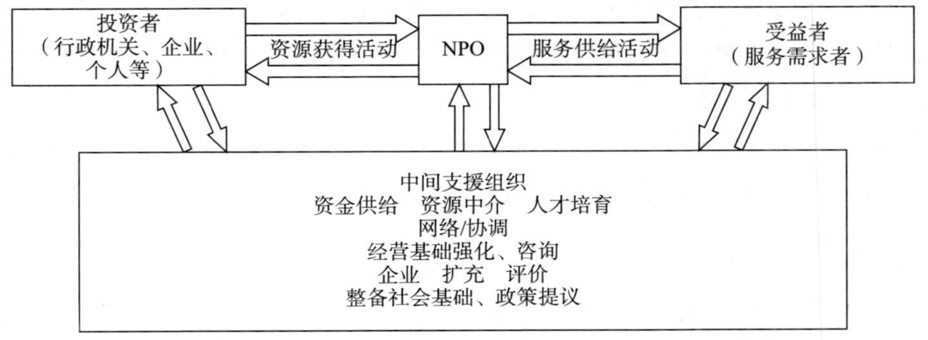

图 2　中间支援组织支持 NPO 各项活动的关系

资料来源：国立教育政策研究所（2016），《有关多种参与者创新终生学习环境的基础形成研究报告书（Ⅳ）中间支援组织调查》，第 7 页。

公共性的民主党下台，之后的自民党政权虽然总体上还是重视民间力量主体性及参与的，但开始更加强调个人责任也就是改辙新自由主义路线，在对 NPO 的支援上也大幅度削减预算。因此，很多社会组织开始尝试转型社会企业。为了助力社会组织转型社会企业并提高其经营能力，中间支援组织被要求具有相关方面的经验与人才储备，而大阪 NPO 中心是其中难得的存在。

3. 关于大阪 NPO 中心

大阪 NPO 中心成立于 1996 年 11 月 21 日，是日本第一家完全依靠民间力量成立的地区性 NPO 支援中心，1999 年 4 月 14 日被认定为特定非营利活动法人。随着地方分权改革的深化及 NPO 法的修订，中心在 2012 年 6 月 20 日向大阪市申请并被认证为大阪市的第一号认定 NPO 法人。中心的宗旨是作为中间支援组织向地域内社会组织提供必要的支持，为社会注入活力，促进推动社会变革的各类志愿组织、社会组织以及社会企业的发展。中心也积极促进民、产、官、学之间的交流以支援和促进社会组织的自立与发展。截至 2017 年，中心有会员约 600 人，全职及兼职职员 26 名。

在成立之初大阪 NPO 中心就把“信息智库”、“管理支援”与“培育社会企业”设为主要的发展方向。中心一个非常大的特点是支援对象不限于 NPO，而是所有从市民的角度出发，参与志愿活动与公共活动，旨在实现社会变革的组织。这些组织被中心定义为 CSO（Civil Society Organization），即民间社会组织，主要包括各种 NPO、地缘型自治组织及社会企业等多种组织（见图 3）。自成立以来中心设立了“CSO 奖”，以近畿地区企业家的捐助为财源成立了“志”民基金，为了促进社会企业的发展常年举办社会企业计划竞赛，作为连接民、产、官、学的平台起到了无可替代的作用。中心在对组织成员的管理上采用会员制，成员中 52.3% 为 NPO 法人，22.4% 为个人，22.4% 为企业，行政机关和任意团体均为 0.3%，还有 2.4% 的其他类型成员。

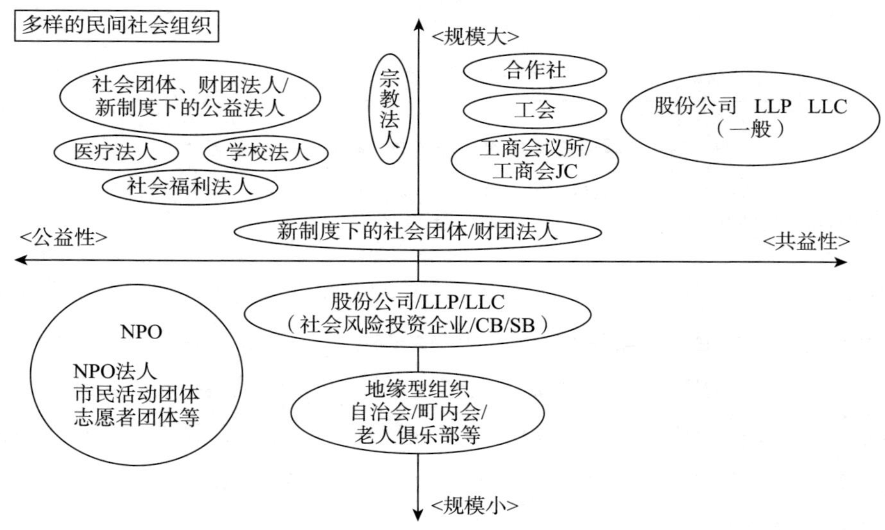

图 3　大阪 NPO 中心对 CSO 的定义

资料来源：根据大阪 NPO 中心官网 http://osakanpo-center. com/index. php 的内容整理。

作为日本成立最早的支持型社会组织，大阪 NPO 中心建立了完备的业务服务体系，主要提供资金、人才、场地与网络支持四项服务，为社会组织和社会企业提供多样化、全方位的支持（见表2）。与其他 NPO 中心相比，培育与支持社会企业发展是大阪 NPO 中心的重点业务和突出特色，其中持续时间最长的就是自成立以来每年都会举办的 CSO 大奖赛以及社会企业计划竞赛，并在 2019 年将两项活动合并。此项活动长期以来得到了大阪工商界的支持和赞助。据统计，二十几年来有超过 700 家的团体参加了 CSO 大奖赛，其中超过 200 家团体受到了表彰（崛野亘求，2018：90）。持续举办 CSO 大奖赛，推动了地域社会的创新，同时也扩大了中心的社会影响力，推动了地域社会公共性的建设。

表 2 大阪 NPO 中心的支持体系

<table>
<tr><th>支持体系</th><th>支持目的</th><th>支持形式</th></tr>
<tr><td rowspan="4">资金支持</td><td>解决社会企业和社会组织发展过程中资金匮乏的问题</td><td>社会企业贷款，融资支持</td></tr>
<tr><td>促进民间组织和政府及企业的合作，开发新的公共产品和服务以解决社会问题</td><td>市民社会创造基金“志”民基金</td></tr>
<tr><td>对解决社会问题的个人和团体进行表彰</td><td>CSO 奖</td></tr>
<tr><td>帮助社会企业家将社会商业计划付诸实践</td><td>社会企业计划竞赛</td></tr>
<tr><td rowspan="3">人才支持</td><td rowspan="3">为社会企业和组织培养人才</td><td>一般企业管理咨询</td></tr>
<tr><td>专家咨询</td></tr>
<tr><td>专业课程、讲师派遣等</td></tr>
<tr><td>场地支持</td><td>接待服务对象、提供活动空间</td><td>廉价的活动场地和办公场所及办公用品租赁</td></tr>
<tr><td rowspan="2">网络支持</td><td rowspan="2">促进社会团体和政府部门之间的联系</td><td>构筑近畿地区社会企业网络</td></tr>
<tr><td>举办讲座、旅游活动、交流会等</td></tr>
</table>

资料来源：根据 2018 年 11 月 5 日郑南、张文雪、刘树禄于大阪 NPO 中心对其副秘书长 OT 的调研访谈及大阪 NPO 中心官网 http://osakanpo-center. com/index. php 的内容整理而来。

（二）大阪 NPO 中心案例分析

能够顺应时代变化及时调整发展战略增强市场能力是大阪 NPO 中心获得长足发展的重要原因。从数据来看，2010～2018 年，中心的收益在 2011 年达到顶峰，高达 1. 15 亿日元，而在 2012 年营业额则急剧下降到 0. 53 亿日元，并在接下来的连续四年中维持在这个低水平上。而 2017 年营业额比 2016 年增长一倍多，2018 年的收益更是重新突破了 1 亿日元（见图 4）。根据 2018 年度的财务报表，中心会费和社会捐赠收入分别为 67 万日元和 1278. 44 万日元，而其他社会服务项目收益总和达到了 10134. 567 万日元。[①] 可见，中心的绝大部分收入是通过提供各种支持性服务来获得的（见表 3）。其中，2018 年受大阪市委托开展

① https://www. npo-homepage. go. jp/npoportal/detail/113000001，最后访问时间：2020 年 10 月 25 日。

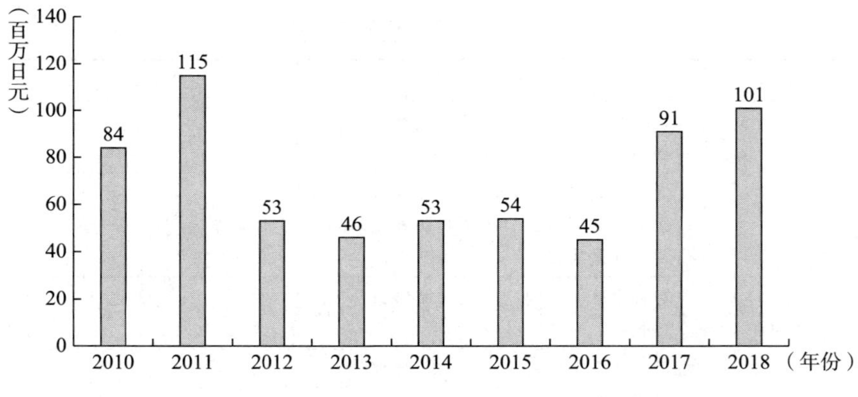

图 4　2010～2018 年大阪 NPO 中心收益

资料来源：根据大阪 NPO 中心官网 http://osakanpo-center.com/index.php 及 https://www.npo-homepage.go.jp/npoportal/detail/113000001 整理。

了大阪市社会企业（包括社区社会企业）促进事业，开设了大阪市民活动综合商谈窗口（包括社会企业咨询业务），受大阪市市民局委托开展了社会企业研修业务以促进政府职员对于社会企业的理解。

表 3　大阪 NPO 中心的收入来源

	社会	市场
收入来源	会员费	政府委托项目、人才培养
	社会捐赠	咨询服务、参观研修收费

大阪 NPO 中心的财务状况是与日本社会环境的变化密切相关的。自 2012 年以来自民党重新执政，奉行新自由主义政策，在 NPO 发展上体现为放任的态度并大幅削减补助金，极大地影响了大阪 NPO 中心的经营活动，直接导致了 2012 年经常性收益减半。但就在这一时期，中心开始依靠自身努力开拓业务，事业收益又重新开始稳步增长。也由于在促进社会企业发展方面积累了丰富的经验和专业人才，通过投标争取到了很多近畿地方政府的相关委托业务。面对外界环境恶化，中心不断通过市场开拓业务，完成了从支持型社会组织向支持型社会企业的转型。

作为日本最早的中间支援组织，也因为是完全由民间力量发起和经营的，大阪 NPO 中心的发展路径展现了更大的灵活性。第一，中心本身是经过认证的

NPO 法人，更是一家具有明确社会使命的支持型社会企业。支持地域内社会企业的发展是中心的重要目标，也是其最大特色。因为中心认为“社会企业的一个特长就是它的持续性，能够持续发展的可能性比较大”[①]。同时，中心将商业性与公益性有机融合，一方面积极利用本身的人才和网络优势开拓公益市场维持组织运转，另一方面关注社会目标，通过支持和培育社会组织和社会企业来解决社会问题。中心不依靠流动性大的志愿者，而是以商业模式进行运营管理，通过薪资留住具有专业能力的工作者，使其能在长期稳定的工作中获得经验的积累和能力的提升，从而使组织实现稳定可持续发展。

第二，与一般的支持型社会组织相比，大阪 NPO 中心的专业性更强。中心的工作人员来自不同的专业领域，拥有强大的知识背景。秘书长非常了解人才资讯，而副秘书长曾在银行任职，非常了解有关银行贷款的政策与程序。同时在中心登记的专家也超过四十人，其中包括律师、会计师、税理士和社会保险士等。拥有具有相关专业知识的人才，才能够对于社会企业的发展提供更专业的服务。“志”民基金（现在与大阪工商银行合作）长期投资社会企业，中心专家也会提供很多技术上的支持，这对于初创期的社会企业至关重要。

第三，扎根地域社会积极开展网络建设是大阪 NPO 中心不断扩大社会影响力的重要手段。近畿地区包括福井县、大阪府、京都府、兵库县、滋贺县、奈良县、和歌山县两府五县。受到东京一极集中的影响，近畿地区人口老龄化与经济疲敝越发严重。为了通过社会创新激发地区的活力，中心积极参与构筑行政机关、社会组织及社会企业、金融机构、教育机构等多方参与的网络。中心出版发行了《社会企业近畿》杂志，并且每年都会出版有关社会企业发展的年度报告书。同时中心也会不定期地举办社会企业研讨会。举办这些活动，一方面促进了近畿地区社会企业网络的形成，另一方面也大大提升了中心本身的社会影响力。

第四，坚持自下而上的发展路径，保持自主性是大阪 NPO 中心能够面对环境变化不断成长的根源所在。政权更替造成社会环境巨变，补助金大量减少使很多公设公营及公设民营的中间支援组织遭遇财政危机甚至不得不解散。而民

① 大阪 NPO 中心副秘书长 OT 访谈，2018 年 11 月 5 日大阪。

设民营的大阪 NPO 中心尽管也面临同样的困难，但由于储备和积累了相对多的专业人才和经验，通过及时调整发展战略积极开发公益市场而成功转型。就像副秘书长所说，“我们现在完全靠市民力量，自力更生。所以现在我们基本和企业是同样的，如果有什么公共事业可以去竞标的话，同样要拿出提案书和竞标书”①。由于不依赖于政府的资源输入，中心的市场能力在二十多年的经营中历经磨炼而获得极大提升，同时中心作为自下而上的力量成为地域社会公共性建设中越来越重要的角色。

随着全球化的发展，日本的东京一极集中化趋势越发明显，大量的人力、物力和财力都被东京吸走而造成地方城市的衰退。在政治上，新自由主义的风潮使 NPO 的发展遇到不小的瓶颈，日本的法律也规定 NPO 在财务等方面要接受很多手续繁杂的监管，这已经造成了登记 NPO 的数量减少。这种外界环境的变化迫使很多 NPO 不得不开始转型，利用市场的力量提高专业能力转型为社会企业是其中的选择之一。“在以前，大阪很多的桥梁、道路都是由大阪的企业家出资建设的。所以，大阪经常被称为不是由国家建设的，而是由大阪市民建设的城市。”② 在这样一个具有自治传统的地域社会中，市民是推动社会建设的最重要力量。中心是完全由民间力量发起的，在发展中得到了工商界的大力支持。包括代表理事在内，中心的理事会成员很多都来自近畿地区的企业界，这也是中心重点支持社会企业发展的主要原因。中心的转型是外界环境变化所激发的，也是地域社会自下而上的社会力的具体表现。代表民间力量的中心以其专业性、创新性和灵活性证明了多元参与的公共性的可能性。

四　案例分析的意义及可借鉴经验

与支持型社会组织相比，支持型社会企业具有市场能力和自主性都比较强的特点，在地域社会的公共性建设中具有更加明显的优势。在现代社会，位于国家与个人之间的社会领域不断扩大，代替曾经由国家行政垄断的公，市民积极参与的新的公共性开始形成，而大量志愿服务组织的涌现、社会组织及社会企业的活跃给这种公共性增添了新的内容。尤其是社会企业，以其专业性、创

① 大阪 NPO 中心副秘书长 OT 访谈，2018 年 11 月 5 日大阪。

② 大阪 NPO 中心秘书长 HN 访谈，2018 年 11 月 5 日大阪。

新性、市场性、自主性及灵活性等优势显示出了极大的可能性，其中支持型社会企业所起到的培育、支持及连接的平台作用可能会越发重要。在地域社会的公共性建设中，支持型社会企业自下而上的推动作用具有非常积极的意义。尤其是其不排斥与政府部门的合作，但又因为具有很强的专业能力和市场能力而能保持高度的自主性。

与一般的NPO中心相比，大阪NPO中心具有鲜明的支持型社会企业特征，其主要目标是支持扎根地域社会的社会组织与社会企业的发展。第一，作为纯民间的组织，中心不依赖于政府的资源输入，而是通过市场手段开拓资源。中心的发展路径完全是自下而上的，在与政府的关系上具有很强的自主性，因而不会遇到中国支持型社会组织常常遇到的"非制度性依赖"或者"体制性吸纳"等发展瓶颈。这种自主性也是避免社会使命发生漂移及内源性腐败的重要保证。虽然中国的社会环境与日本截然不同，但增强市场能力、提高组织的自主性也是支持型社会组织发展的可行方向。

第二，扎根地域社会，充分利用了大阪地区工商业发达的地域优势。中心理事会成员大多出身于近畿地区的工商界，持续举办的CSO大奖赛也得到了工商界的长期赞助，在开拓业务方面也一直得到相关企业的支持。以大阪为中心的近畿地区是富有特色的地域社会，在城市的发展历程中，自下而上包括企业、市民在内的主体发挥了重要的作用。中心的发展也就是充分利用了近畿地区工商界积极参与自治活动的传统，这一点也许会对中国支持型社会组织的发展有所启发。不依赖政府的资源输入，而是充分发掘和利用地域社会的资源也是中心面临社会变动能够及时调整发展战略的要点。

第三，专业性与清晰的社会目标是支持型社会企业获得长远发展的必要条件。

与其他的中间支援组织相比，大阪NPO中心的特征是非常鲜明的，培育和支持地域内社会企业是其始终坚持的社会目标。与社会组织相比，因为要参与市场竞争，社会企业对于专业性的要求更高，更需要财务、经营、产品及服务开发等方面的专业人才。中心因为在长年的发展中储备了律师、会计师、税理士等相关人才，能够给予新创的社会企业专业的服务，这是有别于其他中间支援组织的独有特色与强项。同时，通过举办社会企业竞赛及讲座、咨询等活动提高了地域社会对于社会企业的认知度，是对公益市场的一种成功的开发。因为具有了这种很强的市场能力，即使没有政府的投入也能够成功地开展工作并扩大社会影响力。中心的成功经验证明了专业性和清晰的社会目标的重要性，而这正是中国的支持型社会组织普遍缺少的。

五　结论与启示

在进入了分权化时代以后，日本地方政府与市民力量的协作与互动被认为是解决地域社会特有问题的有效路径，这也就是旧的由行政主导的公共性向多元的重视市民参与的新公共性的转换。作为支持型社会企业的成功案例，大阪NPO中心就是这种公共性转换的产物，也证明了民间的力量和市场的力量在社会转型的过程中可以发挥重要的作用。中心自下而上的市场化路线是支持型社会企业保持自主性的重要手段，在法制相对健全的日本社会，支持型社会企业可以通过多种手段获得资源，而市场是其中最重要的渠道。虽然受到新自由主义潮流和政权交替的影响，但是由于拥有清晰的社会目标以及很强的专业能力，特别是充分利用了近畿地区工商界的社会关系资源，中心不断开拓助力社会企业发展的市场空间，并且用多种手段培育和支持了很多新创的社会企业。这证明了民设民营的支持型社会企业如果储备了足够的人才以及拥有专业能力，是能够获得长远发展的。相对于公设公营和公设民营的中间支援组织，民设民营的大阪NPO中心在市场化路线上走得更彻底，作为民间力量在地域社会公共性建设中也充分发挥了作用。市场路线是具备一定的风险的，但市场也是中间支援组织历练专业能力的最佳场所，只有具有较强的专业能力和市场能力才能保证在与政府部门的合作中保持必要的自主性，这也是新公共性建设中自下而上的民间力量的真正展示。而自主性相对弱的公设公营与公设民营的NPO中心如何转型将是今后关注与研究的课题。

近年来，社会治理理念在中国社会得到了广泛认同，党的十九大已经明确提出要“打造共建共治共享的社会治理格局”。治理不同于统治，是一种围绕共同目标而展开的活动，它不仅包括政府机制，也包括非政府的、非市场的乃至非正式的机制（罗西瑙，2001）。俞可平也指出，善治是公共利益最大化的治理过程和治理活动。它是一种官民共治，是国家治理现代化的理想状态（俞可平，2016：6）。其实这就是对于多元参与的新公共性的强调，也为中国的社会治理改革提供了新的思路。社会企业在世界范围内能够得到迅速发展和认同，是与它的创新能力与市场能力相关的。在越发复杂的现代社会，具有人才优势、专业能力与社会关系资源的支持型社会企业可以有更大的发挥作用空间。大阪NPO中心的发展经验证明了会集专业人才、提高市场能力是支持型社会组织有效转型和发展的路径。虽然与日本的社会环境截然不同，但中国支持型社会组织转型社会企业尝试自下而上的发展路径也是值得的，而会聚专业人才以及扩大与有志社会贡献的企业合作是可选择的路径。

参考文献

蔡驎（2010）：《地域社会研究的新范式——日本地域社会学述评》，《国外社会科学》，第2期。

长谷川公一（2009）：《NPO与新的公共性》，〔日〕佐佐未毅、〔韩〕金泰昌主编《中间团体开创的公共性》，王伟译，北京：人民出版社。

陈义平（2017）：《社会组织参与社会治理的主体性发展困境及其解构》，《学术界》，第2期。

丁惠平（2017）：《支持型社会组织的分类与比较研究——从结构与行动的角度看》，《学术研究》，第2期。

——（2019）：《居间往返：支持型社会组织的行动机制——以北京市恩派非营利组织发展中心为个案》，《贵州社会科学》，第11期。

杜英歌（2014）：《中国社会组织的法律困境与出路》，《内蒙古社会科学》（汉文版），第3期。

高丙中（2000）：《社会团体的合法性问题》，《中国社会科学》，第2期。

葛亮、朱力（2012）：《非制度性依赖：中国支持型社会组织与政府关系探索》，《学习与实践》，第12期。

李璐（2012）：《分类负责模式：社会组织管理体制的创新探索——以北京市“枢纽型”社会组织管理为例》，《北京社会科学》，第3期。

梁德友（2019）：《社会组织参与社会共治的合法性困境及其政策调适》，《社会科学辑刊》，第3期。

刘耀东（2020）：《中国枢纽型社会组织发展的理性逻辑、风险题域与应对策略——基于共生理论的视角》，《行政论坛》，第1期。

马立、曹锦清（2017）：《社会组织参与社会治理：自治困境与优化路径——来自上海的城市社区治理经验》，《哈尔滨工业大学学报》（社会科学版），第2期。

麦磊（2013）：《同业支持型社会组织发展的动力机制——以N市G区社区养老社

会组织为例》,《中南大学学报》(社会科学版),第 5 期。

潘小娟 (2011):《社会企业初探》,《中国行政管理》,第 7 期。

钱坤 (2019):《从“管理”走向“服务”:枢纽型社会组织的实践困境、功能转型与路径选择》,《兰州学刊》,第 11 期。

石晓天 (2015):《我国枢纽型社会组织的功能特征、建设现状及发展趋势——文献综述的视角》,《理论导刊》,第 5 期。

谭日辉 (2014):《社会组织发展的深层困境及其对策研究》,《湖南师范大学社会科学学报》,第 1 期。

唐文玉、马西恒 (2011):《去政治的自主性:民办社会组织的生存策略——以恩派(NPI) 公益组织发展中心为例》,《浙江社会科学》,第 10 期。

唐文玉 (2016):《社会组织公共性的生长困境及其超越》,《中国非营利评论》,第 1 期。

田毅鹏 (2005):《东亚“新公共性”的构建及其限制——以中日两国为中心》,《吉林大学社会科学学报》,第 6 期。

—— (2012):《地域社会学:何以可能?何以可为?——以战后日本城乡“过密—过疏”问题研究为中心》,《社会学研究》,第 5 期。

王嘉渊 (2020):《支持性社会组织的平台化趋向:发展局限与路径选择》,《学习与探索》,第 6 期。

王名、朱晓红 (2010):《社会企业论纲》,《中国非营利评论》,第 2 期。

文军 (2012):《中国社会组织发展的角色困境及其出路》,《江苏行政学院学报》,第 1 期。

吴津、毛力熊 (2011):《公益组织培育新机制——公益组织孵化器研究》,《兰州学刊》,第 6 期。

徐宇珊 (2010):《社会组织结构创新:支持型机构的成长》,《社团管理研究》,第 8 期。

徐宇珊、向勋宇 (2019):《支持型与实务型非营利组织互动关系的案例研究——以协同治理理论为视角》,《中国非营利评论》,第 1 期。

杨家宁、陈健民 (2010):《西方社会企业兴起的背景及其研究视角》,《中国非营利评论》,第 1 期。

杨柯 (2015):《社会组织间自合作的实践困境及策略选择》,《云南行政学院学报》,第 5 期。

俞可平 (2016):《法治与善治》,《西南政法大学学报》,第 1 期。

余永龙、刘耀东 (2014):《游走在政府与社会组织之间——枢纽型社会组织发展研究》,《探索》,第 2 期。

张丙宣 (2012):《支持型社会组织:社会协同与地方治理》,《浙江社会科学》,第 10 期。

周秀平、刘求实 (2011):《以社管社:创新社会组织管理制度》,《中国非营利评论》,第 1 期。

祝建兵（2015）:《支持型社会组织的生发机制探析》,《理论月刊》, 第4期。

——（2016）:《支持型社会组织在社会治理中的角色定位》,《中共福建省委党校学报》, 第2期。

〔美〕詹姆斯·N. 罗西瑙主编（2001）:《没有政府的治理》, 张胜军、刘小林等译, 南昌: 江西人民出版社。

Brown, L. D. (1991), "Bridging, Organizations and Sustainable Development", *Human Relations*, pp. 44, 8.

Brown, L. D. & Archana, K. (2002), "Support Organizations and the Evolution of the NGO Sector", *Nonprofit and Voluntary Sector Quarterly* 31, p. 2.

Caroline, S. (1987), "NGO Coordinating Bodies in Africa, Asia and Latin America", *World Development*, Autumn 15 (Supplement), pp. 213 – 226.

Kirkman, D. M. (2012), "Social Enterprises: An Multi-Level Framework of the Innovation Adoption Process", *Innovation: Management, Policy & Practice* 14 (1), pp. 143 – 155.

MacIver, R. M. (1917), *Community: A Sociological Study*, London: Macmillan & Co.

Moeller, L. & Valentinov, V. (2012), "The Commercialization of the Nonprofit Sector: A General Systems Theory Perspective", *Systemic Practice & Action Research* 25 (4), pp. 365 – 370.

福武直（1965）:《地域開発の構想と現実》, 東京: 東京大学出版社。

国立教育政策研究所（2016）:《多様なパートナーシップによるイノベーティブな生涯学習環境の基盤形成に関する研究　報告書（Ⅳ）—中間支援組織調査—》。

蓮見音彦（1991）:《地域社会学》, 東京: サイエンス社。

濱嶋朗・竹内郁郎・石川晃弘編（1997）:《社会学小辞典》, 東京: 有斐閣。

堀野亘求（2018）:《中間支援組織の現状と課題—諸機能重視から関係性重視へのシフト—》, 京都産業大学博士論文。

藤田弘夫（2006）:《地域社会と地域社会学》,《地域社会学の視座と方法》, 東京: 東信堂。

藤田弘夫（2011）:《公共性の比較社会学》,《東アジアにおける公共性の変容》, 東京: 慶応義塾大学出版社。

田中重好（2002）:《地域社会における公共性——公共性と共同性の交点を求めて》(1),《地域社会学会年報》, 第14集。

中井検祐（2000）:《都市計画と公共性》,《都市計画の挑戦》, 東京: 学芸出版社。

斎藤純一（2010）:《公共性》, 東京: 岩波書店。

The Publicness Construction of Supportive Social Enterprises and Regional Society: A Case Study on Osaka NPO Center in Japan

Zheng Nan & Liu Shulu

[**Abstract**] Supportive social organizations are gaining more and more attention as an important force for cultivating and supporting the NPOs. However, they have encountered many bottlenecks such as poor autonomy and dependence on administrative resource input in China's social context. This paper puts forward the concept of supportive social enterprise on the basis of combing the concept of domestic supportive social organization, the relationship between supportive social organization and government, and the transformation of NPO into social enterprise. By introducing and analyzing the case of Osaka NPO Center, this paper discusses the characteristics, advantages and innovation significance of supportive social enterprises. In the construction of regional social publicness, the supportive social enterprises that run through the bottom-up development path have shown extreme advantages with their autonomy, non-governmental, professional, marketable, innovative and flexible advantages, great possibility, through connecting resources to build a platform, effectively assisting the professional development of NPOs and social enterprises. Although the social environments of China and Japan are different, the successful experience of supportive social enterprises is also inspiring for the development and innovation of supportive social organizations in China.

[**Keywords**] Supportive Social Organization; Intermediary Organization; Social Enterprise ; Regional Society; Publicness

公共危机中民间志愿服务的演变机理

——以武汉市新冠肺炎疫情为例*

张　瑞**

【摘要】 公共危机容易引发政府失灵与市场失灵，民间志愿服务可以有效填补危机治理真空，用社会资源提供公共服务。以武汉市新冠肺炎疫情为样本进行考察后发现，公共危机中的民间志愿服务一般会经历“生成—扩散—消减—持续”的演变过程。在这个演变过程中，关键群体是生成民间志愿服务的核心主体，互联网是民间志愿服务扩散的主要平台，资源是影响民间志愿服务消减的关键内因，意义体系是民间志愿服务得以持续的重要条件，政府是推动民间志愿服务演变的主导因素。公共危机中的民间志愿服务是创新社会治理体制的重要资源，对于打造共建共治共享的社会治理格局具有重要意义，有必要根据其演变机理探索民间志愿服务的可持续发展机制。

【关键词】 公共危机；社会治理；危机治理；志愿行为；民间志愿服务

---

* 基金项目：国家社会科学基金重大项目“社会主义核心价值观融入基层社会治理研究”（项目编号：17VHJ006）的阶段性成果。

** 张瑞，西南政法大学博士后流动站研究人员、讲师，法学博士，研究方向：法律社会学、社会治理。

一　引言

在 2020 年全球抗击新冠肺炎疫情之战中，中国从国情实际出发，探索出一套行之有效的“中国实践”，取得了举世瞩目的治理成就。回顾波澜壮阔的中国抗疫历程，疫情暴发初期武汉市感染人数最多，危机治理面临的挑战也最大。一位微博名为“蜘蛛猴面包”的武汉青年制作的《武汉日记 2020》系列纪录片，成为人们了解疫情期间武汉社会公众生活境况的窗口之一。片中民间志愿者为抗击疫情，在各个领域不辞辛劳地提供志愿服务的内容引人注目。党的十九大报告提出：“打造共建共治共享的社会治理格局。加强社会治理制度建设，完善党委领导、政府负责、社会协同、公众参与、法治保障的社会治理体制，提高社会治理社会化、法治化、智能化、专业化水平。”通过《武汉日记 2020》，可以发现民间志愿服务是公共危机治理的有机组成部分，是构建共建共治共享的社会治理格局的重要资源。

民间志愿服务在国内公共管理领域属于热点问题，研究者考察了民间志愿组织的组织机制、服务活动等内容（朱健刚，2008：293；聂磊，2010：38～40；孙莉莉，2012：69～73；徐家良、张其伟，2019：110～120）。许多学者发现，民间志愿组织与政府之间存在复杂的互动关系：民间志愿组织从政府获取生存所需的各类资源，政府则借助民间志愿组织进行社会治理、提升国际形象。政府在互动关系中占据主导地位（郁建兴、吴宇，2003：142～148；赵秀梅，2004：5～23；陈天祥、徐于琳，2011：155～168；蔡长昆、沈琪瑶，2020：120～129）。

2008 年汶川地震后，公共危机中的民间志愿服务开始受到重视（马海韵，2011：78～81；朱健刚、赖伟军，2014：187～209；金太军、张健荣，2016：21～28；朱淑琴、吴肖淮，2017：68～69）。

然而，既有研究对公共危机中民间志愿服务演变机理的探讨较少，更加缺乏对政府如何影响公共危机中民间志愿服务演变的考察。本文主要以《武汉日记 2020》中视频拍摄者的参与观察和访谈为二手实证材料，[①] 结合权威媒体的

① 《武汉日记 2020》是拍摄者以个人视角对武汉市新冠肺炎疫情治理进行的记录。从该片呈现的内容以及中央电视台《面对面》栏目对拍摄者关于拍摄动机和过程的采访来看，片中的参与观察和访谈较为规范，符合社会学田野调查的基本要求，具有较高的普遍性与可信度，得到了官方权威媒体的认可。因此，可以作为学术研究的实证材料。

新闻报道，试图厘清民间志愿服务在公共危机中的变化路径以及推动其变化的主要因素，解释这些因素相互耦合叠加而成的机制。其中，尤其关注政府对公共危机中民间志愿服务演变的影响。这不仅对危机管理研究具有理论价值，同时也对引导社会力量积极参与社会治理、推动公共危机中的民间志愿服务可持续发展具有实践意义。

疫情仅是公共危机中的一种，新冠肺炎疫情也不只发生在武汉。本文以武汉市新冠肺炎疫情作为分析样本，主要出于以下几点考虑：第一，新冠肺炎疫情属于重大公共危机，较为集中地体现了公共危机的主要特征；第二，武汉市是国内新冠肺炎疫情中抗疫形势最严峻的地方，民间志愿服务的表现较其他地区更为活跃，演变机理更容易被观察；第三，对武汉市新冠肺炎疫情中民间志愿服务相关活动的官方新闻报道和民间个人记录较为丰富，为研究提供了实证材料；第四，武汉市在新冠肺炎疫情之后不久又遭遇了洪水灾害，以武汉市新冠肺炎疫情为分析样本有助于将来考察前后相续的两次公共危机中民间志愿服务的演变规律。

研究发现，公共危机中的民间志愿服务是民间志愿者和民间志愿组织经由志愿服务建构出的思维和行为方式。在自然演变和人工干预的综合作用下，其发展演变呈现出明显的阶段性。根据观察，民间志愿服务在公共危机的外部刺激下生成，随后将经历扩散、消减和持续三个阶段。政府在很大程度上主导了各阶段的演变过程，并和其他要素相互作用，刺激、推动着公共危机中民间志愿服务不断演进，而这构成了公共危机中民间志愿服务的演变机理。具体见表 1。

表 1　公共危机中民间志愿服务的演变机理

要素	生成	扩散	消减	持续
主要动因	关键群体	互联网	资源	意义体系
政府的影响	1. 外部刺激 2. 正当性来源	1. 社会动员 2. 增强凝聚力	1. 减少需求 2. 制约活动	1. 提供资源 2. 形塑社会价值观

二　公共危机中民间志愿服务的生成

随着现代化发展的深入，人类已经进入了风险社会。在风险社会，风险跨越国界和阶级界限，使人类生命遭受着不可逆转的威胁（贝克，2018：3~23）。无论是地震、洪水这类外部风险，还是核泄漏、全球变暖这类内部风险，当其从一种潜在的威胁转化为实际发生的灾难，并对一个社会系统的基本价值、行为准则、社会秩序等产生严重威胁，在时间压力极大和不确定性极强的情景下，需要由以政府为核心的公共管理系统做出决策来加以解决时，公共危机就爆发了（张国庆，2004：259）。公共危机具有极大的破坏性，不仅发生得非常突然，还会跨越地理边界，对国家治理构成挑战。政府必须在极短的时间内动员、调动及整合资源开展治理。但在危机初期往往出现政府和市场的双重失灵，社会中存在大量治理困境亟待解决。

（一）关键群体：生成阶段的核心主体

关键群体是行动的倡议者和发起者，其率先投入行为对行动的出现具有至关重要的示范作用（Oliver & Marwell，1988：1~8）。公共危机初期，少数较早得知治理困境信息并且拥有该领域所需治理资源的人，会挺身而出成为早期民间志愿者。例如，在新冠肺炎疫情中，武汉市一位为医护人员提供免费餐饭的餐厅经营者在接受访谈时说："献餐的这个事情是从初二就开始了。就是没有什么餐厅营业嘛。（医生）的的确确在饮食方面，一般的情况下是得不到保障的。"① 又如，武汉市一位捐赠药品给新冠肺炎病毒感染者的志愿者在被问及他是怎么得到这些药品时说："因为我本身不是在做艾滋病人的药品集散服务嘛，有一些患者会把他们多余的一些免费药捐给我，然后我再给他们临时借调……因为刚好有这个资源，也认识很多的患者，也刚好有药物的资源，所以我就促成了这件事。"② 在新冠肺炎疫情高峰期，武汉市内几乎没有理发店营业。理发师陈杰得知医护人员有剪发需求后，便到医院免费为医生们剪头发。接受陈杰志愿服务的一位医生说："真的非常感谢，因为我们现在在外面都没有地方剪头发……没什么要求，就尽量短，方便。现在经常会穿防护服，汗水会掉到眼睛里面。"③ 可以看到，由公共危机引发的治理困境往往需要特定的物资供给或职

---

① 蜘蛛猴面包：《封城（Day 7）》，http://t.cn/A6PKQRgE？m=4466800274164155&u=1722782045。

② 蜘蛛猴面包：《武汉日记2020（08）》，http://t.cn/A6P86kCD？m=4468355899595832&u=1722782045。

③ 蜘蛛猴面包：《武汉日记2020（10）》，http://t.cn/A6PsWSOq？m=4470092538270345&u=1722782045。

业技能。这种困境作为外部刺激，诱发了早期民间志愿者主动自觉地参与公域的行为选择。

然而，此时公共危机中的民间志愿服务主要体现为零星志愿者的个体化服务。由于志愿者个体的时间、精力和物质资源有限，此时的民间志愿服务较为弱小，志愿服务可能因志愿者资源的短缺随时中断。民间志愿服务得以存续的一个重要原因，是民间志愿者们聚集在一起后形成了可持续性更强的民间志愿组织。

在形成民间志愿组织的过程中，关键群体发挥着核心作用。这是由于民间志愿组织的生成是一个自组织过程。“自组织是一个系统内部从无序到有序的过程。这一过程形成的新治理模式，有别于建基在交易关系上的市场治理，以及建基在自上而下、来自外部权力关系的层级治理，是一种建立在包括情感性、认同性关系以及共同志业基础上的治理模式。因内部合作需要，人们协商出合作规范，形成自治理机制，从而维持系统长期秩序。”（罗家德等，2013：87）民间志愿组织的形成没有受到外界特别干涉，民间志愿者们基于同情、奉献、感恩等道德动机自发地聚集到关键群体周围。

关键群体促使民间志愿服务自组织的过程通常是：①少数发现危机治理真空的人，动用自己拥有的资源开展民间志愿服务；②危机治理真空被更多的人得知，少数先期行动者的志愿服务行为被其他社会成员知晓，有新成员不断加入，形成自治理团体；③由动员精英构成的关键群体承担初始成本并获得声誉回报；④一个相对封闭的社会团体形成，生成内部行为规范。关键群体统筹团体内部资源，协调外部关系，使集体化的民间志愿服务得以开展和持续。例如，新冠肺炎疫情期间武汉“医生驿站”的发起人肖雅星经营着一个酒店，2020 年大年三十那天，她突然想到为什么不把空着的酒店让给因交通管制而回家不便的医护人员住，于是组建了“武汉医护酒店志愿群”。此后不仅许多当地酒店加入了这项志愿活动，有的企业也主动联系肖雅星，为其免费供应消毒药水，还有不知名的志愿者从泰国向其发来 2000 多个口罩。其间，央视新闻对肖雅星进行了采访报道。[①]

关键群体在公共危机中民间志愿服务生成阶段的不可或缺性，在于其完成

① 央视新闻：《除夕夜的一个群让她忙到现在 90 后女孩组建“医生驿站”助力医护人员》，http://news.163.com/20/0208/16/F4SI5ISL000189FH.html。

了民间志愿服务的早期意义建构。这对于民间志愿服务随后的演变尤为重要。因为社会生活是由意义交织的关系网络，意义建构是一个基于共同生活经验与知识生产的互为主体性的过程，在此基础上社会互动才成为可能，社会行动才得以发生。责任、爱心、关怀等道德情感，通过已经成为象征符号的关键群体传播到社会生活中。这有助于其他社会成员建构从事民间志愿活动的意义，塑造参与民间志愿服务的正当性基础，激活民间志愿者与社会公众的互动关系，为民间志愿服务进入扩散阶段奠定了基础。

（二）政府：外部刺激与正当性来源

在公共危机中民间志愿服务的生成阶段，政府起到了什么样的作用呢？这一阶段政府对民间志愿服务的影响主要体现在两个方面。

一方面，政府在危机初期的治理失灵，是刺激关键群体率先开展志愿服务的直接动因。公共危机超出了政府和社会的常态管理能力，在发生初期通常出现政府失灵，具体表现为三方面。其一，政府的危机治理范围有限。公共危机发生后，政府的治理注意力集中在与克服危机最为相关的领域，目光难以涵盖社会生活的方方面面。其二，政府应对危机的反应速度滞后（史云贵、黄炯竑，2010：70～73）。公共危机出现后，政府的相关决策需要层层上报，并最终经过反复研究形成集体决策。从危机出现到政府采取应对措施的时间较长，其间公共危机的负面效应可能扩大和加深。其三，政府短时间内能够调动的应急资源不足。政府所储备的有限人力和物质资源，在应对重大公共危机时，往往出现供不应求的问题（金华，2019）。根据观察，许多早期民间志愿者都是在发现政府危机治理失灵造成的治理困境后，产生了开展志愿服务的想法的。

另一方面，政府在平常时期建构的社会意义体系，为关键群体早期的民间志愿服务提供了行为正当性来源。行动理论奠基人塔尔科特·帕森斯认为，凡是社会行动必须有社会参考架构，行动者的理想和目标受社会行为规范所制约（帕森斯，2003：49）。社会行为规范引导个体构建行动的意义，进而诱发了行动者的个体行为。关键群体在公共危机发生初期的志愿行动并非凭空产生，很大程度上来自政府在平常时期塑造的包含志愿精神在内的意义体系感召。这种意义体系赋予了志愿服务崇高的意义，使社会成员在危机中的志愿行为符合正当性要求。当公共危机出现时，关键群体才会在既有意义体系的感召下，率先动用自己的资源开展志愿服务。

三　公共危机中民间志愿服务的扩散

志愿服务从实施主体上看，可以分为个体、团队和组织三个层次。其中，个体志愿服务是基础，团队志愿服务是关键，组织志愿服务是重点。“由于团队是一个互动开放的空间，个体关于志愿服务态度与行为是彼此行为重要的社会线索和信号，这种信号或线索会通过复杂的交互过程上升到团队或组织层次，进而个体志愿服务行为会涌现为团队或组织层次的志愿服务行为。”（王雁飞等，2018：55）换言之，在三个层次的志愿服务行为之间存在一种涌现效应。涌现效应是指团队和组织层次的志愿服务发端于早期个体的志愿服务行为，是早期个体志愿服务行为向上逐渐扩散并演变的结果。

（一）互联网：扩散阶段的主要平台

公共危机中的民间志愿服务常常在涌现效应影响下，经历“个体志愿者事迹被传播—其他民间志愿者聚集—集体开展志愿服务”的扩散过程。公共危机中的民间志愿服务从生成演变到扩散，需要存在社会公众知晓、参与志愿服务的渠道。根据观察，互联网已经成为传播相关信息的主要平台。

例如，前文提及的武汉“医生驿站”发起人肖雅星在接受央视采访时介绍：“我们有个二维码在群里面，微信里面大量地去宣传、去传播，有些医护人员一扫码，就可以看到酒店信息。二维码的制作、表格的统计，大量的统计工作都是小伙伴去做的。他们都是志愿者，有些在广州，有些在上海，有些在西安。”① 新冠肺炎疫情期间，自驾车义务运送捐赠物资的志愿者车队中，一位志愿者在被问及他们是怎么联系起来的时说：“我们有自己的群，志愿者群。”② 为控制人员流动引发的新冠病毒传染风险，武汉市政府曾在一段时期内对机动车进行了管制，公交车及网约车停运，出租车单双号限行。武汉市某传媒公司一名职员在接送做护士的妹妹时发现广大医护人员上下班不便，于是萌生了成立接送医护人员志愿车队的想法。通过网络招募，有 69 名志愿

① 央视新闻：《除夕夜的一个群让她忙到现在 90 后女孩组建“医生驿站”助力医护人员》，http://news.163.com/20/0208/16/F4SI5ISL000189FH.html。

② 蜘蛛猴面包：《封城（Day 5）》，http://t.cn/A6P6Gsyh? m = 4466095438310664&u = 1722782045。

者加入了车队。① 可以看到，经由互联网对危机治理需求和早期志愿者志愿服务事迹的传播，其他社会公众基于同情心和同理心的情感共鸣得到激发。随后，一些拥有相关治理资源的社会公众纷纷聚集到早期志愿者周围，渐渐形成一个民间志愿者群体，开始以团体或组织的形式集体对外提供志愿服务。

当众多民间志愿者聚集到一起，以团队和组织形式向社会提供持续的志愿服务时，民间志愿服务就不再是零星社会成员的个体行为，而是通过组织化的集体行动成为公共危机治理稳定而强大的资源。新冠肺炎疫情中，武汉市一个民间志愿组织从 2020 年 2 月 11 日至 3 月 4 日募捐和协调捐赠了安心裤 580305 条、一次性内裤 304179 条、卫生巾 86400 片、护手霜 700 支。共有 161 家医院和医疗队获得了这些捐赠物资。②

根据观察，互联网在公共危机中民间志愿服务扩散阶段的作用，体现在以下几个方面。①传播信息。互联网成为普通人合法地自由交流信息的渠道之一，网络搜索引擎为人们主动获取相关信息进一步提供了便利。公共危机中治理真空区的需求信息和民间志愿服务的供给信息，都可以通过互联网快速传播。②调配资源。互联网为人们跨时空沟通信息提供了便捷的载体。通过微信群、QQ 群等互联网工具，不同地区的人可以实现即时和非即时交流，为民间志愿组织提供最重要的人力资源和物质资源。这些资源经过互联网平台的信息传递，实现了高效流动与分配。③激发情绪。互联网对集体行为的发生，可以起到情绪感染的内部助燃作用（朱力、卢亚楠，2009：84～90）。

互联网不仅是交流信息的平台，更是一种有利于民间志愿服务扩散的动力机制。民间志愿者的服务行动经互联网传播后，容易激发其他人的志愿热情，吸引更多的人加入其中，促使民间志愿服务从个别行为扩散为集体行动。正如有学者所指出的，“实际上，无论作为对象、工具还是语境，互联网对公共危机的影响都是，借由如下机制实现的：通过改变危机情境下的信息传播秩序和话语规则，从而改变了危机利益攸关方的权力关系和危机中的权力运行机制。互联网使普罗大众获得了空前的表达资源和机会，影响到人们如何认识、想象、

① 新闻联播：《志愿者杨雪：守护天使 守护家园》，http://news.cctv.com/2020/02/29/ARTIylVqvGgPDP5Vg9Anbpb1200229.shtml。

② 蜘蛛猴面包：《武汉日记 2020（18）》，http://t.cn/A6zkI00X？m = 4485747862355968&u = 1722782045。

讨论和建构公共危机；作为一个多元化的权力博弈空间，互联网冲击了既往由政治、商业和文化精英主导的权力规则和合法性基础，普罗大众可以实现自我组织和社会关系再生产，并将权力主张转化为实际的社会行动”（胡百精，2016：6）。互联网重构了公共危机中的权力关系和信息传播秩序，它使社会公众获得了较大的话语权。危机治理信息由自政治权威到普通民众这种自上而下的单向传播，转变为普通民众之间快捷的平行传播、政治权威与普通民众之间的双向传播。社会公众在公共危机治理中获得话语权后，将从消息共同体转变为关系共同体，进而实际参与到民间志愿服务之中。

（二）政府：社会动员与增强凝聚力

在扩散阶段，团体或组织形式的民间志愿服务引起政府注意，促使政府调配治理力量投入治理真空之中。同时，政府也意识到民间志愿服务在危机治理中的重要作用，主要采取两种方式作用于民间志愿服务。

第一，政府的宣传报道，为公共危机中民间志愿服务的向外扩散进行了社会动员。公共危机治理中的社会动员，是指由危机治理中的动员者（主体）、动员对象（客体）、动员方式（介体）、动员条件（环体）等各要素组成，通过主体对客体进行有目的的发动、号召、感化、组织和整合而形成相应的危机动员结构，引导动员对象使其有意识地参与并形成自觉行动的危机治理过程（孙晓晖，2018：17）。公共危机发生后，政府对早期民间志愿服务事迹的宣传以国家或社会的名义赋予了民间志愿服务社会价值，突出了民间志愿服务对社会和国家的意义。这些宣传报道通过微信公众号、微博等互联网平台的广泛传播，使早期弱小的民间志愿服务获得了较强的感召力，激发了社会成员参与民间志愿服务的积极性。

第二，政府的肯定和支持，增强了公共危机中民间志愿组织的内部凝聚力。公共危机中的民间志愿组织，是行动优先和任务导向的自组织，具有非强制性和自愿性。它的集体行动以一种较为松散的组织方式联结。由于缺乏自上而下的控制措施，增强组织凝聚力对于在扩散阶段成员不断增多的民间志愿组织十分重要。组织凝聚力从何而来？信任是组织凝聚力的重要来源之一（聂磊，2011：88～89）。组织中的信任分为组织成员之间的内部信任与政府、社会对民间志愿组织的外部信任两种。政府对志愿组织、关键人物的正面报道，对志愿精神的表彰和颂扬，为志愿组织提供物资或服务上的帮助，都有利于强化公共危机中民间志愿组织对外部信任的感知。来自政府的上述肯定和支持，是一种增进组织成员内部信任的机制。它让民间志愿组织的成员感受到自己的志愿行为是有意义和价值的，增强了他们对参与志愿服务、共同度过危机的共识。基于共识的内部信任越强，自组织管理和运行的难度越低。从这个意义上讲，政府在扩散阶段对民间志愿组织的肯定和支持，是公共危机中民间志愿服务扩散的重要条件。

四　公共危机中民间志愿服务的消减

公共危机中的民间志愿服务历经生成和扩散后，会逐步进入消减阶段。在消减阶段，参与服务的民间志愿者越来越少，民间志愿服务减少甚至终止，影响力逐渐减弱。

（一）资源：消减阶段的关键内因

资源在组织发展过程中起着重要作用。一方面，组织因对资源的聚集和利用而产生（Scott，1992：45）；另一方面，大量组织由于在特定环境下不能获得生存所必需的资源而走向死亡。民间志愿组织提供的志愿服务具有自愿性和无偿性，行动所需资源主要由民间志愿者义务提供，由民间志愿组织管理使用。从武汉市新冠肺炎疫情期间民间志愿服务消减阶段的行为表现可以看出，民间志愿者资源供给的有限性，是导致民间志愿服务消减的关键内生因素。根据观察，公共危机中民间志愿服务的消减主要出于以下两种原因。

一是民间志愿者的人身安全缺乏保障，在提供志愿服务过程中生命健康受到较为严重的威胁。例如，新冠肺炎疫情期间，武汉市民自发组织义务驾车接送医护人员的活动开展一段时间后，有人在志愿服务过程中感染新冠病毒，接送医护人员的活动就停止了。① 由于民间志愿者缺乏完善的人身安全保障，他们对自己的人身安全往往比较在意。新冠肺炎疫情期间，一位向医院运送物资的志愿者说："他们（医生）出个什么事还有工伤（保险），我们这出了什么事，全是自己的。"② 如果志愿服务给自己的生命健康带来了巨大风险，一些民

---

① 蜘蛛猴面包：《封城（Day 3）》，http://t.cn/A6P51YvI? m = 4464891400236322&u = 1722782045。

② 蜘蛛猴面包：《武汉日记 2020（09）》，http://t.cn/A6PuYw7r? m = 44689617414875 16&u = 1722782045。

间志愿者会因此减少或者放弃志愿服务。

二是民间志愿者自身的时间、物质资源耗尽，没有能力长期提供义务服务。例如，新冠肺炎疫情暴发初期武汉市公共交通停运，一些医护人员回家不便，有的酒店开始免费为医护人员提供住宿。一位提供免费住宿的酒店经营者说："一开始大家都是本着无私奉献的精神做这件事，但是时间久了，资金、物资，都不知道能撑多久。如果能协助消毒，补贴水电，解除这些后顾之忧，我相信群里的酒店主仍然愿意提供房间。"① 不难看出，志愿服务的无偿性对民间志愿者的经济能力提出了较大考验。民间志愿者没有政府背景，基本上不可能获得来自政府的经济补助，这导致了公共危机中民间志愿服务的可持续性较弱。

民间志愿服务需要的资源主要包括人力资源、财力资源和物力资源。在以上民间志愿服务消减的两种原因中，前者是民间志愿服务缺乏人力资源保障，后者是民间志愿服务缺乏财力和物力资源保障。公共危机中，民间志愿服务常常面临资源短缺的问题。资源短缺带来了两方面的负面影响：一是志愿服务难以为继，民间志愿服务逐渐减弱；二是部分民间志愿组织开始市场化运作，行动偏离公益性目标（王薇等，2020：130～137）。

即便资源充足，也需要民间志愿组织对资源进行系统、有效的组织管理。临时建立的民间志愿组织通常缺乏规范的资源管理机制。内部管理的混乱，容易使志愿服务活动从"帮忙"变为"添堵"，从而诱发民间志愿服务的内部意义体系危机与外部合法性危机，造成资源流失。

（二）政府：减少需求与制约活动

政府如何影响公共危机中民间志愿服务的消减？

第一，政府的危机治理取得良好成效，民间志愿服务发挥作用的空间随之缩小。例如，新冠肺炎疫情期间武汉市公共餐饮一度停业，医护人员餐饮多样化的需求得不到满足，一些餐厅开始为医护人员提供免费送餐服务。一名餐厅经营者在被问及这项服务会持续到什么时候时说："应该持续到不需要我们了吧。"② 当政府部门注意到了危机治理真空区，采取有效措施提供了公共服务，

---

① 张晓庆：《武汉热血志愿者：义无反顾的支援路上，我们急需认可和帮助》，https://new.qq.com/omn/20200130/20200130A0KHQX00.html。

② 蜘蛛猴面包：《封城（Day 7）》，http://t.cn/A6PKQRgE? m = 4466800274164155&u = 1722782045。

市场机制也开始恢复正常时，社会对志愿服务的需求会相应减少。

第二，民间志愿服务缺乏来自政府的直接支持，民间志愿者的志愿活动受到制约。有研究指出，民间组织在与政府的互动过程中常常要学会自我克制，因为政府的容忍或支持是民间组织生存和发展的关键（赵秀梅，2004：5~23）。这是因为：一方面，政府限制着民间志愿组织开展志愿服务的范围和深度；另一方面，在公共危机中自发生成的民间志愿组织，一般不具备“双重管理体制”的合法性要件（蓝杭，2012：32~34），政府有权禁止没有经过合法注册登记的民间志愿组织开展活动。新冠肺炎疫情期间，连接武汉市的高速公路均实施了交通管制，只有经过政府有关部门批准的特殊车辆才可以通行。一批由民间志愿者自发运输的抗疫物资因缺乏通行手续，被卡在了仙桃到武汉的高速公路上。① 这表明，如果离开了政府的帮助和支持，民间志愿组织难以有效提供服务，志愿活动的强度可能因此减弱。

五　公共危机中民间志愿服务的持续

虽然公共危机中的民间志愿服务会进入消减阶段，但这并不意味着它将彻底消失。因为经过民间志愿服务组织的志愿服务实践，以“奉献、友爱、互助、进步”为内容的志愿精神已经传播到志愿者、受助者以及其他社会公众心中。同时，民间志愿力量建立的部分网络交流平台也不随着危机的结束而解散，仍然能够起到传递信息和动员志愿者的作用。公共危机结束后，在那些存在治理真空的地方，志愿精神还将促使人们在平常时期热心公益，在危机时刻继续向社会提供志愿服务。

（一）意义体系：持续阶段的重要条件

武汉市的新冠肺炎疫情已经基本平息时，一位民间志愿者在访谈中说：“疫情差不多快结束了。我们发现很多独居老人经历了这么长时间之后，不管是经济上还是心理上都会有很大的负担。所以往后我们会一直去给这些独居老人送温暖。”②为什么危机结束后，民间志愿者还愿意继续提供志愿服务？这是因为

① 蜘蛛猴面包：《我们·武汉日记》，http://t.cn/A6P6WF6Z？m = 4466131119284325&u = 1951123110。

② 蜘蛛猴面包：《武汉日记 2020（18）》，http://t.cn/A6zkI00X？m = 44857478623559 68&u = 1722782045。

意义体系将民间志愿者的不同动机与志愿服务的共同目标连接起来，促成了民间志愿服务持续开展。

人是一种追寻意义的动物，当行动者有意识地从事某个行动时，他需要为这个行动赋予某种意义。“意义不明晰或意义缺失时，集体行动就会失去动力和凝聚力，自组织也会随之面临解体的可能。因此，只有在持续不断的集体行动中持续不断地建构行动的意义，才能加固组织的集体认同，从而不断推进组织化的集体志愿行动的产生。”（聂磊，2010：39）意义并非凭空产生，它一方面来源于行动者的自我赋予，另一方面则在与其他社会主体的互动过程中建构和强化。

就行动者对行为自我赋予意义而言，意义建立在行动者的个人动机之上。在新冠肺炎疫情中参与志愿服务的武汉市民间志愿者有着不同的动机。在被问及为什么要来从事民间志愿服务时，自驾车运送物资的一名外国志愿者说：“我乐意这么做，因为我住在这里。”①这是以归属感为核心的动机。义务运送救援物资到医院的一位志愿者说：“很多时候大家都会问，你为什么会去做？还有一句话可以简单地告诉你：总得有人去做吧。你不做，我不做，那怎么办？”②在被问到为什么要给医护人员免费送餐时，餐厅经营者说：“没有为什么啊，这不是应该做的吗？”③这是以责任感为核心的动机。义务运输物资的志愿者钟丽说：“希望武汉早一点恢复正常的状态。我们也能正常工作，小孩也能正常上学。所以能尽一点力，我们就尽量地帮着一点。”④ 这是以自利、利他为核心的动机。

从上述新冠肺炎疫情期间民间志愿者各不相同的动机中，我们可以提炼出以下意义：就指向民间志愿者自身的内在意义而言，有“当地人”归属感和认同感的满足、自我价值的实现；就指向服务对象和社会的外部意义来说，有对市民社会的追求、对正常生活秩序的向往等。

集体行动是行动者借以生产意义、相互沟通、协商和制定决策的过程

① 蜘蛛猴面包：《封城（Day 5）》，http://t.cn/A6P6Gsyh? m = 44660954383106 64&u = 1722782045。

② 蜘蛛猴面包：《武汉日记 2020（09）》，http://t.cn/A6PuYw7r? m = 44689617414875 16&u = 1722782045。

③ 蜘蛛猴面包：《封城（Day 7）》，http://t.cn/A6PKQRgE? m = 44668002741641 55&u = 1722782045。

④ 蜘蛛猴面包：《武汉日记 2020（09）》，http://t.cn/A6PuYw7r? m = 44689617414875 16&u = 1722782045。

(Melucci，1996：33)。基于不同动机建构的意义体系，将民间志愿者的集体行动导向了一个相同目标：齐心协力，共克危机。新冠肺炎疫情期间，武汉市一位来自民间车队的志愿者说："我们是民间自发组织的一个车队，都是每个人自愿加入的。大家目标一致，所以我们就集中在一块。我们什么活都干。我们平常也是各行各业的，基本是不会做这些粗活的人。但是疫情面前，不管你是谁，该干活就干活。整个疫情之后，最大的收获就是大家这帮兄弟，我们的战友，毕竟一起经历过生死的。"在旁边的另一位车队志愿者说："我们的目的就是最快地把物资送到医院，解燃眉之急。这就是我们的初衷，我们想尽快地治好这座城市。"①可以看到，民间志愿服务的内部意义和外部意义的最终行动目标都是让武汉市尽快度过新冠肺炎疫情危机。在这一目标没有实现前，民间志愿组织中的意义体系将民间志愿者结合成一个意义共同体，民间志愿者在提供志愿服务的过程中获得价值满足和情感满足，从而以相互合作的方式持续提供志愿服务。

公共危机被成功治理后，民间志愿者在危机期间生成的意义体系在政治、文化和伦理力量的支持下，维持着民间志愿服务的存续。首先，志愿服务长期以来是中国政治权威所倡导和鼓励的行为。以"雷锋精神"为代表的志愿精神，通过中小学教科书、歌曲、电影等形式深入人心。这为民间志愿服务在危机结束后的存续提供了较强的政治合法性。其次，中国传统文化为志愿精神的存续提供了土壤。儒家思想中的"仁"与"友爱"相近，荀子的"义利"观与"奉献、进步"精神同理，佛教、道教文化中的"慈悲""慈爱"与"自愿、互助、无偿"合拍同调（尹强，2015：88~92）。志愿精神与中国传统文化的精髓若合一契，使民间志愿服务获得了存续的精神动力。最后，从伦理道德上看，作为社会基本道德规范的"互助"是志愿精神的内核之一，从事志愿服务符合志愿者内心以及社会公众对什么是"善"的价值判断。因此，民间志愿服务虽然会随着公共危机的结束而消减，但还将持续存在和发挥作用。

（二）政府：提供资源与形塑社会价值观

在持续阶段，政府分别从客观和主观两方面影响着公共危机中的民间志愿服务。

---

① 蜘蛛猴面包：《武汉日记 2020（18）》，http://t.cn/A6zkI00X？m = 44857478623559 68&u = 1722782045。

首先，政府与部分民间志愿组织合作，民间志愿组织由此获得了持续开展服务的资源。政府与民间志愿组织之间存在一种微妙的相互需要的关系。对于政府而言，一是通过民间志愿组织可以实现对基层社会的控制，二是民间志愿组织能够有效填补政府的社会治理真空，三是民间志愿组织的志愿服务成果可以作为政府社会治理的工作成绩。对于民间志愿组织来说，政府掌握着其长期存续的核心资源，如合法身份、奖励认可、宣传平台、资金物资等（陈天祥、徐于琳，2011：159～162）。在这种互需关系影响下，部分民间志愿组织在公共危机结束后会与政府合作，挂靠某一官办志愿组织取得合法地位的同时，保持自身较大的独立性与自治性，以此获得国家与社会的双重资源，在危机结束后继续开展志愿服务。

其次，政府鼓励与支持公共危机中的民间志愿服务，形塑了社会的核心价值观。吉登斯的社会结构二重性理论认为，以社会行动的生产和再生产为根基的规则和资源同时也是系统再生产的媒介（吉登斯，2016：81～82）。公共危机末期，政府通过宣传志愿服务、表彰关键群体、引导社会舆论，将公共危机中民间志愿服务建构出的意义体系提炼、吸收为社会的核心价值观的组成部分。在生成阶段激发出的民间志愿服务的社会核心价值观，因持续阶段政府的宣传和提炼，内涵更为丰富，合法性更为强大，成为下一次公共危机中民间志愿服务再生产的新结构。

六　结语与讨论

本文集中分析了新冠肺炎疫情中武汉市的民间志愿服务，拓展来看，研究结论也适用于其他公共危机中民间志愿服务的行为表现。例如，汶川地震、温州动车事故中民间志愿服务的发展也较为明显地经历了生成、扩散、消减和持续四个阶段，政府、关键群体、互联网、意义体系、资源在推动民间志愿服务演变的过程中，都起到了至关重要的作用。公共危机中的民间志愿服务，已经得到了学者和政策制定者的广泛关注。本文总结了其发展演变的轨迹，对推动公共危机中民间志愿服务向不同阶段演变的关键动因进行了分析，从一个较为系统和全面的角度来认识公共危机中民间志愿服务的运行机理。

同时，本文也存在两大遗憾。其一，主要依靠二手材料分析，限制了论证的深度和信度。本文写作时新冠肺炎疫情尚未完全结束，身在外地的笔者难以深入武汉市对民间志愿者直接进行参与观察和深度访谈。因此，主要依据《武汉日记 2020》纪录片中的观察和访谈材料来进行分析论证。其二，本文分析的是单次公共危机中民间志愿服务的演变机理，对于前后相继的两次公共危机中民间志愿服务的演变机制未予考察。在 2020 年国内新冠肺炎疫情已经基本得到控制后不久，包括武汉市在内的南方地区又暴发了水灾。在南方水灾中，民间志愿服务力度相较新冠肺炎疫情期间有所减弱，民间筹集善款困难。本文提出的公共危机中民间志愿服务的演变机理，不能解释下一轮公共危机中民间志愿服务的某些新表现。

因客观条件限制无法开展直接田野调查，转而凭借二手材料进行社会研究并非绝对不可行。美国人类学家本尼迪克特在写作《菊与刀》时，由于美日两国正在交战，作者无法直接到日本进行实地调查。关于日本的游记、文学作品和电影，都成为她开展研究的主要材料。此外，2000 年以后，影视人类学的关注点开始从过去的异文化转向现代人的日常生活，一些重要的人类学纪录片奖项都颁给了现实题材的纪录片（武小林，2020：93）。这表明，人类学纪录片也是一种重要的学术研究材料。《武汉日记 2020》中拍摄者的参与观察与访谈较为规范，内容可以与权威媒体的新闻报道相互印证，可信度较高。本文将其作为主要论据，可视为尝试利用纪录片进行研究的探索。不可否认的是，一手资料的欠缺造成本文未能更为充分地揭示关键群体的聚合机制、意义体系的建构机制等问题。

对于上述遗憾，笔者将在以后的研究中通过到武汉市实地调研的方式，一方面验证和修正本文提出的研究结论，另一方面考察当地民间志愿服务在新冠肺炎疫情和南方水灾中的变化，探讨连续发生的两次公共危机中民间志愿服务发展演变的内在机理。

观察发现，在公共危机治理中，民间志愿服务有着难以替代的功能。第一，可以填补政府危机治理盲区。政府的危机治理范围和治理深度有限，在政府无暇顾及的“社会角落”难免出现治理真空。民间志愿服务能够吸引相关领域的专业人士在“社会角落”提供免费服务，有利于维持社会秩序，配合政府提升治理成效（陈柏峰，2019：19～55）。第二，能够向政府预警治理漏洞。民间志愿服务在填补治理盲区的同时，能以自发的集体行动引起政府注意，提醒政府及时填补危机治理漏洞。第三，有利于减少政府危机。“一个现代社会，是一个高度自治的社会，社会需要政府，但绝不会再在一切事情上依赖政府。社会假如没有各种自组织的社群，没有丰富的社群生活，而是让人们在所有事情上都直接面对政府、依赖政府，在各种突发事件爆发的时候，都会造成不必要的政府危机。”（许纪霖，2006：129）民间志愿服务能够让社会公众主动参与到克服危机的公共生活中，在一定范围内实现自治，有利于减轻政府的危机治理压力。第四，有助于增强社会公众信心。民间志愿服务可以让社会公众感受到除了政府在应对灾害，普通民众也已经积极参与到危机治理中。这种万众一心、众志成城的社会氛围，有利于减轻恐慌情绪，帮助社会公众建立战胜危机的信心。

然而，公共危机治理毕竟是一种公共安全服务，政府作为公共权力的行使者和公共事务的管理者，主导着民间志愿服务各个阶段的演变。因此，政府有必要根据其演变的关键动因，采取措施推动民间志愿服务的可持续发展。

第一，树立关键群体为榜样。推动公共危机中民间志愿服务的可持续发展，重点是要引导社会公众将由民间志愿服务体现出的志愿精神“内化于心，外化于行”。这是一个道德内化的过程，需要有感性化的载体作为中介，向社会公众有效传递意义体系。榜样是一个鲜明的价值符号，承载着特定的价值诉求，树立榜样是以榜样为中介向社会传递特定意义。那些最早开展志愿服务并在民间志愿组织中发挥核心领导作用的关键群体，适宜作为弘扬志愿精神的榜样。因为关键群体打动人心之处，在于平凡中的真实，普通中的崇高。他们开展的志愿服务对其他社会成员而言大多可学可做，将他们树立为榜样容易激发其他社会成员的道德共鸣。

第二，发挥互联网传播志愿精神的功能。随着网络技术的不断进步，互联网可以实现民间志愿服务精准化、资源配置合理化、志愿服务便利化和志愿服务管理智能化（党秀云，2019：118～123）。更为重要的是，互联网在传播志愿精神方面有着难以替代的作用。志愿精神是民间志愿服务的核心，也是推动民间志愿服务力量可持续发展的内在动力。长期以来，我国志愿组织多为自上而下型组织，行政化色彩较浓。这类志愿组织开展的志愿活动对促进社会公众接受和认同志愿精神的作用有限。在互联网时代我们需要认识到，志愿精神属于宏大叙事，而互联网所进行的是一种碎片化传播。通过互联网平台传播民间志愿精神的优势在于：民间志愿者本身就是与广大网民一样的普通社会民众，他们通过志愿行动将志愿精神融入日常生活中，将属于宏大叙事的志愿精神与碎片化的日常生活融合，这种平行的传播方式，更能够唤起社会公众的道德感，促使人们接受和践行志愿精神。

第三，将社会主义核心价值观教育与民间志愿服务有机结合。民间志愿服务的发展和壮大离不开志愿者之间共同的意义认同。意义的赋予过程是志愿者在自己价值观的影响下，结合机会空间和拥有资源的状况所进行的意义创造（朱健刚，2008）。在这个过程中，价值观为行动者提供了判断自己的行为是否正当的标准。社会主义核心价值观与中华优秀传统文化、人类文明优秀成果相承接，体现着全体人民共同的价值追求。将社会主义核心价值观教育融入民间志愿服务之中，可以充分发挥社会主义核心价值观的价值引领功能，形塑人们从事志愿服务的意义体系。有助于将志愿精神从一种基于“守望相助”基本道德规范的文化自在，转化为大多数社会成员有意识追求的文化自觉。

第四，加大对民间志愿服务的支持力度。政府对民间志愿活动的支持，包括制度供给、提供资源、沟通协调和进行奖励。首先，党的十九大报告指出要“推进志愿服务制度化”，这主要依靠政府加快民间志愿服务领域的立法、完善配套法规和措施，并提高具体法规条例的可操作性。其次，对于普通民间志愿者来说，他们的经济承受能力并不高，这限制了民间志愿服务的可持续性。政府应加大对民间志愿服务的物质资源支持力度，尽量减轻民间志愿者的经济负担。再次，民间志愿者没有官方背景，在从事志愿服务的过程中可能在诸多环节受阻。政府应发挥好沟通协调作用，为民间志愿者协助自己进行危机治理提供帮助。最后，志愿文化的可持续发展离不开政府的有效激励。在民间志愿服务发达的国家，政府都十分重视和支持志愿服务。通过向志愿组织提供经济支持和税收减免，给志愿者在升学、就业中加分等措施，鼓励民众投身志愿活动。我国政府也需出台更多的奖励措施，激发社会公众参与民间志愿服务的热情与活力。

参考文献

〔英〕安东尼·吉登斯（2016）：《社会的构成：结构化理论纲要》，李康、李猛译，北京：中国人民大学出版社。

陈天祥、徐于琳（2011）：《游走于国家与社会之间：草根志愿组织的行动策略——以广州启智队为例》，《中山大学学报》（社会科学版），第1期。

陈柏峰（2019）：《法治社会建设的主要力量及其整合》，《法律和政治科学》，第1辑。

蔡长昆、沈琪瑶（2020）：《从"行政吸纳社会"到"行政吸纳服务"：中国国家－社会组织关系的变迁——以D市S镇志愿者协会为例》，《华中科技大学学报》（社会科学版），第1期。

党秀云（2019）：《论志愿服务可持续发展的价值与基础》，《中国行政管理》，第11期。

胡百精（2016）：《互联网、公共危机与社会认同》，《山东社会科学》，第4期。

金华（2019）：《我国公共危机治理的挑战与回应——社会组织参与的视角》，《甘肃社会科学》，第4期。

金太军、张健荣（2016）：《重大公共危机治理中的NGO参与及其演进研究》，《华中师范大学学报》（人文社会科学版），第1期。

蓝杭（2012）：《公共危机管理中非营利组织与政府的关系》，《社会科学家》，第5期。

罗家德等（2013）：《自组织运作过程中的能人现象》，《中国社会科学》，第10期。

马海韵（2011）：《非政府组织参与公共危机治理的理论基础和现实优势》，《行政论坛》，第6期。

聂磊（2010）：《自组织集体行动的个人动机、意义建构与整合机制——以草根志愿组织为例》，《兰州学刊》，第7期。

——（2011）：《透析危机管理中的自组织现象》，《社会科学》，第6期。

史云贵、黄炯竑（2010）：《公共危机治理中的志愿服务机制研究——基于汶川大地震的实证分析》，《河南师范大学学报》（哲学社会科学版），第1期。

孙莉莉（2012）：《草根志愿组织资源汲取模式变迁的微观机制》，《宁夏社会科学》，第5期。

孙晓晖（2018）：《风险社会视域下的应急处置与动员研究（1978—2011）》，广州：广东人民出版社。

〔美〕塔尔科特·帕森斯（2003）：《社会行动的结构》，张明德等译，南京：译林出版社。

王薇等（2020）：《应急志愿组织可持续发展研究》，《科学社会主义》，第2期。

王雁飞等（2018）：《组织情境中的志愿服务：基于多层次视角的研究述评》，《中国人力资源开发》，第3期。

〔德〕乌尔里希·贝克（2018）：《风险社会：新的现代性之路》，张文杰、何博闻译，南京：译林出版社。

武小林（2020）：《真实与建构：人类学纪录片的困惑》，《民族学刊》，第2期。

徐家良、张其伟（2019）：《地方治理结构下民间志愿组织自主性生成机制——基于D县C义工协会的个案分析》，《管理世界》，第8期。

许纪霖（2006）：《回归公共空间》，南京：江苏人民出版社。

郁建兴、吴宇（2003）：《中国民间组织的兴起与国家—社会关系理论的转型》，《人文杂志》，第4期。

尹强（2015）：《论当下中国志愿文化的兴起与发展——兼论中国优秀传统文化与西方进步文化的融通与结合》，《学术探索》，第1期。

张国庆主编（2004）：《公共政策分析》，上海：复旦大学出版社。

赵秀梅（2004）：《中国NGO对政府的策略：一个初步考察》，《开放时代》，第6期。

朱健刚（2008）：《行动的力量——民间志愿组织实践逻辑研究》，北京：商务印书馆。

朱健刚、赖伟军（2014）：《"不完全合作"：NGO联合行动策略——以"5·12"汶川地震NGO联合救灾为例》，《社会》，第4期。

朱力、卢亚楠（2009）：《现代集体行为中的新结构要素——网络助燃理论探讨》，《江苏社会科学》，第6期。

朱淑琴、吴肖淮（2017）：《公共危机治理，社会组织大有可为》，《人民论坛》，第15期。

Melucci, A. (1996), *Challenging Codes: Collective Action in the Information Age*, New York: Cambridge University Press.

Oliver, P. E. & Marwell, G. (1988), "The Paradox of Group Size in Collective Action: A Theory of the Critical Mass. II", *American Sociological Review* 53 (1), pp. 1-8.

Scott, W. R. (1992), *Organizations: Rational, Natural and Open System*, New Jersey: Prentice Hall, Inc.

The Evolution Mechanism of Non – governmental Voluntary Services in Public Crisis: Take the COVID – 19 Epidemic in Wuhan as An Example

Zhang Rui

[**Abstract**] Public crisis can easily lead to government failure and market failure. Private voluntary service can effectively fill the crisis governance vacuum and provide public services with social resources. Taking the COVID – 19 epidemic in Wuhan as an example, we find that the private voluntary service in public crisis generally goes through the evolution path of "generation diffusion reduction sustainability" . In this evolution path, the key groups are the core subjects to generate the folk voluntary service, the Internet is the main platform for the spread of the folk voluntary service, the resources are the key internal factors affecting the decline of the folk voluntary service, the meaning system is an important condition for the continuity of the folk voluntary service, and the government is the leading factor to promote the evolution of the folk voluntary service. The non-governmental voluntary service in public crisis is an important resource to innovate the social governance system. It is of great significance to build a social governance pattern of CO governance and sharing. It is necessary to explore the sustainable development mechanism of folk voluntary service according to its evolution mechanism.

[**Keywords**] Public Crisis; Social Governance; Crisis Management; Voluntary Behavior; Voluntary Service

公共危机治理：不确定性，慈善组织参与及协同治理*

李　勇　何定勇**

【摘要】 创新社会和风险社会是刻画现代不确定社会的两个重要维度，二者具有泛在的、结构性存在的特征。不确定性、复杂性及其相互作用是产生创新社会和风险社会的机理。创新管理和风险管理分别是人们追求美好生活和安全生活的主要逻辑。社会治理体系需要更加系统性、整体性、协同性。慈善组织作为部分公共权力的执行者和社会权力的享有者，其参与关涉治理的韧性、创新力和延展性。需要建立公共危机“一核多元多层次”协同治理机制。

【关键词】 不确定社会；慈善组织；公共危机；协同治理

创新社会和风险社会成为刻画现代社会高度不确定性的两个重要维度。现代社会发展既是一部创新史，也是一部风险应对史，二者共同构成了社会发展的重要动力与特征。这种不确定性不仅在客观世界中存在，也不仅是基于主观认知的感受，而且普遍存在于社会发展实践中。

---

* 本文得到国家社会科学基金重大项目“中国特色社会体制改革与社会治理创新研究”（基金号：16ZDA077）的资助。

** 李勇，清华大学公益慈善研究院院长助理、公益社创实验室主任，研究方向：社会治理、社会创新；何定勇（通讯作者），清华大学公益慈善研究院院长助理、世界公益慈善论坛协调人，研究方向：社会组织国际化、社会工作。

2019 年新冠肺炎疫情的突然暴发，再一次以出其不意的方式，让人们对不确定社会有了更为深刻的感知，也凸显了基于确定性的社会治理理论、制度、技术和方法无法在根本上应对不确定社会所提出的巨大挑战。人类社会需要系统地重构社会治理体系的价值理念、基本框架、制度原则等，形成“不确定性社会治理”，提供更加系统、整体、协同的综合政治解决方案。从我国新冠肺炎疫情应对来看，“党委领导、政府负责”彰显了元治理在治理体系中的根本性作用，关涉社会治理结构及其强度，是社会治理体系抗压力和承载力的中流砥柱；包括慈善组织在内的社会力量的协同、参与，关涉社会治理的活力和韧性，体现社会治理的创新力和延展性。同时，不确定社会中慈善组织参与疫情危机治理的制度身份不明确，与政府协同网络缺乏、机制不健全，协同效应不足，功能未能得到充分发挥等诸多问题也被凸显。

一　不确定社会及其治理挑战

（一）步入不确定社会

伴随着近代自然科学技术的进步和产业革命的发展，对确定性的追求成为自然科学的主流，并深刻影响着社会科学。人被看作精确的机器，社会被看作机械的物理系统，试图用统一、简单、标准的数学公式和逻辑分析精确地认知社会。事实上，人类社会既存在发展的多重客观不确定性，也存在基于人类认识限度不能形成确定、唯一意见的主观不确定性，是主客观相结合的实践不确定系统。在现代社会，这种不确定性主要表现为创新社会和风险社会两个维度，并伴随着现代化进程成为社会系统的有机构成部分。

“创新是创意生发并通过实验实践和扩散的过程。创新本质上是为利益相关者创造出或增加新价值的过程。”（李勇、蓝煜昕，2019：39）自约瑟夫·熊彼特 1912 年从经济发展角度提出技术创新后，创新在技术、管理、组织、制度、社会等领域的作用日益得到重视。创新的工具理性和价值理性逐步结合，社会创新成为创新及管理的重要领域，并自 20 世纪 90 年代以来形成全球性现象。时至今日，创新已经遍及政治、经济、社会、文化等各个领域，形成所谓“大爆炸式创新”，成为社会结构的组成部分，推动人类社会发展的重要力量，是人类追求美好生活的主要逻辑。关于创新的著名案例，如明尼苏达式猜想，达尔文的自然选择理论产生过程，奥托·洛伊的双蛙心灌流实验，门捷列夫、埃克尔斯、凯库勒等著名梦境，无一不说明了创新本身的不确定性。尤其是在高速发展的现代社会中，存在市场竞争或公共危机巨大的危害可能性，人们往往来不及等待创新的技术、产品或服务、商业模式、治理机制等成熟，而是将经济、社会甚至是政治系统作为创新的“试验场”，这种创新的不完备性往往产生不确定性的后果。

伴随着经济发展和科技进步所产生的社会问题和环境问题增多，社会结构的日益复杂化和网络化，社会价值和利益诉求的多元化，以及全球化、流动性、网络化的人类生存方式的转变，不确定社会的另一面——风险社会也显露出来。风险是即将到来的危险和灾难及其带来的损失的可能性。自然灾害、事故灾难、公共卫生和社会安全等各种各样风险的存在、集聚及其巨大危害的不确定性，使“风险社会”这一概念成为用来刻画社会形态主题和特征的关键术语，风险作为一种客观实在和主观认知，成为现代社会的重要组成部分，具有结构化、制度化特征并带来极大的不确定性（范如国，2017）。风险管理成为人类追求安全生活的主要逻辑。

创新社会与风险社会均为现代性社会的范畴，二者共同存在于人类社会结构当中，成为现代社会发展的主要动力机制，单一强调任何一面均不能有效勾勒现代社会的主要特征。工业革命以来，不确定性从主要来自自然环境转变为主要来自人类社会实践活动所带来的创新和风险，并随着人类社会内部复杂性的增强而不断显化。由此，这种不确定性主要表现为人类实践活动及其结果的不确定性，而这又进一步增强了人类社会的复杂性，进而形成更多的不确定性。应对和利用不确定性成为人类社会实践的主要方式。

（二）不确定社会的形成机理与特征

20 世纪初量子力学、生物学等科学的发展使得人们对不确定性有了更深的理解。之后，以系统科学、混沌学、协同学、耗散结构理论等为核心的复杂性科学的发展及其所内含的哲学意蕴，为进一步研究人类社会的不确定性、不可逆性，系统内的非线性相互作用提供了指导。不确定性产生突变或涌现导致自然界与人类社会的复杂性，而复杂性又产生出更多、更大的不确定性，二者形成一个互相增强的循环。尤其是人类社会的主观性、适应性特征，将主客观的不确定性相结合，产生人类社会的实践不确定性。城市化、全球化等现代化进程，进一步凸显了实践不确定性带来的双重效果：跨进创新社会，同步迈入风险社会。

关于不确定社会的形成机理，可以从不确定性的类别入手进行分析。首先，人类社会是客观世界的一部分，其自身发展具有多种可能性，此为客观不确定性，改变人类历史发展方向的诸多看似偶然的事件，包括新冠肺炎疫情，即为例证；其次，基于人类理性的有限性，人类对人类社会的认识既无法达成唯一的共识，也无法进行精准描述，此为主观不确定性，意识形态领域的分歧即为例证；再次，基于人类社会的实践性形成主客观相结合的实践不确定性，当前各个国家的政治经济社会制度的差异性即为例证。从客观世界发展的历史来看，不确定性产生了复杂性；从现代社会的特征来看，高度复杂的现代社会产生了巨大的不确定性，这进一步增强了人类社会的复杂性。由此，不确定性、复杂性及其相互作用是不确定社会的形成机理。人类社会的发展就是在不确定性中寻求相对确定性的过程。

无论是创新社会还是风险社会，均为对不确定性社会主要特征的描述。二者自身均具有不确定性，并基于在社会中的共存，形成互相生成、互相增强、一定条件下互相转化等复杂关系。不确定社会的特征包括四方面。第一，客观的泛在性。创新与风险广泛存在于现代社会当中，均为世界性现象。从创新来看，人类社会的各个领域尤其是生命科学、计算机科学等的进步无不体现着创新的巨大威力。从风险来看，以公共卫生领域为例，我国人大常委会在2018年《传染病防治法》实施情况执法检查报告中指出，“人感染高致病性禽流感等新发传染病和埃博拉出血热等输入性传染病的隐患时刻存在，几乎每1至2年就有新的疫情出现，且难以早期发现和处置，病死率较高，严重威胁着经济社会发展和人民群众生命安全”（王晨，2018）。第二，影响的跨界性。创新与风险的影响均是跨界性的，某一领域的创新其效果可能波及政治领域，如英国的社会创新起源于社会领域但却形成了政府与社会之间的政治协议。某一领域的风险演化成为突发事件也可能成为波及政治、经济、社会、外交、文化等领域的综合性危机，如本次公共卫生领域的新冠肺炎疫情。第三，制度的依赖性。基于人类社会的实践性特征，制度对创新和风险的不确定性作用——积极促进或消极阻碍——进一步扩大，制度兼具扩音器和消音器的功能。第四，结果的转换性。由于创新自身的不确定性，其并不必然导致我们所期望的进步结果，如移动网络技术可能导致社会中已有弱势群体的处境进一步恶化。而每一次风险演化为突发事件和公共危机，必然带来技术、社会、经济等领域的巨大创新。“危机”一词本身就包含着“危”与“机”之间不确定的转化。

（三）不确定社会的治理挑战

现代社会的高度不确定性和复杂性，使得人们既不能按照命令来进行创新，也不能建立一套完备的体系来绝对规避风险。社会治理理论与实践面临巨大挑战。截至目前，“不确定社会”及其治理仍主要是历史的而非逻辑的概念和过程。本文主要分析在不确定社会中作为社会力量代表的慈善组织参与公共危机治理及创新问题，对创新社会的治理分析将另文展开。

多样化的、相互交织并形成一个综合体（习近平，2016）的风险，结构化、制度化地存在于当今社会中，风险、突发事件和危机演变的不确定性，影响范围的“时空压缩”（哈维，2003：300）、动力机制上的时空延伸（吉登斯，2011：56）和共享时间之网络社会实践（卡斯特，2001：505）等特征及其所产生危害后果的巨大性，风险管理、突发事件应对和公共危机治理过程中价值、目标、利益诉求的多元性，以及治理过程中可能产生的衍生性、次生性的社会风险、突发事件和公共危机，对包括社会治理体系在内的国家和全球治理体系形成了重大挑战。

社会的复杂性和高度不确定性使得风险从根本上而言是无法绝对预防的，某一风险总会基于不确定诱因转变成突发事件进而形成公共危机。每一次公共危机都是考验国家治理体系和治理能力水平的试金石。社会作为一个存在内生复杂性、测不准性、非线性、脆弱性和“二相”对偶性等复杂性机制的演化的系统，需要其中的各种主体“共同面对”和“同步治理”具有复杂性、公共性的风险，而传统命令控制式的治理方式效果的有限性，是从社会管理到社会治理范式转变的现实逻辑（范如国，2014）。

治理理论至今已成为跨学科理论，形成多中心治理、网络治理、协同治理、整体性治理等诸多“流派”，社会本位、治理主体多元化、去中心化、社会自治、协同合作等是各种治理理论的共性主张。虽然在整体上，“治理理论的基本假定、方法论和学科理性依旧是‘七巧板’式的”，诸多似乎与治理理论相连接的“理论群”内从基本假设到方法论原则都存在矛盾，治理理论作为一种应对福利国家危机、全球化和地方化等现实挑战的回应，“面对动态性、复杂性和多样性、各式不可治理性不断涌现的世界”，还未构成一种全新范式，这也就意味着还未出现治理共同体（王诗宗，2010）。但这并没妨碍治理理论在已有条件下的广泛实践。公共危机治理作为社会治理体系的一部分，也在从政府危机管理转变为危机公共治理。

在20世纪80年代全球结社革命中迅速发展起来的慈善组织，基于其公益性、社会性和公共性属性，发挥服务、治理、倡导、创新等功能，成为现代社会治理体系中的重要主体。本文依据“一核多元多层次社会治理协同框架”，以我国新冠肺炎疫情治理为例，初步探讨不确定社会的基本特征与形成机理，提出慈善组织参与公共危机治理的基本框架，并基于创新和风险作为社会结构化客观存在的视角，将此框架作为不确定社会治理的一般性框架，分析作为社会公益目标导向、独立主体和社会权力拥有者（郭道晖，2001）的慈善组织协同机制。

二　慈善组织参与公共危机治理的现实逻辑

慈善组织作为社会的组织与再组织的重要载体，具有公益性、社会性和公共性三个基本属性，发挥基于创新的服务、治理、协商三大基本功能。

（一）属性逻辑

慈善组织的公益性，是指其愿景和使命是基于博爱和利他主义为社会特殊群体包括弱势群体或边缘群体提供福利性服务。随着经济社会的发展和慈善概念外延的扩大，科技、环保、灾害等领域也成为慈善组织活动范围，慈善组织的公益性具有了社会整体性特征，公益性从社会局部到整体的拓展，是慈善组织从社会生活向政治生活结构转型的标志，使得慈善组织的公益性不仅具有了实践结构，还具备了一种抽象的、形而上的目的价值。在这个意义上，非营利性是公益性的下位概念。公益性是慈善组织赖以生存和发展的价值基石和目标追求，是其公共性的主要价值来源和社会性的根本动力机制。

慈善组织的社会性，是指其法人财产权权能的社会目的限定、资源的社会依赖性、治理结构的社会介入性、服务对象的特殊性、服务内容的差异性和问责机制的社会化。社会性是慈善组织生存发展的社会基础，是其发挥功能的活力之源、公益性保持和实现的保障，以及社会权力形成、享有（郭道晖，2001）

和社会合法性建构的基本路径，由此社会性与公共性实现了从分离对立到在社会领域的部分再统一。

慈善组织的公共性，是指其在一个共同的、共识的领域和场景中，面向公众倡导社会理念，面向公共利益思考，为了社会的重大利益而行动（刘培峰，2004），同时作为多元主体之一参与社会治理，基于社会权力参与政治生活。慈善组织的公共性的产生一方面与慈善组织的公益性价值目标紧密相关；另一方面也与自20世纪80年代在西方兴起的“新公共管理运动”将委托—代理这一经济学理论在公共部门加以应用，重塑政府，转换社会与政府之间的民主逻辑，带来公共性从国家及其政府到社会的扩散有关（张康之、张乾友，2011）；再一方面也与现代性社会对人的主体性的批判进而强调主体间性、互主体性或交互主体性有关（郭湛，2008）。在我国，慈善组织公共性既有公共领域和私人领域相互渗透所形成的批判性特征，也有中国国家治理体系特色的“和谐治理”合作面向。这一合作治理面向是社会治理本身作为一个社会工程所决定的。慈善组织的公共性以社会性为基础，脱离了坚实社会性的慈善组织的公共性是虚假的、无力的，同时公共性也强化了慈善组织公益性的价值意义。

（二）功能逻辑

从作为整体的慈善组织来看，其基于如下三个基本功能体现上述公益性、社会性和公共性属性：动员社会资源提供社会服务，建构社会资本参与社会治理，以及参与民主协商倡导公共政策（王名，2013：99）。随着经济社会的进一步发展、国家治理体系的完善和治理能力的提升，慈善组织的功能逐步展现。时至今日，慈善组织整体上已经从以前的外延式发展进入外延式与内涵式并重发展的阶段，未来其功能将进一步显化，成为国家治理体系和治理能力现代化进程中的重要主体。党的十八大尤其是党的十九大以来，在政府机构改革瘦身和公共服务职能扩张的张力下，相关中央文件对包括慈善组织在内的社会组织的功能发挥做出了制度性规定并不断完善。

公益性特征为慈善组织参与社会治理提供了价值上的正当性，社会性特征使其具备社会多元治理的主体性特征，公共性特征使其参与社会治理的实践机制在政治和行政层面得以确定。从上文对慈善组织的功能分析中可以看出，慈善组织在服务、治理、协商三个层面的功能所体现出来的公益性、社会性、公共性共同构成了慈善组织价值性、主体性、整体性、制度性的公共性框架，进而构成慈善组织在哲学层面上公共性的实践基础。基于服务创新的治理参与和民主协商将慈善组织的言论系谱的公共性和实践系谱的公共性（今田高俊，2009）有机融合，进而为慈善组织与政府在社会领域的协同治理提供了行动框架。

三　公共危机治理中的慈善组织协同体系

如前所述，现代社会是一个不确定社会，风险以及由此引发的突发事件和危机在社会中成为一种频发性、结构化、制度化的客观存在。基于高度不确定性和复杂性，不确定性的“战”可能成为未来不确定社会中的常态，而确定性的“平”反而可能成为特殊状态。社会风险管理、突发事件应对和公共危机治理应成为“日常运行的社会”的治理理念和体系的重要组成部分。本文基于公共危机治理结构化和制度化，慈善组织参与协同治理制度化、常态化的思路，从慈善组织的属性、结构、功能和政府机构改革及职能转移两个视角，参考慈善组织参与突发事件和公共危机治理的实践以及其他社会治理参与实践，提出不确定社会治理中慈善组织协同的“一核多元多层次”模型（见图 1）。

党的十八届三中全会明确全面深化改革的总目标是完善和发展中国特色社会主义制度，推进国家治理体系和治理能力现代化。国家治理体系和治理能力现代化包括政府治理、市场治理和社会治理三个最重要的次级体系（俞可平，2014）。作为三个主要次级体系之一，社会治理必须放在国家治理体系和治理能力现代化的整体框架内予以思考。推进社会治理体系和治理能力现代化是社会体制改革的目标，社会组织体制、社会服务体制、社会管理体制是最为重要的三个次级体制。社会管理体制的改革离不开政府职能转变、行政体制改革，建立社会组织体制即要实现社会治理多元主体参与，而服务型、法治型政府的建立和社会自组织、自服务的形成与完善，使得政府的社会管理体制与现代社会组织体制在社会服务体制改革中获得统一。社会管理体制改革是社会治理体系建设的启动点，同时社会服务体制改革是形成现代社会组织体制、推进政府职能转变的重要切入点，用公共服务统领社会服务，推动社会服务体制改革，创新服务型政府管理方式，加快事业单位改革进而形成现代社会组织体制无疑具有重要的理论和实践意义（见图 1 中第⑤部分）。

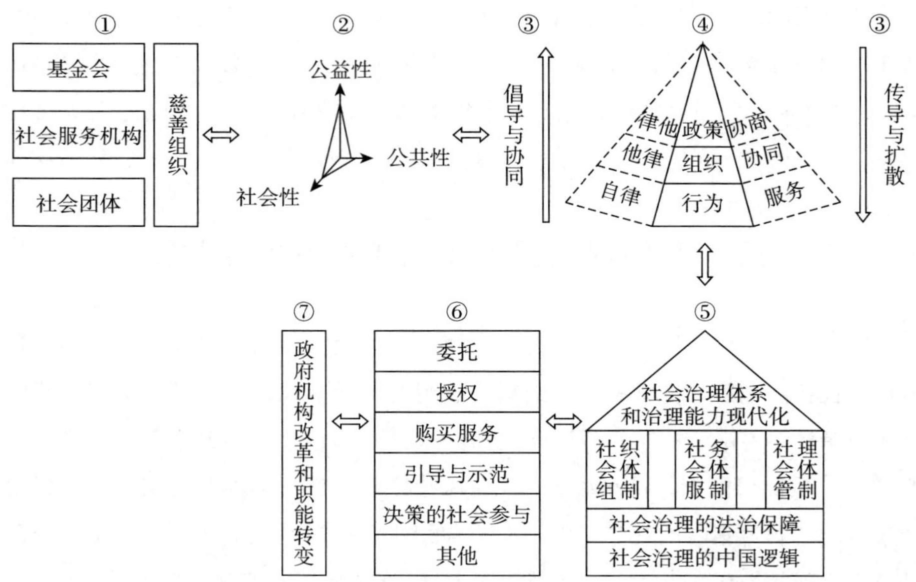

图1　不确定社会治理中慈善组织协同的“一核多元多层次”模型

一体建设法治国家、法治政府和法治社会需要将社会组织参与社会治理的主体地位、功能发挥、治理机制等统一于中国的法治进程之中，将其制度化、规范化、体系化，以法律和制度为准则处理社会组织参与社会治理所面对的各种关系、问题，落实十八届四中全会决定提出的发挥团体章程等社会规范在社会治理中的积极作用，推进慈善行业团体标准的引导、评价、制约的规范功能发挥，推动国家法律法规“硬法”和包括慈善组织在内的社会组织章程条约“软法”的多元规则功能互补，实现包容性法治框架下的社会组织治理（张清、武艳，2018）。同时防止作为社会治理实践主体的地方政府在推进慈善组织参与社会治理时继续采用推动经济发展的思路和方式，这“并非完全体现为一种具有公共目标的长期战略，更类似于费孝通所说的‘差序格局’，即以各类资源配置的精英主体为核心，搭建起排他性占有的社会网络，形成一种‘圈内归属’”（周雪光，2005）。为包括慈善组织在内的社会组织动员社会力量、激发社会活力进而参与社会治理提供公平的社会和制度空间及动力（见图1中第⑤部分）。

社会治理的中国逻辑是指，慈善组织参与社会治理，必须基于中国传统优秀文化，结合当下的经济社会结构和未来社会治理的目标，强调社会组织与政府的正和博弈而非对抗和制衡式的零和或负和博弈，在尊重慈善事业发展规律的基础上建立具有中国特色的慈善组织参与社会治理的逻辑，助力实现经济社会的协调、可持续发展，推动中国特色慈善文化、理论、制度、道路的形成与发展。党的领导是慈善事业参与社会治理的最本质的特征，关涉公共危机治理的结构与强度，是元治理主体，此谓“一核”（见图 1 中第⑤部分）。一方面，公权力尤其是政治权力仍然是社会治理制度的启动者、护航者；另一方面，政治权力与政府制度是社会选择必须考量的关键要素。否则，要么治理的观点没有任何固定的东西，要么治理的观点是错误的。最彻底的集权和最彻底的分权都往往发生在治理状况最糟糕的地方（Hutchcroft，2001）。

从全面深化改革的角度而言，国家治理体系要求进一步推动政府职能转变，形成完善的公共治理制度。政府的机构改革和职能转移是社会治理体系和治理能力现代化的起点。服务型现代责任政府的建立，需要有效的社会管理、社会服务、社会组织体系，将管理寓于服务之中，在承担社会公共服务供给主体责任的同时，通过委托、授权和购买服务等推动服务提供主体的多元化、供给方式的创新，充分发挥包括慈善组织在内的社会组织的作用，推动现代社会组织体系、社会服务体系的发展和完善，进而推动政府职能转变（见图 1 中第⑦部分）。

作为公民在社会中的组织和再组织的重要载体，基于公益性、社会性和公共性三大基本属性，依据基金会、社会团体和社会服务机构三种组织形态，不同类型、使命、服务面向和注册层级的慈善组织，根据其在慈善生态系统中的定位，确定不同的生态位、组织态和发展战略，发挥着面向社会或社会特定领域、行业的三个功能：服务、治理和协商。其服务的面向、机制、功能均为贯穿性、交叉性的，此谓“多元”（见图 1 中第①②④部分）。

就慈善组织参与社会治理的机制而言，充分发挥责任政府的积极作用，建立增强和提升慈善组织的主体性和内生活力的社会协同治理机制，成为当前中国社会治理模式形成与完善的重要路径。这一路径超越西方传统的国家 - 社会的单向度分析框架，不主要强调国家与社会之间的对抗、制衡，而是在美好社会的建设中，强调政府通过转变职能为慈善组织发展提供空间，通过购买服务、委托、授权等方式为慈善组织提供政策、资源和制度支持与保障。慈善组织通过自下而上的服务创新参与到社会治理和民主协商当中，通过自上而下的对政策的传导和扩散实现其功能。慈善组织在行为 - 组织 - 政策三个层次发挥功能，通过组织、行业和社会三个层次的自律－他律－律他机制，在扶贫、教育、医疗、环境等领域，与各级政府的具体场景互动中建立社会治理协同机制，形成政府与社会之间的互动新方式（Kooiman，1999），此谓“多层次”（见图1中第③④⑥部分）。

四　慈善组织参与公共危机治理效能的案例检视

依据疫情危机发展以及慈善组织参与协同治理的过程，疫情中的相关研究、慈善组织和公众关注的主要议题，涉及慈善组织参与公共危机协同治理的诸多重要理论问题：协同治理的工具理性和价值理性问题，政府与慈善组织在风险社会治理中的关系问题，结构－功能视角下慈善组织的独立性与自主性问题，疫情危机过后慈善组织中长期发展的定位与战略问题，更涉及党对慈善组织参与公共危机协同治理的领导这一元治理议题。

（一）危机治理的工具理性与价值理性

依据我国相关法律规定，疫情暴发当地政府是防控的核心责任主体，政府在危机治理体系的建构与实现过程中必须将工具理性和价值理性相统一，工具理性应当从属于价值理性，在价值理性的目标和前提下发挥作用，政府不仅要增加工具理性的技术含量，更要在技术性操作中体现道德判断（张康之，2002），而不是让工具理性在现实中通过显现技术合理性和政治合理性表现出它的专制与蛮横（王春福，2005）。

同时，基于疫情科学研究结论而不是将科学研究作为一个过程来看待，有的地方政府的疫情治理体现出了过度科学主义特征。工业社会以来，在确定性的思维下形成的专家在治理中的典型作用，在不确定情境下遇到了科学上无法确定因果关系、群体智慧兴起、大数据基于全数据的相关分析等挑战。尤其是在一个开放的系统中，多元利益、多元表达和议题次序设置等的复杂性及由此进一步形成的不确定性，使基于信息公开展开公共讨论和决策成为必需（贝克等，2010），包括慈善组织在内的体制外组织或公众成为感知风险的末梢触角、发出鸣叫的声波体和协同治理共同体的组成要素。“治理的技术化和专家化过程的一个明显特点，是提供指向单一问题和单一目标的理性设计方案，而非扎根于具体的社会经验。……治理的不断技术化，并一定能够强化行政体系对于具体社会问题的感受力和应变力，反而会使后者变得越加迟钝。总之，科层化的技术治理机制所面临的一个重大难题，是将一个庞大的行政体系置于社会经济生活的具体经验和问题之上，而不是丧失与基层社会的亲和性。”（渠敬东等，2009）工具理性主导和过度科学主义取向使得风险在导致多种高度不确定性结果时往重大公共危机方向发展。疫情治理体系中各要素间的非线性相互作用，使得初期治理行为稍有差池也会产生巨大的消极后果。

法律体系不够完善和法律自身具有的稳定性、程序性、滞后性特征与疫情突发往往需要非程序性决策之间的张力，进一步体现了风险社会治理体系建设中，基于开放、包容、公开的原则将科层制的管理与网络化的治理机制衔接、融合并在此基础上建立沟通、协商的公共领域的必要性。自疫情危机发生以来，全国已有多个省份和市级人大常委会出台抗击疫情的决定，除包括慈善组织在内的社会组织承担单位治理主体责任，开展慈善募捐活动或社会捐赠，发挥志愿服务组织和志愿者的作用等规定以外，几无关于慈善组织等社会组织在疫情防控中的更多主体功能发挥的规定（参见图1中第⑤⑥⑦部分）。

（二）慈善款物动员与归集政策的争议

慈善款物的归集问题本身是在危机治理中政府与慈善组织资源动员协同机制中的一个子议题，引起巨大争议的是图1中第⑥部分的委托机制。地方政府危机治理机制设计的重大缺陷及由此产生的款物发放的“肠梗阻”现象和衍生的“堰塞湖”现象，导致对政策正当性的巨大质疑。慈善款物归集的相关公告发布后，部分学者认为“这是完全错误的要求”（葛云松，2020）、“统筹调配慈善物资摧毁了志愿机制”（贾西津，2020）等，伴随着疫情应对过程中出现的大量捐赠物资积压在仓库、无视部分医护现实需求、口罩去向不明和分配不公、出售寿光捐赠蔬菜、扣拦上海医疗队物资、武汉市慈善总会将27亿元善款上缴市财政等真假难辨、似是而非的消息，对比武汉相关社会组织依据自身能力为部分医院提供医护物资，关注弱势人群如留守儿童、艾滋病患者等所体现出来的活力，公告的正当性再一次受到冲击，或者说公告的“非正当性”似乎得到“确证”。

这个问题的实质是公共危机治理中的资源动员整合机制问题。经历了2003年“非典”、2008年汶川地震、2010年玉树地震、2013年雅安地震等重大公共卫生和自然灾害突发事件后，政府在完善相关法律制度推进公共危机治理的实践中，逐步形成了关于慈善组织参与的基本经验和方针：积极动员，依法有序。从慈善组织参与公共危机协同治理的角度以及就疫情防控的属地责任而言，武汉市和湖北省的公告存在明显缺陷。首先，政府强调的是发挥慈善组织的捐赠款物动员功能，对慈善组织善于动员志愿服务，连接其他服务资源如物资递送、搜集疫情中各种社会需求尤其是社区需求、面向弱势群体提供服务等专业能力没有予以重视，全国其他各个省份出台的关于疫情防控的地方性法规、政策也普遍存在这个问题，慈善组织在危机治理中的作用被更多地定位为接受物资捐赠的"渠道"，对社会捐赠的进口依据秩序原则进行了规范，但更为重要的出口却没有任何提及，慈善组织的社会连接性被忽略，这就为捐赠物资的及时、公平分发带来了重大隐患。事实也证明，武汉市虽然作为"互联网 + 政务"的试点城市，其社会需求与包括社会捐赠在内的供给的匹配机制在社会治理领域仍存在重大不足。而湖北省和武汉市现有的包括慈善组织在内的各 30000 多家和 6000 多家社会组织①以及大量的社区社会组织在此次疫情危机治理体系的设计中并没有被当作一个功能整体被作为公共危机治理主导主体的政府纳入视野，公共危机治理的多元主体参与的理念没有得到落实，这与湖北省和武汉市的疫情防控中包括慈善组织在内的社会组织的重大贡献形成了鲜明的对比。其次，指定这 5 家机构的委托的模糊性使得其在运行中产生了巨大争议。从公告来看，5 家机构是款物接收的"渠道"，并不代表其存在执行的义务，政府这一委托行为也导致了进入这 5 家机构的非定向捐赠究竟是捐给政府由机构接收还是直接捐赠给五家机构难以确定。同时，公告中规定非定向捐赠原则上由防控指挥部来统一调配，但调配的具体内涵与责任分工的模糊带来了防控指挥部与被指定机构之间的责任推诿。再次，个别被指定机构具有公共性有余、社会性严重缺乏、公益性受限等特征。制度设计的不合理性、个别被指定机构的属性异化、选择标准的模糊性以及被指定机构能力的巨大不足使得公告的正当性受到更大的质疑。归根结底，还是依据与政府权力之间的距离对组织的公共性追求的伸缩自如的解释模糊了慈善组织公益性与组织自身利益之间的差别。疫情治理体

① 湖北省民政厅：《2019 年民政事业统计 3 季度报表》，http://mzt.hubei.gov.cn/fbjd/xxgkml/sjfb/tjjb/201911/t20191108_1551355.shtml，最后访问时间：2020 年 2 月 20 日；武汉市民政局：《2019 年第 2 季度统计数据》，http://mzj.wuhan.gov.cn/tjxx/358453.jhtml，最后访问时间：2020 年 2 月 20 日。

系的相对封闭性，对系统内部的非线性相互作用尽快形成宏观有序的结构形成了障碍。从后续的治理过程来看，从相对封闭到开放的态度与行动的转变，使得疫情社会治理熵从增长到减少（参见图1中第②⑤⑥部分）。

（三）慈善组织公共危机治理中的独立性与自主性

由指定接收捐赠的公告所引发的争议深入关于慈善组织在社会治理中的独立性与自主性问题之中，即慈善组织与政府的关系问题。独立性和自主性一直是研究中国社会组织特征的重要视角，但研究领域经常混淆了“独立性”与“自主性”的概念。从结构与能动统一角度而言，包括慈善组织在内的社会组织面对复杂制度时能够进行能动回应进而总体上呈现出“依附式自主”的特征（王诗宗、宋程成，2013）。借用“关系产权”的概念，对慈善组织与政府的关系问题应该从“权利束”和“关系束”两种视角进行分析。从关系的视角来看，社会组织的结构与形式同样是“该组织与其他组织建立长期稳定关系、适应其所处环境的结果”，这种关系是建立在相对稳定的制度结构基础上的，而不仅仅是应对环境不确定性的策略，其关系的演变需要从“关系双方的互动和制度环境中的作用中寻找答案”（周雪光，2005；渠敬东等，2009）。由此，审视慈善组织和政府的关系就不再仅仅从权利视角来强调独立性、自主性，更能从关系的视角看到两者的相互依赖、相互补充，这种关系视角的解释力和建构力也更具有现实性。很多研究者将1601年英国颁布的《伊丽莎白法规》（包括议会通过的《济贫法》和英国女王颁布的《英格兰慈善用途法规》）视为现代慈善的开端，而从关系的视角来看，也可以认为是政府公权力对原先存在于社会自在领域的慈善事业的介入。这也就意味着，慈善组织的事业单位性质还是纯民间的草根性质并不必然导致组织的自主性一定会丧失或存在，当然，从慈善组织的价值、功能实现的角度来看，目前确实仍有部分慈善组织存在使命、愿景与组织结构和行为方式割裂的情况，但慈善组织的独立性更多地取决于其公益性的保持、社会性的活跃和公共性的强化，而这更多与组织的愿景、使命、组织领导力和专业服务能力密切相关。正是从这个视角出发，基于我国政府治理能力较强、社会发育程度较低等因素，包括危机治理在内的社会治理采取社会协同治理成为现实选择（郁建兴、任泽涛，2012）。

进一步讲，强调多元化、自治、多中心的治理理论虽然在诸多社会治理实践中取得了良好效果，其也部分符合在社会这一耗散结构中自组织特性；但治理实践只是在局部系统内，是不确定性状态进入确定化世界的多种路径之一。诸多研究也显示，从治理理论的发展来看，其基本假定、方法论和学科理性依旧是“七巧板”式的，仍然是一种过渡的、实践主义导向的理论。“如果坚持‘浪漫的’、‘后现代’的治理理论主张，如强调没有政府的治理、网络中各种主体的对等地位，那么该理论的解释力仍属有限。”（王诗宗，2010）

（四）慈善组织参与公共危机治理的协同

协同机制的建立与完善是慈善组织参与公共危机治理充分发挥效能的关键。这里的协同包括慈善组织与中央政府职能部门和地方政府之间的协同，也包括慈善组织与其他社会组织和企业之间的协同，还包括慈善组织内部之间的协同。从本次疫情危机治理过程来看，慈善组织与政府之间的协同机制形式较为单一，主要集中在资源动员和社会服务方面。在社会正常运行下的社会治理协同机制如慈善组织与政府之间的风险沟通机制、公共危机治理决策参与机制、社会多元化需求与慈善服务匹配机制等并没有得到有效积累和完善，这一缺陷所导致的不利后果被本次疫情的巨大破坏力、决策的紧迫性和非程序性放大了。慈善组织的功能没有得到充分的激发（参见图 1 中第④⑥部分）。

（五）公共危机治理中的元治理

所谓元治理即治理的治理。能够承担这一功能的仍然是公权力的主要享有者。在我国，党的领导是包括公共危机治理在内的社会治理体系和治理能力现代化方向正确和目标达成的根本保障，党的总揽全局、协调各方的领导核心作用在新冠肺炎疫情防控中再次得以体现。以习近平同志为核心的党中央自 2020 年 1 月 25 日起密集召开中央政治局常委会会议，对疫情防控进行专题研究，将防控疫情、保护人民群众生命安全和身体健康作为头等大事，周密部署，“统一指挥、统一协调、统一调度”，“实践证明，党中央对疫情形势的判断是准确的，各项工作部署是及时的，采取的举措是有力有效的。防控工作取得的成效，再次彰显了中国共产党领导和中国特色社会主义制度的显著优势”（习近平，2020a）。疫情防控的“人民战争、总体战、阻击战”及其治理成就再一次证明，坚持以人为本原则，充分发挥人的主观能动性和创造性，充分发挥领导者的主导性、权威性，是公共危机治理的核心支撑（徐宪平、鞠雪楠，2019）（参见图 1 中第⑤部分）。

五　完善慈善组织参与公共危机协同治理的建议

作为“新中国成立以来在我国发生的传播速度最快、感染范围最广、防控难度最大的一次重大突发公共卫生事件”（习近平，2020a），“这次疫情是对我国治理体系和能力的一次大考，我们一定要总结经验、吸取教训”（习近平，2020b）。

从多元主体共同参与角度来看，地方政府既有的确定性思维、管理惯性思路、包括慈善组织在内的社会协同机制的缺乏，使得慈善组织寻求与政府协同渠道不畅，找不到协同政府的“API端口”，功能未能充分发挥，协同效应未能充分彰显。

当风险基于某种系统内部或外部环境诱因从不确定性状态变为客观现实时，风险就从可能性演变成了突发事件。突发事件强调的是危险事件已经发生，但危害仍有不确定性。这种不确定性依据对突发事件的处理是否得当而向不同的方向进行确定性的演变，当处置不当而导致失去控制，突发事件朝着无序的方向发展时，危机便会形成并开始扩大化，从而使得突发事件本身成为危机的一部分，且往往是关键的一部分（朱力，2007）。借鉴公共危机治理已有研究成果，结合慈善组织参与公共危机治理的独特功能，本文对慈善组织参与风险社会治理的规则和体制机制提出若干建议。

危机治理的基本规则在诸多文献中已经有非常深入的研究，结合慈善组织的属性、功能、比较优势，本文着重强调如下规则。

一是风险管理常态化规则。如前文所述，风险已经成为高度复杂化的现代社会的结构性组成部分，必须将风险管理纳入日常社会治理中，通过政策冗余度和社会空间冗余度增强和提升治理的韧性和活力。加强慈善组织的应对突发事件的风险意识，完善慈善组织参与风险管理和应急管理的体系、制度、机制建设，“平战结合”，提升慈善组织参与风险管理、突发事件应对和公共危机协同治理的能力。

二是人本规则。慈善组织面向的更多的是弱势群体，在公共危机治理过程中，既要面向危机影响的人群，也要重视对组织既有服务群体如残疾人、困境儿童、老年人的关怀与服务。

三是敏捷规则。在公共危机治理中，在面对事件的高度不确定性，以及不完全信息和机制的限制性所导致的决策的不确定性时，采取行动是第一位的，将慈善组织平时形成的应对能力积累与危机协同中的弹性应对相结合，创新最小可行性方案并在短时间内不断反思、迭代，增强慈善组织参与公共危机协同治理的针对性、时效性、有效性。

四是秩序规则。在公共危机协同治理中，慈善组织要明确自身的协同定位，并依据自身的能力、资源和专业性迅速确定组织所采取的战略。战略就要求组织有所取舍，由此与政府、其他慈善组织和企业等之间形成分工。分工会让不同领域、不同价值导向的慈善组织之间产生有机合作，推动慈善组织与其他类型的社会组织、政府组织和市场组织协同与合作，使它们更加相容，这种合作使作为第二层次的、更为重要的社会有机团结起来，其合作的横向特征将社会“密密麻麻地缝制成为一个内在地链接起来的整体或者卢曼意义上的社会系统”，“这样一个有机团结的社会将具备更好的自组织能力，更大的活力，以及更大的缓解内部矛盾或外部冲击的灵活性和效力”（高丙中，2000）。

基于上述内容，本文提出完善慈善组织参与公共危机协同治理体系的相关建议如下。

一是坚持党对风险社会中的公共危机治理的领导。以国家总体安全观为指导，建立重大公共危机指挥协调机构，统筹领导公共危机治理的所有力量，包括慈善组织。完善党领导慈善组织制度，确保党对慈善组织参与公共危机治理的领导，将党的领导与慈善组织的社会联系活跃、公益性价值目标追求、公共性不断增强的优势相结合，通过党的群团组织的改革与服务创新发挥枢纽型组织和支持型组织的作用，加强对有关慈善组织的“政治引领、示范带动、联系服务”，加强公共危机治理中慈善组织对党的“全心全意为人民服务”的根本宗旨和相关政策的传导与扩散机制、反映社会需求的倡导与协商机制建设。

二是加强慈善组织参与公共危机协同治理的制度建设。加快制度供给，推进慈善组织外延式和内涵式协调发展；完善公共危机协同治理制度，将慈善组织参与公共危机协同治理的主体地位制度化，引导慈善组织在具备专业能力的基础上满足公共危机发生时不同主体尤其是弱势群体的差异化诉求，与政府危机治理有效衔接；加强政府职能部门之间的协调制度建设，依据突发事件的不同类型，支持公共危机协同治理的骨干慈善组织并形成网络；加快推进事业单位制度改革，将一部分具有事业单位性质的慈善类组织转变为枢纽型、支持型组织；推进慈善组织落实慈善款物募用分离制度，引导形成慈善组织间的分工、合作的生态体系；积极落实慈善组织认定制度，大力推进慈善组织的认定工作，优化慈善组织结构。

三是建立慈善组织参与公共危机治理协同机制。政府要发挥主导作用，通过制度化的协同机制和平台建设，将慈善组织纳入治理体系。加强慈善组织参与公共危机协同治理制度之间的协调机制建设，稳定慈善组织参与预期，防止慈善组织对不同地区的差异化政策进行策略性应对而对协同治理产生不利影响；建立完善的政府支持慈善组织的投入保障和合理机制；建立资源动员整合机制，充分发挥慈善组织的资金物资动员、人力动员、组织动员的作用，与政府危机治理资源有效衔接、互补；建立多元目标平衡协同机制，在公共危机治理这一同一目标下，尊重区别但有共识的价值诉求，达致协同机制动态适应和灵活连接间的平衡；基于信息公开、系统开放建立利益整合机制，包括风险预警、公共危机应对中的制度化的表达机制和不同主体间的利益整合机制；建立政府与慈善组织的信任机制和问责机制，完善慈善组织信用体系建设，探索引入资金流、物流、信息流管理系统，推进公共危机治理中社会捐赠全流程管理和提高使用效率，推进包括专业、独立第三方评估在内的问责机制建立，完善公众监督，以防止公共危机治理主体之间协同所带来的治理责任主体模糊从而导致“有组织的不负责任”等问题。

即使如此，在高度复杂的、动态演变的公共危机发展及其治理过程中，理想状态下期望公共危机永远处在风险状态，现实条件下期望包括政府、慈善组织在内的各种组织、公众共同分担、集体行动，实现最佳协同，将公共危机带来的巨大危害尽可能地降低，实现每一个参与者都认为是最好的或可接受的结果。

参考文献

〔英〕安东尼·吉登斯（2011）：《现代性的后果》，田禾译，南京：译林出版社。

贝克等（2010）：《风险社会与中国——与德国社会学家乌尔里希·贝克的对话》，《社会学研究》，第5期。

〔美〕戴维·哈维（2003）：《后现代的状况——对文化变迁之缘起的探究》，阎嘉译，北京：商务印书馆。

范如国（2014）：《复杂网络结构范型下的社会治理协同创新》，《中国社会科学》，第4期。

——（2017）：《“全球风险社会”治理：复杂性范式与中国参与》，《中国社会科学》，第2期。

高丙中（2000）：《社会团体的合法性问题》，《中国社会科学》，第2期。

郭道晖（2001）：《权力的多元化与社会化》，《法学研究》，第1期。

郭湛（2008）：《从主体性到公共性——当代中国马克思主义哲学的走向》，《中国社会科学》，第4期。

葛云松（2020）：《民政部对慈善组织所募款物的限制应撤销》，1月29日，中国法律评论公众号，https://mp.weixin.qq.com/s/HgEEAPpcl21xF3mewPr7kw，最后访问时间：2020年2月20日。

今田高俊（2009）：《从社会学观点看公私问题——支援与公共性》，〔日〕佐佐木毅、〔韩〕金泰昌主编《社会科学中的公私问题》，刘荣、钱昕怡译，北京：人民出版社。

贾西津（2020）：《统筹调配慈善物资摧毁了志愿机制》，2月6日，http://www.yjrgyjg.cn/index.php/Home/Index/sdbd?aid=5254，最后访问时间：2020年2月20日。

李勇、蓝煜昕（2019）：《社会创新在中国——友成十年创新之旅》，北京：社会科学文献出版社。

刘培峰（2004）：《非营利组织的几个相关概念的思考》，《中国行政管理》，第10期。

曼纽尔·卡斯特（2001）：《网络社会的崛起》，夏铸九等译，北京：社会科学文献出版社。

渠敬东等（2009）：《从总体支配到技术治理——基于中国30年改革经验的社会学分析》，《中国社会科学》，第6期。

王春福（2005）：《论公共管理责任的二元结构》，《管理世界》，第6期。

王名（2013）：《社会组织论纲》，北京：社会科学文献出版社。

王诗宗（2010）：《治理理论与公共行政学范式进步》，《中国社会科学》，第4期。

王诗宗、宋程成（2013）：《独立抑或自主：中国社会组织特征问题重思》，《中国社会科学》，第5期。

王晨（2018）：《全国人民代表大会常务委员会执法检查组关于检查〈中华人民共和国传染病防治法〉实施情况的报告》，2月28日，全国人大网，http://www.npc.gov.cn/npc/c30834/201808/1206d45fadd94991bc358b1a5638e537.shtml，最后访问时间：2020年2月21日。

习近平（2016）：《在党的十八届五中全会第二次全体会议上的讲话》，《求是》，第1期。

——（2020a）：《在统筹推进新冠肺炎疫情防控和经济社会发展工作部署会议上的

讲话》，2 月 23 日，新华网：http://www.xinhuanet.com/politics/leaders/2020 - 02/23/c_1125616016.htm，最后访问时间：2020 年 2 月 24 日。

——（2020b）：《在中央政治局常委会会议研究应对新型冠状病毒肺炎疫情工作时的讲话》，《求是》，第 4 期。

徐宪平、鞠雪楠（2019）：《互联网时代的危机管理：演变趋势、模型构建与基本规则》，《管理世界》，第 12 期。

郁建兴、任泽涛（2012）：《当代中国社会建设中的协同治理——一个分析框架》，《学术月刊》，第 8 期。

俞可平（2014）：《推进国家治理体系和治理能力现代化》，《前线》，第 1 期。

张康之、张乾友（2011）：《民主的没落与公共性的扩散——走向合作治理的社会治理变革逻辑》，《社会科学研究》，第 2 期。

张康之（2002）：《公共行政：超越工具理性》，《浙江社会科学》，第 4 期。

朱力（2007）：《突发事件的概念、要素与类型》，《南京社会科学》，第 11 期。

张清、武艳（2018）：《包容性法治框架下的社会组织治理》，《中国社会科学》，第 6 期。

周雪光（2005）：《“关系产权”：产权制度的一个社会学解释》，《社会学研究》，第 2 期。

Hutchcroft, P. D. (2001), "Centralization and Decentralization in Administration and Politics: Assessing Territorial Dimensions of Authority and Power", *Governance* 14 (1), pp. 23 - 53.

Kooiman, J. (1999), "Social-Political Governance: Overview, Reflection and Design", *Public Management Review* 1 (1), pp. 67 - 92.

Public Crisis Governance: Uncertainty, Participation of Philanthropic Organizations and Collaborative Governance

Li Yong & He Dingyong

[**Abstract**] Innovative society and risk society are two important dimensions that portray the modern uncertain society. Both are frequent and social structured. Uncertainty, complexity and their interaction are the mechanisms that create innovative society and risk society. Innovation management and risk management are the main logics of people's pursuit of a better life and a safer life. The social governance system needs to be more systematic, integrated, and collaborative. Philanthropic organizations is an executor of some public powers and a holder of social powers, their participation is concerned with the resilience, innovation, and extensibility of governance. It is necessary to improve the system of positioning, function and responsibility of charitable organizations participating in the public crises governance, and establish a "one core, multi - subject and multi - levels" collaborative governance mechanism for charitable organizations to participate in public crises in uncertain society.

[**Keywords**] Uncertain Society; Philanthropic Organization; Public Crisis; Collaborative Governance

立体式嵌入：社区基金会助力地方社会治理

——广东省德胜社区慈善基金会案例考察*

蓝煜昕**

【摘要】 社区基金会如何才能深度嵌入基层社会治理并发挥可持续的影响力？本文对该领域重要实践案例——广东省德胜社区慈善基金会的产生过程、资金模式、战略定位和行动框架进行了详细描述，并在"立体式嵌入"的概念框架下呈现了该基金会深度嵌入地方社会治理体系的策略和制度安排。本文最后在中国社区基金会发展的宏观图景下归纳了德胜社区慈善基金会的四大经验："慈善信托＋社区基金会"的资金模式、"乡情＋贤士"的治理结构、"撬动者＋双层社区慈善"的生态定位、"立体式嵌入"的政社互动策略。德胜社区慈善基金会案例呈现出传统与现代、主体性与嵌入性的"两个融合"，为社区基金会撬动"第三次分配"、助力构建地方社会治理共同体带来新的想象力。

【关键词】 社区基金会；基层治理；立体式嵌入；顺德

2018年1月，顺德基层治理领军人才培养计划高级研修班在清华大学开班，

---

* 基金项目：国家社科基金重大项目"中国特色社会体制改革与社会治理创新研究"（项目编号：16ZDA077）。同时感谢德胜社区基金会曾丽秘书长及相关同事对案例采写的大力支持。

** 蓝煜昕，清华大学公共管理学院副教授，清华大学公益慈善研究院院长助理，本刊执行主编，研究方向：社会组织、公益慈善、基层治理、国际发展。

这个内容丰富、持续大半年的研修班有包括顺德区政府公职人员、镇街及村居基层干部、社会组织负责人、媒体代表在内的近60人参加学习。与以往基层干部参加的培训不同的是，这次研修班并非由地方组织人事部门发起，而是由顺德本地的一家社会组织——广东省德胜社区慈善基金会（以下简称德胜社区基金会）发起并支持。彼时的德胜社区基金会刚刚成立不过半年，这样一家纯民间发起的社区基金会是如何能够凝聚乃至影响政、社各方力量，随后又是如何深度助力顺德地方社会治理的？

社区基金会是一类动员本地资源、回应本地社会问题的地域性慈善组织，与地方社会治理具有天然的亲和性，在“社会治理重心向基层下移”“加强城乡基层治理”等政策话语下，社区基金会快速发展并逐渐成为中国公益慈善组织中的新兴角色。自我国第一家真正意义上的社区基金会——桃源居公益事业发展基金会于2008年成立以来，尤其近几年在深圳、上海、成都等地方政府的大力推广下，我国社区基金会总量已达约200家①。然而这些基金会在发起初衷、资金来源、治理结构等方面存在较大差异，功能发挥参差不齐，大部分行政推动的社区基金会缺乏内生动力和可持续的资源保障。而德胜社区基金会则作为其中少数有生命力的创新样本独树一帜，努力地嵌入顺德地方文化、情感和社会治理体系中，作为地方社会治理的新兴主体发挥着独特的治理功能。

以下将从基金会的发起过程、战略定位与行动框架、与地方治理体系的嵌入关系三个方面对德胜社区基金会案例进行详细描述，最后在中国社区基金会的整体图景和理论对照下对德胜社区基金会的特征、意义和未来展望进行归纳和初步讨论。

一　回馈与创变：德胜社区基金会的发起与初衷

2017年5月，广东省德胜社区慈善基金会在广东省民政厅正式注册成立。德胜社区基金会是何享健家族慈善事业的一部分，2017年何享健家族捐赠约60亿元（包括1亿股美的股权和20亿元现金），其中约5亿元人民币设立当时最大的慈善信托——“中信·和的基金会－顺德社区慈善信托”，成为当年中国慈

① 参考基金会中心网检索结果，检索日期为2020年10月。

善领域的标志性事件之一。信托目的为“支持顺德区的扶贫、救济、养老、教育、文化建设、村居福利等综合性的公益慈善需求，推动公益慈善事业的发展与提升，共同建设更具人性和富有吸引力的顺德社区”，具体操作方式则是通过成立德胜社区慈善基金会，将信托收益注入社区基金会来实现信托目的。

成立德胜社区基金会首先源于何享健先生对家乡顺德的深深热爱与回馈之情。何享健先生在2017年7月25日和的慈善基金会捐赠仪式的致辞中深情流露，解释了家族慈善事业的初衷：“为何我本人及家人那么热心捐钱做慈善？说句心里话，我一直在家里强调，我自己的财富，除了自己的拼搏努力，离不开改革开放，得益于国家发展，更得益于政府的支持，为我们营造良好的创业发展环境。当然还有美的人的共同努力，才能形成今天的财富……我跟家人都非常感恩，要回馈社会，更要有社会责任感，要帮助别人，教育下一代。……我及我的家人做慈善，过去、现在、将来纯粹是感恩，其次是形成一种文化价值观，希望能够一代一代传下去，作为一种家族文化的传承。”而何享健家族慈善事业的布局又是以回馈家乡为中心的，然后向全社会和全国辐射。如20亿元现金捐赠主要用于顺德本地，其中5亿元成立顺德社区慈善信托，3亿元建设岭南和园[①]，3亿元成立顺德创新创业公益基金会，2亿元捐给顺德善耆家园，1亿元捐给顺德慈善会，1亿元捐给北滘镇慈善会，4000万元捐给老家西滘村福利会，之后才是1亿元捐赠给佛山慈善会，1亿元捐给广东省慈善总会。

同时，德胜社区基金会的成立也是何享健家族在地方政府支持下引入现代慈善理念，提升档次和创新求变的成果之一。事实上大约在2008年，美的集团和何享健家族就开始在扶贫、救灾、养老、教育等慈善领域投入大量资金，2013年底何享健设立“广东省何享健慈善基金会”（后于2017年7月更名为“和的慈善基金会”），并将慈善当成家族的另一项事业，一直在思考和计划扩大规模、提升档次。2017年是一个特殊的年份，德胜社区基金会是在特定的政策契机和顺德地方政府强有力的协助下，作为何享健家族慈善整体构想——“和的慈善体系”（见图1）的重要组成部分而设立的。正是在这一年的6月，“社区基金会”这一概念被正式写入中共中央、国务院印发的《关于加强和完善城乡社区治理的意见》之中，社区基金会作为吸纳社会资源、参与地方社会治

① 位于顺德北滘镇，是展示岭南园林艺术、传承广府优秀文化的旅游景区与园林博物馆。

理和创新社区治理的主体也受到广泛关注；而随后的10月，党的十九大报告提出“打造共建共治共享的社会治理格局”，强调“加强社区治理体系建设，推动社会治理重心向基层下移，发挥社会组织作用，实现政府治理和社会调节、居民自治良性互动”。何享健家族和顺德的有识之士可谓“春江水暖鸭先知”，对时局大势异常敏锐，总能勇立时代潮头，引入最新理念，走在中国改革创新的前列。

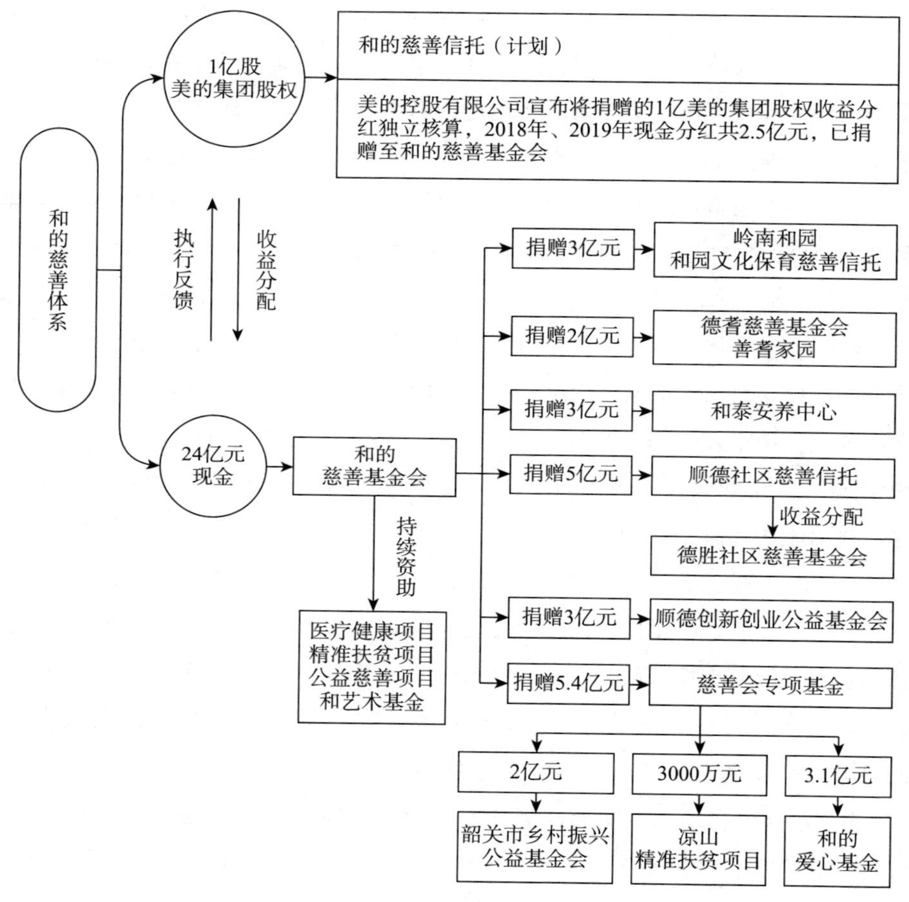

图1　和的慈善体系

图片来源：广东省和的慈善基金会网站，最后访问时间：2020年10月。

我们来看至今已经比较成型的“和的慈善体系”（见图1），可以发现其本身就是一个纳入诸多创新元素的、系统的创变体系，而德胜社区基金会更是作为其中的亮点而出现。“和的慈善体系”面向顺德本地的回馈有一个相对系统的布局，包含了文化（如岭南和园）、养老（如德耆慈善基金会）、社会/社区

（如德胜社区基金会）、经济（如顺德创新创业公益基金会）等几个不同的面向，并创新地采取截然不同的资源投入和治理模式来撬动各方面的力量投入顺德本地发展。例如部分捐赠是直接与政府合作作为专项资金放在慈善会中的，有的是联合其他企业家一起捐资成立慈善实体，而德胜社区基金会则是迅速响应2016年刚刚出台的《慈善法》，成为全国首个（或许也是唯一的）以慈善信托方式设立的、面向社区的基金会。德胜社区基金会以“关注顺德扶贫济困事业，回应顺德社区发展需求，推动顺德和谐社会建设”为宗旨，在一定程度上是和的慈善基金会“本土公益支持项目”（发起于2014年11月）的制度化和体系化，被定位为一个面向社区和社会组织系统的、资助型、支持性的基金会。引入慈善信托机制的价值在于，慈善信托采用本金不动、投资收益支持慈善的永续资金模式，为德胜社区基金会提供了可持续的资金保障，可以更为长远、系统、深入地推进顺德本土社区公益事业的创新发展。

简而言之，德胜社区基金会的初衷就是要回应顺德社区发展需求和支持地方公益生态发展，其动力则来源于本土慈善家的浓浓乡情和顺德地方精英的创新精神。

二　支持与撬动：德胜社区基金会的战略与行动

德胜社区基金会成立之后，很快组建了专业的管理执行团队，并基于全面的社区调研，在外部专家的协助下制定了社区基金会的整体发展战略。经过一段时间的运作，基金会围绕自身在顺德基层社会治理中的角色，形成了目前“一三四”的战略框架（见图2），并围绕回应社区问题、撬动社区资源和塑造地方公益生态探索出一系列行动策略和做法。

（一）“一三四”：基金会的战略框架

德胜社区基金会的“一三四”战略框架是指“一个平台”“三个角色”“四个领域”。“一个平台”是指基金会将自身定位为顺德本土的公益资源与专业支持平台，通过联动资源以及资助社区组织和社会组织来达成宗旨，而非直接运作项目。德胜社区基金会的平台定位既是基于顺德地方公益生态和社会治理的需求，也是基于其自身的几个突出优势：有较为稳定、持续且具备一定规模的资金；通过前期的公益支持项目初步建立了多类型、多层次的本地公益合作伙伴网络及体系；具有联动政府、企业（家）、学界、社区等各界力量的跨界整合与协作能力和基础。“三个角色”是指德胜社区基金会重点扮演社会问题回应者、慈善资源联动者、公益生态推动者这三大角色。社会问题回应者是指聚焦社会服务与社会治理领域，以问题为导向提升社区居民生活质量，共建和美社区、幸福家园；慈善资源联动者是指发挥基金会自主资助项目的资金杠杆作用，通过资金配比、合作推动等方式予以激励性资助，拉动政府、企业、社区等多元资源投入；公益生态推动者是指基金会通过人才培养、组织培育等多样化的方式支持其他组织、在地团体等构建基础能力，使其发挥应有的职能，并积极开展政策倡导工作，共建良性的公益生态。“四个领域”是指基金会的

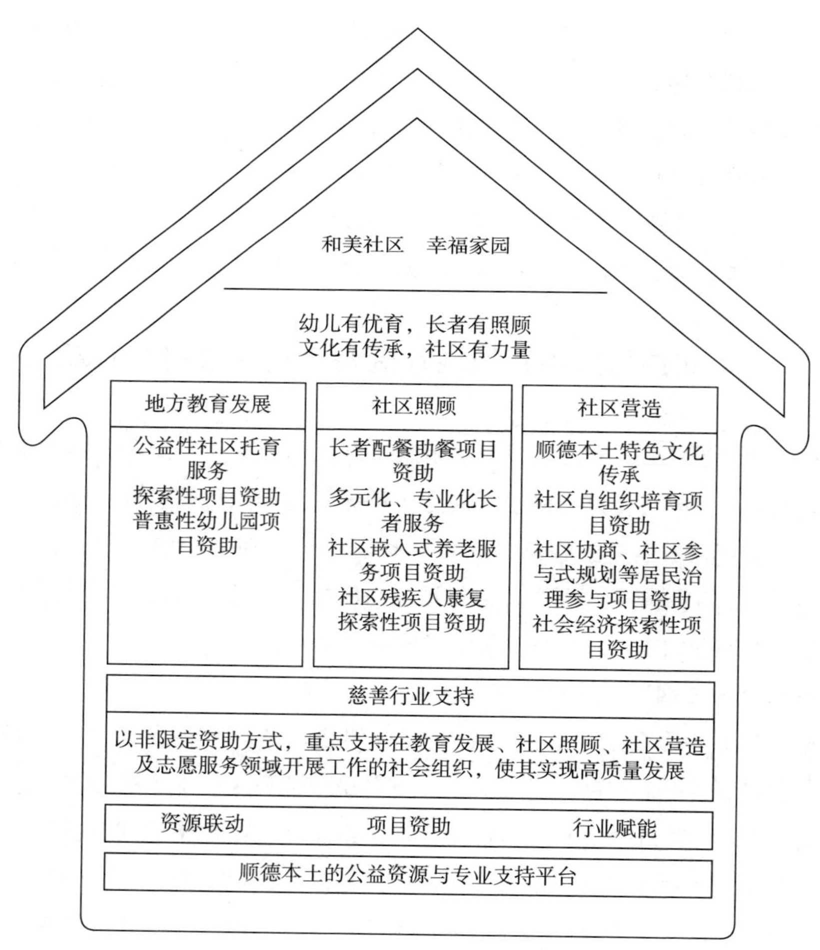

图 2　德胜社区基金会的战略框架

图片来源：和的慈善基金会官网 http://www.hefoundation.org/category/287。

工作主要集中在地方教育发展、社区照顾、社区营造以及慈善行业支持四个领域。领域的聚焦基于前期的调查和地方社会发展的实际需要，同时这些领域涉及的社群覆盖面较大，从民间公益慈善的角度先行予以支持会产生较强的带动和示范效应。

研究非政府组织（NGO）的国际学者科藤（Korten，1987）在 20 世纪 80 年代末区分了 NGO 参与社区发展的三代策略：第一代 NGO 以人道主义救援或向弱势群体提供直接的慈善救济为主；第二代 NGO 则是社区资源动员者，关注资源链接和社区内生的自助互助；第三代 NGO 则扮演系统变革的催化者（catalyst），从关注社区内部发展转变到改善制度环境和组织生态。德胜社区基金会的上述“三个角色”显然吸收了现代慈善理念，更具问题导向和系统性，超越了传统慈善单纯的救济功能。以下对德胜社区基金会围绕这“三个角色”所开展的具体活动和做法进行描述。

（二）资助与引导：回应社区问题

对于基金会来说，最重要的资源就是资金。德胜社区基金会最核心的抓手和行动品牌是“和美社区计划”，即通过项目资助机制来引导本地社区组织和社会组织回应社区、社会问题，并在此过程中为合作伙伴赋能。“和美社区计划”于 2018 年启动，是在早期和的慈善基金会“本土公益支持项目”的基础上进一步聚焦而成的品牌计划，集中在教育发展、社区照顾、文化保育、社区发展和行业支持五个领域，资助的对象包括顺德区域内的村（居）委会、幼儿园、相关教育部门、社会服务机构、志愿者团体以及其他非营利组织。“和美社区计划”以顺德辖区内村居的突出问题为出发点，采取聚焦策略，在重点领域、重点地区、重点问题、重点项目上精准、集中地投放资源，及时回应社区痛点需求和迫切问题。

其中教育发展领域聚焦在学前教育特别是村居集体办幼儿园的薄弱问题上，通过“硬件改造 + 师资培训 + 课程优化”来提升顺德学前教育的水平。截至 2020 年 5 月已经累计资助了 58 所幼儿园改造提升，资助了 210 多名幼师系统地进行素质提升学习，资助金额达 1828 万元。[①] 特别是对勒流街道东风托儿所的及时改造及扩建，使幼儿园牌子免被取缔，获得复办资格，解决了 170 多名幼儿不能就近入园的困境，避免引发村民与外来工的不满，维护了村居稳定。

① 此处及以下未特别说明的数据、素材均来自德胜社区基金会 2020 年 5 月的案例汇报材料。

社区照顾领域聚焦在社区内长者与精神残障人士的问题上，通过“空间改造 + 软性服务”，让困难、弱能、有需要的长者及精神残障人士在自己的社区或家中，就能享受到暖心饭菜、保健理疗、康复护理等照顾服务。已经累计资助项目 56 个，让 10000 多名长者和 700 多名精神残障病患在社区能得到适合的照顾陪伴，缓解家庭照顾压力；并且针对护理员缺乏的问题，资助全区 16 间敬老院，培养 30 名养老护理辅导员，为 500 多名一线护理员提供专业护理知识培训，既提升了养老护理人员专业技能，又培养和建设了养老护理骨干和师资队伍；针对政府资源投入较少的精神病患社区康复服务，探索性地在 7 个镇街资助了 700 多名精残病患的社区康复服务，促进其逐渐康复并融入社区，减轻其家属照顾压力。

社区营造领域聚焦在社区文化传承、自组织培育、搭建协商议事平台三个方面，推动居民共建共治共享美好社区。通过对本土优秀文化的保育和传承，以文化精神凝聚人心，既丰富了社区文化活动，也让本土文化薪火相传，拉近长、青两代人的距离，打破人与人的隔阂；通过成功孵化培育 54 家社区社会组织，推动社区内的各类义工团队、兴趣团队增强自我管理的能力和服务社区意识，引导居民参与社区活动，关注社区问题，形成互帮互助氛围；通过搭建协商议事平台，营造共商共建解决社区问题的氛围。如资助左滩村的“和议协商”项目，从开始时没人参与到吵架大会，从 4 个村小组议事会，再发展到 19 个村小组参与协商议事，几乎涵盖整个村，让村民的声音能够被听见，解决了社区停车难的棘手问题，并通过对这个方法的学习去化解其他遗留的矛盾。在此基础上左滩村还建立了“左滩幸福基金”，让村小组和自组织积极发现村居问题，申请幸福基金进行解决，调动了村民关心社区的积极性。

此外，在 2020 年初的新冠肺炎疫情期间，“和美社区计划”启动了抗疫专项资助，针对疫情期间物资短缺、人手不足问题，德胜社区基金会按照“快审、快批、快资助”的要求，采取及时、灵活、高效的评审和资助方式，每周进行评审，快速完成项目收集、评审、审批、公告、送合同到村居、拨款的全过程，快速高效地支持社区一线抗疫工作。三年来，德胜社区基金会累计资助项目 525 个，资助总金额 6704 万元，项目覆盖顺德 10 个街镇 205 个村居社区中的 196 个。① 德胜社区基金会已经成为政府购买服务（含公益创投）之外，顺德地

① 数据来源于基金会秘书长曾丽在基金会三周年活动上所做的发展回顾报告。

区社会服务机构参与基层治理最重要而稳定的资金来源。

（三）联动与配资：撬动社区资源

德胜社区基金会通过联合行动、配资、冠名基金等方式和机制来撬动更多社区资源投入社区发展和回应地方社会问题。

一是联合政府、企业、社区、社会组织以及志愿者等多元主体共同行动。例如联合顺德青年企业家协会于2019年发起“德益青年公益行动”，双方各自出资50万元资助56个青年团体用小额资金项目践行公益行动，引导青年人关注身边的社会问题，积极参与社区治理。再如新冠肺炎疫情期间联合顺德区慈善会、北滘慈善会开展了“和善同心”社区抗疫计划，共资助338个社区抗疫项目1738万元，覆盖防疫物资、社区抗疫、志愿服务、社会组织、养老服务、残康服务、异地务工和医疗卫生等方向。此外，德胜社区基金会在疫情期间也联合区义工联支持全区志愿抗疫服务，之后也开始组建自己的志愿者队伍，并制定志愿者管理制度，把社会上关心公益的各界精英纳入进来共襄善举。

二是发挥资助资金的杠杆作用，通过配资机制撬动多元资金的加入。基金会通过资金配比、合作推动等方式予以激励性资助，拉动镇街政府、基层村居、社区企业等多元资源投入。比如2019年德胜社区基金会出资694万元，北滘镇政府出资810万元，政社合作推动了北滘全镇一次性完成19所公益普惠性幼儿园的整体提升改造，解决了北滘幼儿园基础薄弱和孩子入学难的问题，化解了社会不稳定风险。伦教街道2020年专门出台了《创新社会治理项目配套资金管理办法》，拟由街道财政每年安排400万元为本地区的社会组织、社区获得“和美社区计划”等支持的项目提供配套资金。基层社区也在基金会资金引导、观念倡导的影响下，发掘村居资源，通过联动慈善会、福利会、股份社、商协会等社区资源支持社区公益，如因为有德胜社区基金会的资助支持，村居福利会也投入资源，为碧江幼儿园的幼儿睡床进行了更新。福利会的企业家黎锦泉说：“德胜基金会都给予了这么大力度的支持，我们村里的企业家就更应该责无旁贷地支持了。”截至2020年5月，德胜社区基金会撬动镇街财政投入、社区资金以及企业投入项目配资共2100多万元。

三是推动在社区基金会下设立冠名基金，吸纳更多社会资金参与社区发展。在德胜社区基金会已经建立起成熟的项目管理机制和地方公信力的基础上，为充分发挥基金会的品牌优势和何享健先生的标杆引领作用，带动更多企业家、商协会和其他民间资本投入地方慈善，德胜社区基金会于2020年启动了冠名基金运作，启动后很快就有4个冠名基金相继成立，承诺捐赠近200万元，资助内容涵盖儿童阅读、青年公益、可持续公益以及公益行业支持等，搭建了更为广泛的资源平台，开始组成更大力量，多层次、规模化地推动社会问题的解决。目前基金会也在探讨是否申请公募资格以为本地的其他社会服务机构提供联合劝募的筹资平台。

（四）培育与倡导：优化公益生态

一是以项目资助为抓手，打造多维立体的社会组织培育体系。德胜社区基金会通过对不同类型的组织采取不同的支持方式，倡导其发挥应有的职能，从而发挥德胜社区基金会在顺德公益生态圈的引领作用。如对于初创公益组织、青年公益组织，通过“德益青年公益行动”采取小额资助的方式，在做小项目的过程中，支持青年公益人才的成长，促进初创组织的发展；对于社区内的自组织，则通过社区营造项目的推动，以各类志愿队、兴趣团队为基础，推动社区自组织增强自我管理的能力和服务社区意识，引导居民参与社区活动，启动社区内生动力关注社区问题；对于专业机构，进行大额资助，全方面地在资金支持、能力培养、行业赋能上，培育其成为顺德公益行业的中坚力量；对平台组织更多是错位发展、项目合作，资助它们开展对公益生态起到推动作用的项目。其中，德胜社区基金会采取的“非限定资助”方式是支持社会组织发展的一种形式，资助资金从5万元上升到20万元，促进公益组织制定战略规划、改善内部管理、提升员工能力、总结服务经验等，推动了公益组织整体竞争力的提升。

二是通过人才培训项目进行行业赋能，并形成知识社群和组织伙伴网络。2018年联合清华大学公共管理学院举办“基层治理领军人才高级研修班”，培育了58名基层治理的领军人才，包括市、区两级政府相关部门干部8名，镇街相关部门干部和基层村居委会书记或主任34名，社会组织负责人14名，媒体负责人2名，形成了多方力量共同参与的基层治理人才体系。通过历时近一年的陪伴，学员增进了知识、提升了能力，更重要的是形成了一个可以互相交流、分享合作、相互支持的活跃社群。同时基金会把人才培训与“和美社区计划”项目资助结合起来，使学员及其组织成为合作伙伴，并使学员将培训中学到的知识、理念和方法技能很快用到项目活动和基层治理实践中，形成了强大的创新带动和辐射力量。

三是通过项目资助或制定行业标准等方式，倡导公益理念。如通过支持开展参与式社区规划项目、基层协商议事项目，倡导社区参与理念；在项目评估中推动参与式、支持型评估发展，协助解决项目推进过程中存在的问题，真正推动公益项目的不断提升优化，倡导一种平等尊重、求真务实、共同成长的合作理念。再如与顺德区慈善会合作拟定了“顺德善食”标准，在帮助顺德区内困难长者、残障人士解决用餐难问题的过程中采用“慈善资助 + 用者自付 + 多方支持”的模式，倡导用者自付理念，推动公益收费模式发展，逐渐让普通群众在享受公益服务的同时，增强自己应有的公民意识和责任感，让慈善资源用到最需要的地方，达到效益最大化，引导公益组织服务项目的可持续优化和发展。

四是积极向政府建言献策，优化公益组织的政策环境。一方面与区政府建立起通畅的联系和意见反映渠道，社区基金会作为地方公益慈善行业代表，积极向区政府反映行业发展情况和开展政策倡导。另一方面通过与镇街政府建立联络工作机制，及时反映社区走访调查中发现的社区问题和需求，让政府更加全面地了解社区实际情况，优化工作决策。例如龙江镇村居幼儿园高额租金承包问题，基金会及时反馈给政府，龙江镇政府决定对村居办高额承包的幼儿园加速回收。基金会还战略性地主动资助了该镇当时唯一的村居自主经营幼儿园，并对后面已经回收的 2 所幼儿园也进行了资助，大力引导和推动了幼儿园回归普惠公益性教育。在政府的大力推动下，社会问题的解决有了更大的可能性。

三　立体式嵌入：社区基金会与地方社会治理体系

德胜社区基金会如何在较短的时间内快速成长并在顺德基层社会治理中发挥独特作用，在顺德的公益生态中占据重要位置呢？根据我们的观察，德胜社区基金会的重要秘诀之一在于主体性与嵌入性之间的平衡，在慈善信托模式保障资源和保证独立性、社会性的同时，深度地嵌入了党政主导的地方治理体系之中，处在一个恰当的“生态位”（niche）乃至政、企、社之间的“结构洞”（structural hole）上，从而能够“左右逢源”、相互借势，撬动各方资源而达成社区发展的共同目标。我们将德胜社区基金会发展的总体路径称为“嵌入式发展”，将基金会在地方社会治理体系中的嵌入状态描述为“立体式嵌入”，用来呈现主体间，尤其是基金会与区、街镇两级政府和村居社区相互交融的状态。“立体式嵌入”具体体现在德胜社区基金会一系列独特的制度和机制安排中，包括战略定位、理事会安排、政府联系制度、资金配套机制以及基金会的政府关系操作规程，这些安排使得基金会在情感基础、目标、功能、社会关系、结构、资源、过程等方面都与政府保持了高度协同和互嵌。

（一）战略定位与目标和功能嵌入

德胜社区基金会本身的宗旨和战略定位深度地嵌入了地方政府推动社会治理创新的目标之中。首先，德胜社区基金会的成立本身作为“慈善信托＋社区基金会”的落地实践就是“加强城乡社区治理”“政府治理与社会调节、居民自治良性互动”的政策背景所鼓励的，符合地方政府推动治理创新的方向和目标。所以基金会的注册过程就得到了顺德区政府的大力支持，包括法人和理事会成员的确定、章程的制定、各方关系的协调，区民政与人力资源社会保障局都提供了大量的咨询建议。其次，基金会“一三四”的战略定位和领域选择也充分考虑了地方需求和政策环境，符合顺德地方政府“综合社会体制改革”以来向社会分权的目标，也与政府在社区服务和社会治理领域的资源投入和功能形成协调互补。例如，基金会在活动领域的选择上也采取了补位策略，积极配合协助政府工作，在资源投放上尽量资助政府资源暂时投入不足的领域，如在教育发展领域，学前教育相对于中小学九年义务教育显得资源十分薄弱，基金会对学前教育重点开展资助工作，弥补了公共服务供给的不足；再如在社区照顾领域，精神病患的社区康复还是政府购买服务的一个空白，于是德胜社区基金会主动介入，进行探索性资助，弥补了政府购买服务暂时没有顾及的部分。

（二）治理结构与情感和社会关系嵌入

情感上的嵌入是指基金会的理事会成员是地方治理中有情怀的精英代表，理解和认可基金会的初衷与宗旨，把基金会的事业当成是家乡共同的事业来投入精力，共襄善举；社会关系的嵌入是指理事会成员在地方治理中的威望，能帮助基金会协调各方面关系，尤其是加强与政府的关系。德胜社区基金会的治理结构安排在这方面有充分考虑，目前理事会19位理事在基金会的事务中参与度非常高，其中和的慈善基金会代表1人、原政府工作人员1人、社区基层代表3人、镇街商界贤达代表11人、公益行业代表2人、媒体行业代表1人；监事会5人，其中政府相关部门代表3人，法律专家1人，财务专家1人。其中的重要考虑包括：一是理事长人选非常关键，最终邀请长期扎根地方政界、对家乡感情深厚、人脉和声望兼具的退休官员来担任①，现任理事长曾担任过两个重要街镇的书记和区政协副主席，不仅在宏观战略上更有远见、更能与政府形成协同，而且他对基金会的事务非常投入，其强有力的地方社会关系对基金会接洽各政府部门、各街镇并建立合作关系发挥了关键作用；二是理事会中的商界贤达代表均由街镇领导推荐，由基金会理事长亲自选定，他们不仅是有资源的企业家，更是在基金会的实际运作中成为与街镇联系的重要桥梁；三是副理事长是和的慈善基金会代表，与何享健先生关系紧密，有助于基金会准确把握捐赠人意愿，同时他本身也是顺德商界有名、有影响力的人物；四是监事会成员的安排中有较高比例的政府相关部门代表，确保基金会在政府的监督下符合地方社区发展与治理的整体方向，并有利于政社协同。

（三）联席会议制度与结构嵌入

和的慈善体系还与顺德区政府建立了一个独特的联席会议制度，这个制度连同社会组织党建制度构成了社区基金会与地方党委政府的结构性嵌入。根据这个制度，由一位副区长与和的慈善基金会主席担任联合召集人，每半年召集一次联席会议，双方代表就慈善事业中遇到的问题进行讨论协商，联席会议办公室设在区民政和人力资源社会保障局。联席会议下设立股权慈善信托、社区项目、双创项目等六个专责组，由相关部门具体对接和的慈善体系下的六个基金会。联席会议办公室会在联席会议召开之前收集需提交联席会议研究解决的问题和事项，德胜社区基金会可以通过这个制度向区政府反映社区治理中遇到的各种问题，并与区政府商议形成和落实解决方案。这个联席会议制度对社区基金会发挥平台作用，为向政府建言献策提供了非常有力的支持。

（四）资金配套机制与资源嵌入

如前所述，德胜社区基金会的项目资助逐步在街镇和社区层面形成配套机制。以伦教街道为例，根据街道综合治理办公室2020年新出台的《创新社会治理项目配套资金管理办法》，街道财政每年安排400万元作为街道党建引领创新社会治理项目的配套资金。配套资金用于支持在伦教街道范围内实施的、已经

① 退休政府官员担任理事长面临比较复杂的审批程序，实际操作中有适当变通。

获得基金会“和美社区计划”以及顺德区“众创共善”计划支持的公益项目。配套机制相当于基金会与政府形成面向公益创新项目和社区组织的联合资助，民间与官方目标和资源相嵌。但这种资源嵌入不同于民间资金被吸纳进官方体系，而是民间按照独立的意志与官方形成共识和平等协作。

（五）街镇联络工作规程与过程嵌入

根据基金会的《街镇联络工作指引》，德胜社区基金会与顺德各镇街政府都签订了“和美社区计划公益合作协议”，并针对“和美社区计划”资助发布、项目征集、项目走访、项目评审、项目签约、项目执行以及结项的全过程建立了一套基金会与街镇的联络制度和规程。在这个规程中，每个镇街都有2~3个联系人，可能包括党委副书记（或党委委员）、相关局领导和具体办事工作人员，基金会会就来自该街镇的项目申请和资助情况、配资需求与街镇政府联系人进行沟通商议，通过政府OA系统的函告或走访征求他们的意见和争取他们的支持。通过这样的机制，街镇政府充分参与到基金会的项目活动中，基金会实现了对街镇政府参与社会治理的过程嵌入。此外，基金会理事长每年都会带着理事会成员和基金会主要工作人员走访各街镇，进行非正式的情感交流。

四　讨论：德胜社区基金会的经验与价值

（一）德胜社区基金会的特征与经验

德胜社区基金会尽管只有三年多的历史，但其深深地根植于地方情感、文化和社会关系，同时又引入了最现代的专业慈善理念，在资源模式、治理结构及行动策略上都呈现出鲜明而有效的特征，其既是顺德“乡情”发挥治理功能的体现，又代表了中国社区基金会发展的重要方向，为中国基层构建“共建共治共享”的社会治理共同体带来了想象。具体而言，德胜社区基金会的特征或经验可总结为如下四方面。

一是“慈善信托+社区基金会”的资金模式确保资源稳定和永续发展。与众多依靠政府投入和社区募捐的社区基金会规模小、朝不保夕的资源状况相比，何享健家族的传承和远见塑造了一个可以永续发展的资金模式，基金会管理者没有筹资压力，可以集中精力在资金的使用方面和最大限度地产生影响力，可以依照信托的目的和基金会的宗旨进行长远、系统的谋划。

二是“乡情＋贤士”的理事会结构保障强大的治理动力和宗旨稳定。不同于一些地方社区基金会以吸纳社区民间资金服务于官方为目的，德胜社区基金会本身的动力源于乡贤最朴素的乡情，没有功利心，从而在地方社会具有很强的道德感召力和凝聚力。与此对应的是，基金会理事会理事也完全是采用以德为先、选贤任能的“贤士治理”模式产生的，找的是最爱家乡、最有威望、最有能力的贤人代表来担当。与一些社区基金会由政府指派或从捐赠人或社区成员中选举产生理事会成员不同，德胜社区基金会“贤士治理”模式中的理事会成员基于乡情和声誉机制，有很强的内生动力，公共精神和参与度高，在基金会治理中真正投入大量的时间和精力，各尽所能。同时，德胜社区基金会的起源及“贤士治理”模式本身代表了精英慈善，但这并不妨碍它撬动更为广泛的大众慈善。

三是作为“撬动者”的生态定位和呈现出来的“双层社区慈善”模式。德胜社区基金会是一个在县域活动的社区基金会，与诸多在街道或社区范围内活动的社区基金会不同，其重点并非直接募集社区捐赠，而是定位为一个支持和撬动平台。由此在整个顺德层面，德胜社区基金会塑造了一种“双层社区慈善”模式：（1）基层包括社区福利会和其他社区公益组织，它们的功能是募集社区内生资源，促进社区参与，形成社区自助、互助慈善，从而积累社区社会资本、塑造社区共同体；（2）而上层的德胜社区基金会发挥截然不同的支持、培育、赋能以及创造有利外部条件的作用，并不直接介入社区资源动员，甚至在向基层社区投入资源的时候是要小心谨慎的，强调配资模式以撬动内部资源、催化基层社区参与，避免外部资源介入挤出了社区责任和内部参与；（3）在“双层社区慈善”之外才是嵌入其中的其他社会服务机构，这些服务机构可以从各级政府、官方背景的慈善会体系、“双层社区慈善”体系中获得资金，面向社区开展服务。可见，社区基金会有很多类型和多重价值，一个社区基金会不可能什么目的都能达到，必须有所为、有所不为。德胜社区基金会依托自身的资源优势找到了自己的生态位，与慈善会、社区福利会等其他组织直接募资和提供福利的模式相比，它扮演的是撬动者和生态建构者。

四是与政府的互动关系和“立体式嵌入”地方社会治理体系。除了政府推动发起的社区基金会之外，很难看到一个纯民间发起的社区基金会能够像德胜社区基金会那样在保持自主性的同时与政府如此深层次地互动和协同。站在社区基金会的角度，将自己深度嵌入党政主导的社会治理体系中能够最大限度地发挥资金的杠杆作用和产生影响力，给当地公益生态乃至社会治理体系带来系统性价值。从另外一个角度来说，社区基金会与政府的这种互动合作在情感基础、目标、结构、过程、结果等多层次上都是协同的，给双方都带来了巨大的增益，这种互动也是官民一心、构建社会治理共同体的重要象征。

最后，德胜社区基金会在总体上呈现出难能可贵的“两个融合”——传统与现代融合以及主体性与嵌入性融合。与官方背景的慈善会和其他传统地方慈善模式相比，德胜社区基金会吸收了大量现代慈善理念，完全按现代专业慈善基金会的方式运作，除了采取创新的慈善信托模式外，从调查研究到战略规划，从愿景到路径、策略整个逻辑都非常清晰：战略定位上超越传统的福利供给者，扮演生态塑造者、系统变革者（change maker）；治理结构也保持独立性和自主性，确保基金会依照慈善信托目的和宗旨行动；机构运作公开透明、专业高效。而与其他的资助型基金会（乃至关注社区议题的基金会）相比，德胜社区基金会扎根当地，以传统乡情为动力和感召力，借助乡贤能人的地方权威和社会关系，可以做到凝聚各方力量，动员政府与社区，体现出巨大的能量、影响力和精神内涵。可见德胜社区基金会充分地体现了传统与现代的融合和相得益彰。主体性与嵌入性的融合既在保持民间性、独立性、自主性的同时，又深度地嵌入了党政主导的地方治理体系之中。在这里，主体性的功能发挥和使命达成得益于立体式嵌入获得的环境支持和撬动作用；主动嵌入的实现和所得到的尊重则得益于资源的自足、对主体性的坚守以及由此带来的异质性和创造力。对于身处地方性环境中的社区基金会来说，主体性与嵌入性缺一不可，而这种主体性与嵌入性的平衡则难能可贵。

（二）德胜社区基金会的意义与推广价值

1. 社区基金会是慈善乃至第三次分配的创新形式

首先，德胜社区基金会反映了我国慈善地域化、慈善社区化的重要趋势。对于中国过去二十多年来的慈善发展，人们习惯做官办慈善和民间慈善的区分，然而最近几年的发展表明中国的慈善版图正在重塑，未来中国的慈善界分公共慈善（或议题慈善）和社区慈善（或地域慈善）或许更有意义。[①] 随着中国国

① 前者以在全国范围或较大区域内活动的基金会为代表，主要围绕某个特定议题领域开展工作，提供系统性的解决方案；后者包括社区基金会和慈善会系统，是以地域为基础的，议题领域则相对广泛，并随时根据地域内的实际需求进行调整。

家治理体系与治理能力现代化的推进，以及对中国特色社会治理体系、中国特色慈善理论的系统反思，慈善与基层治理的结合以及社区慈善（地域慈善）的发展乃是大势所趋，基于市民社会理论、第三部门理论的慈善理论基础逐步让位于“治理”“共治”“社会治理共同体”等话语，国家与社会乃至官民的二元区分仍然有学理上的意义，却远非实践的走向。

事实上，基层也的确为慈善提供了大量政策、资源和机会空间，具体体现在：（1）当代中国的诸多社会问题体现出很强的地域性，很难通过大一统的政策和公益模式得到回应，需要在基层解决；（2）我国社会发展、治理的政策重心向基层下移，包括乡村振兴、基层社会治理等在内的一系列重要政策为社区慈善创造了多元化的地方性政策支持环境；（3）各地始于七八年前的社会组织培育政策，各个层次的社会组织孵化器、社会创新园开始在基层开花结果，地方性的社会组织、社会服务机构涌现，对地方性慈善资源和支持体系的需求开始呈现，或者社区慈善（地域慈善）在项目和服务执行层面已经产生了可以选择的合作伙伴，以地方组织动员地方资源、解决地方问题的地方慈善生态构建正逢其时。

其次，德胜社区基金会为传统乡情慈善的现代化转型提供了一个可借鉴的经典范本。或许有人认为，顺德之所以产生德胜社区基金会是因为有何享健先生这样热爱家乡的大慈善家，认为顺德和德胜社区基金会可能只是一个孤例。但仔细考察中国的基金会版图及基金会的捐赠行为，可以看到有大量以企业家、家族或民营企业为背景的基金会回馈家乡，它们捐赠大量资金在家乡修桥、造路、建学校、建医院、建养老院；当然更多的情况是这些企业家和乡贤还没有成立基金会，还是通过地方慈善会或直接捐赠做慈善。显然，随着改革开放以来民间财富的增长，这类以直接回馈为主的传统乡情慈善在中华大地上非常普遍，在广东、福建、浙江等家族传统和地方传统文化保存相对较好、大乡贤企业家较多的地方尤为发达。甚至在广东潮汕、梅州地区，乡贤回馈家乡教育、医疗、基础设施等社会事业之风盛行，俨然已经成为“第二财政”。随着地方需求从基础设施和硬件建设向社区养老、社区服务、社区文化和社会关系重建等领域转移，构建更立体的慈善生态，在大乡贤慈善之外动员小老板、工薪族、打工者等普通成员参与家乡发展乃至自助互助也成为慈善发展的重要空间。德胜社区基金会乃至顺德慈善生态呈现的“慈善信托＋社区基金会”“立体式嵌入”“双层社区慈善”等模式为推动这样一些地方的乡情慈善现代化转型提供了一个整体性的借鉴样本。在这个样本上也可以有一些变种模式，例如一个地方可能没有像何享健家族这样的大家族，但仍然可以通过地方商会或其他组织集合同乡多位乡贤的力量来打造慈善信托，构造“商会 + 慈善信托 + 社区基金会”之类的变通模式，为家乡发展提供永续支持，同时传承地方慈善文化和凝聚力。

2. 社区基金会是基层社会治理的创新主体

从基层社会治理创新的视角来看德胜社区基金会，除了前文所提到的具体模式及其功能发挥，其独特价值还在于：（1）德胜社区基金会乃至“和的慈善体系”作为乡情和公共精神的表征，在地方有很强的氛围营造和示范带动作用，并通过一系列战略定位和机制设计撬动了乡情、撬动了民间慈善资源、撬动了地方社会治理共同体的构建；（2）社区基金会乃至现代慈善作为一个新的资源和创新系统，可以不断撬动社会力量，还可以给基层干部带去新的理念，给基层治理带去新的模式，可以作为一个穿透区、镇街、村居三级，横跨政、商、学、社的意见渠道，为地方治理提供不同的视角，带来新的想象力与活力；（3）德胜社区基金会的嵌入式发展道路表明，民间发起的社区基金会也可以与党和政府很好地协同，成为社会治理共同体的重要塑造者，地方政府要对社区基金会保持开放的态度，看到其在地方慈善生态乃至社会治理体系中的独特角色和价值，尊重其民间性和主体性并提供必要的支持。

（三）挑战与展望

德胜社区基金会在不到四年的历程中取得的成绩、体现的活力、撬动的资源和产生的影响已经不俗。但德胜社区基金会还在路上，还在不断地落实“一三四”战略构想，深入地实现“社会问题回应者、慈善资源联动者、公益生态推动者”这三个角色，例如进一步增强街镇和社区的责任及其统筹资源的主动性，进一步推动冠名基金发展以动员更广泛的社会力量，进一步吸引志愿者加入社区建设事业，进一步与其他平台组织实现协同互补等。这一过程也面临挑战，例如冠名基金面临的管理成本和未来发展道路问题。徐宇珊、朱照南（2017）区分了社区基金会发展的四个阶段或四种形态，即捐赠人主导、财务代理人、项目主导和社区领导者；Elizabeth A. Graddy 和 Donald L. Morgan（2006）根据战略方向的不同也区分了社区基金会的三种模式，即捐赠者服务

(donor service)、媒介模式（matchmaker）和社区领导者模式（community leadership）。冠名基金似乎与上述区分中提到的捐赠者服务和财务代理人角色有关，其中“财务代理人”为其他公益组织甚至企业提供财务管理服务甚至协助它们设立永久捐赠基金，帮助它们进行投资和管理，并收取一定的管理费。倘若冠名基金按基金会是“财务代理人”来对待则可以解决成本问题，但需要基金会自身具备资产管理能力；否则基金会必定需要承担管理成本和声誉风险，并要处理好冠名基金与基金会本身战略和业务领域的相关性和协同关系。

基金会的重要价值之一是创新，甚至是“为失败买单”，德胜社区基金会不仅是资源和专业支持平台，也是一个社会创新平台。我们有理由期待德胜社区基金会所做的更多创新探索，也期待有更多人学习到德胜社区基金会和顺德的经验，让社区慈善伴随着中国的城市化和城乡融合发展进程、伴随着中国社区重建和基层社会治理体系现代化进程而发扬光大。

参考文献

徐宇珊、朱照南（2017）：《美国公益图谱：从传统到现代》，北京：社会科学文献出版社。

Elizabeth, A. G. & Donald, L. M. (2006), "Community Foundations, Organizational Strategy, and Public Policy", *Nonprofit and Voluntary Sector Quarterly* 35 (4), pp. 605 - 630.

Korten, D. C. (1987), "Third Generation NGO Strategies: A Key to People-Centered Development", *World Development* 15 (s1), pp. 145 - 159.

Multi-dimensional Embedding of Community Foundation in Local Social Governance: The Case of Guangdong Desheng Community Philanthropic Foundation

Lan Yuxin

[**Abstract**] How can community foundations well embed themselves into local social governance system and exert sustainable influence? This article gives a detailed description of the emerging process, funding model, strategic positioning and action framework of Desheng Community Foundation, a special case of community foundation based in Guangdong province of China, and presents the strategy and institutional arrangement of the foundation deeply embedded in the local social governance system under the conceptual framework of "Multi-dimensional Embedding". In the end, the article summarizes four major experiences of Desheng Community Foundation in the macro perspective of the development of community foundations in China: "charitable trust + community foundation" funding model, "hometown affection + local elite" governance structure, "facilitator + double-layer community charity" ecological positioning, "Multi-dimensional embedding" political and social interaction strategy. The case of Desheng Community Foundation presents the two-layer coupling of tradition and modernity, organizational autonomy and and embeddedness, which brings new imagination for the community foundation to leverage the "third distribution" and help build a local social governance community.

[**Keywords**] Community Foundation; Local Governance; Multi-dimensional Embedding; Shunde

北京社会组织70年：发展图谱与简要述评*

李长文**

【摘要】 北京作为中国首都，其社会组织发展一直受到社会各界的广泛关注。以社会发展为历史背景，可将新中国成立至今北京社会组织发展分为萌芽发展、复苏发展、快速发展、创新发展四个阶段，每个阶段社会组织发展都呈现出独特的时代特征。对北京样本70多年的发展与创新进行历史回顾与客观评析，对于学术研究以及全国其他省市社会组织管理实践有着重要的理论与现实意义。

【关键词】 北京；社会组织；发展历程

新中国成立至今，北京作为首都城市，依据其独有的城市定位和特殊的政策环境与治理思路，在社会组织建设与发展方面取得了一系列显著成果，探索出了一条独特的社会组织发展道路。对北京社会组织的发展与演变进行简要回顾与客观评析，能够为把握当下社会组织发展趋势，进一步推进社会组织可持续发展提供借鉴。

新中国成立70多年来，北京社会组织的演变同整个国家的宏观发展历程有

* 基金项目：本研究系北京市社会科学基金“政府购买服务背景下首都社会组织培育协同机制构建与推进策略研究”（项目编号：16ZGB003）、民政部培训中心（北京社会管理职业学院）SGYZD2020－1课题的阶段成果。

** 李长文，博士，民政部培训中心（北京社会管理职业学院）教授，清华大学NGO所出站博士后，美国夏威夷大学访问学者。

着密不可分的联系。国家建设所处的不同时期、不同阶段和主要任务的变化，对社会组织的发展态势产生着最为直接的影响。结合国家建设和北京城市发展的演进历程，本研究将北京社会组织 70 多年的发展划分为四个阶段：1949 ~ 1977 年的萌芽发展期、1978 ~ 1999 年的复苏发展期、2000 ~ 2011 年的快速发展期以及 2012 年至今的创新发展期。

一　1949 ~ 1977 年萌芽发展期

新中国成立前后，国家政治生活还处在一个较为动荡的状态，北京社会组织发展起伏也较大，各项管理制度缺失，促进社会组织良性发展的社会环境还未形成，这一阶段，北京社会组织发展尚处于萌芽阶段，社会组织形式较为单一，开展的活动也较为有限。

（一）萌芽发展期北京社会组织基本情况

新中国成立前夕，北京市各类社会团体已经有了一定程度的发展，1948 年 9 月，北京经核准的社团数量有 502 个，其中职业团体 189 个、社会团体 313 个（北京市地方志编纂委员会，2003）。新中国成立前后，我国开始对旧社会遗留的社会团体进行清理整顿。1949 年 3 月，北京市军事管制委员会颁布《关于社会团体暂行登记办法》，规定已成立或将成立的一切社会团体，均须向市人民政府民政局申请登记。1950 年 9 月 29 日，政务院第五十二次会议通过《社会团体登记暂行办法》，规定“地方性的社会团体，向当地人民政府申请登记，由省（市）或行政区人民政府批准”，对北京市社会组织的登记管理机关进行了确认。同时，该办法把社会团体划分为六大类：“人民群众团体、社会公益团体、文艺工作团体、学术研究团体、宗教团体、其他符合人民政府法律组成的团体。”这六大类社团的划分，体现了新中国成立初期以社团为主的北京社会组织的基本格局。当年，北京市新申请的社团有 260 个，加上上年末的 299 个，共计 559 个社会团体。①

社会主义十年建设期间（1956 ~ 1966 年），以频繁的政治运动为中心的社会生活和 1959 ~ 1961 年三年严重困难，大大削弱了人民组建社团的积极性，社团组织逐步停办登记，数量大大减少。“文化大革命”期间（1966 ~ 1976 年），

① 《北京地方志·民政志》（1949 ~ 1989），第 438 页。

在“以阶级斗争为纲”运动中，科学、文化、教育事业全面荒芜。1968 年，中央通过了《关于撤销高检院、内务部、内务办三个单位，公安部、高法院留下少数人的请示报告》，次年，内务部撤销。社会组织的活动丧失了赖以存在的社会文化环境。这一时期的北京，乃至全国的社会组织发展都处于全面停滞状态。

（二）萌芽发展期北京社会组织简要述评

首先，萌芽发展期的社会组织发展较为单一。新中国成立初期，北京社会组织的发展基本上较为单一，体现在以下方面，一是社会组织的类型还比较单一，以社会团体为主。二是社会组织活动领域也比较单一，学术类、文艺类社会团体相对发展较快，表现较活跃。

其次，社会组织受政治环境的影响较大。在新中国成立初期的近三十年里，社会组织的发展受国家的政治运动影响比较大，社会组织的自治性体现得不够充分，受政府管制较多，其作用发挥也较为有限，这一时期北京乃至全国社会组织发展受国家政治环境影响巨大。

最后，萌芽发展阶段的北京社会组织在管理体制与机制方面都处于初步探索中，各项社会组织相关政策的波动性也较大，北京市及全国层面的社会组织的管理体制还远未形成。

二　1978～1999 年复苏发展期

改革开放后，国家政治生活逐渐正常化，人民民主观念日益增强，社会参与意识也逐渐增强，北京社会组织的发展进入了一个崭新的历史阶段。

（一）复苏发展期北京社会组织基本情况

第一，社会团体发展方面。1978 年 3 月，民政部成立。1982 年 12 月，第五届全国人代会第五次会议通过《中华人民共和国宪法》，明确规定公民结社权，全国各类社会团体迅速发展。1985 年 1 月，北京市社团数达 235 个。[①] 1987 年，北京市在全国率先全面恢复社团登记工作，初步建立起社团管理机构和相应的工作制度。1989 年 8 月 23 日，北京市社会团体管理办公室成立，设在北京市民政局，初步建立起首都社团管理体制。[②] 为了进一步规范北京社会团体的

① 《北京地方志・民政志》（1949～1989），第 438 页。

② 《北京地方志・民政志》第七篇社团登记管理，第 417 页。

管理，1991 年，相继成立北京市和区县两级社团登记管理机关。

截至 1996 年底，全市注册登记社会团体达 2000 个，其中市级 925 个，区县级 1075 个。① 1997 年，北京市开展了为期两年的社会团体清理整顿工作，北京社会团体增长速度在这一时期有所下降，详见图 1。

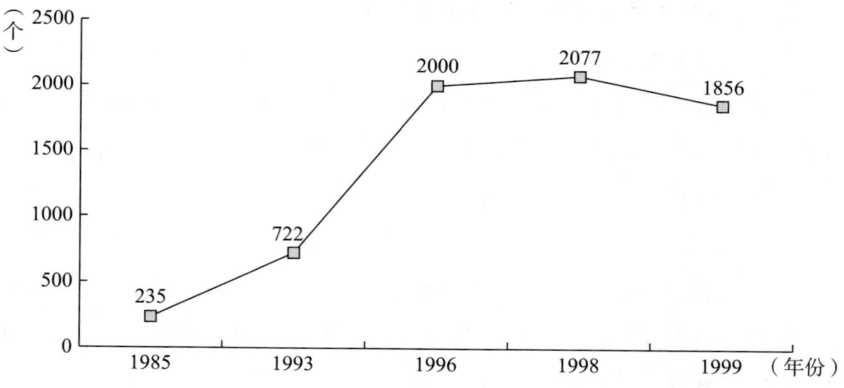

图 1　1985～1999 年复苏发展期北京社会团体数量变化状况

资料来源：《北京地方志·民政志》（1949～1989）（1999～2010）。

第二，民办非企业单位发展方面。民办非企业单位是改革开放后中国经济社会转型过程中出现的新兴事物，特别是 20 世纪 90 年代末期，非营利机构逐步被国家视为改革事业单位激励机制的一种替代性选择。1996 年，中共中央办公厅、国务院办公厅印发《关于加强社会团体和民办非企业单位管理工作的通知》（以下简称《通知》），民办非企业单位这一名称首次在政府文件中出现。《通知》对社会组织进行分类，将民办事业单位改为民办非企业单位，列入民间组织，归口民政部登记管理，明确了民办非企业单位实行统一登记、双重负责、分级管理的管理体制。1996 年 5 月，《北京市事业单位登记管理办法》发布施行，标志着全市事业单位（包括民办非企业单位）登记工作正式开始。同期，北京市社会团体管理办公室专门成立民办非企业单位调查组，对全市民办事业单位进行调研，初步决定将 2000 余家单位纳入民办非企业单位登记范畴。1997 年 5 月，北京市明确了民办非企业单位统一归口登记、双重负责、分级管理的管理体制。1999 年 12 月，民政部颁布《民办非企业单位登记暂行办法》，启动了民办非企业单位登记工作。同年，北京的民办非企业单位开始实行登记管理。

① 《北京地方志·民政志》第七篇社团登记管理，第 417 页。

第三，基金会发展方面。北京市自1984年第一家基金会成立到1988年9月之前，基金会一直处于经批准无须登记即可开展活动状态。因此，这一阶段，北京市也未设立对基金会进行统一管理的专门机构。1988年9月，国务院通过《基金会管理办法》（以下简称《办法》），这是我国关于基金会的第一部行政法规。《办法》明确中国人民银行为基金会审查批准部门，民政部门为登记注册部门。自此，基金会登记进入有法可依阶段。自1988年9月至1999年9月，北京市基金会的管理处于三方负责登记阶段，即根据《办法》，基金会成立必须首先经业务主管单位同意，报中国人民银行审查批准，到民政部门进行注册登记。1999年9月，中国人民银行和民政部联合下发《关于做好社团基金会监管职责交接工作的通知》，将基金会审批和监管的职责全部移交同级民政部门。此后，新成立基金会时，经业务主管单位同意后，即到民政部门登记注册，不须再经中国人民银行批准。自此，北京市的基金会管理从三方负责登记向双重管理过渡。

（二）复苏发展期北京社会组织简要述评

第一，复苏发展阶段，北京三类社会组织共同发展的格局基本形成。在复苏发展期，民办非企业单位作为一种全新的组织类型登上了北京社会组织发展的舞台，并在教育、卫生、科技等领域开始发挥作用，以自己独特的方式推动着北京市的各项社会事业的发展。同时，在国家政策的推动下，基金会也逐步登场，为首都的公共服务与社会福利事业贡献力量。至此，北京社会团体、民办非企业单位、基金会三大社会组织类型的发展格局基本形成。

第二，对社会组织规范化发展的制度创建进行了初步探索。在这一时期，北京社会组织相关管理部门在规范社会组织管理方面做了大量的制度化的努力与尝试，制定了一批有关社会组织登记、年检、印章管理、名称规范、分支机构管理、财务管理等方面的制度规范，对引导这一时期首都社会组织的健康发展起了积极的作用，也为北京社会组织的规范化发展奠定了良好的法制基础。

第三，社会组织双重管理体制基本形成。在复苏发展阶段，无论从国家层面还是北京市层面相继出台的各项制度，对社会团体、民办非企业单位以及基金会三大社会组织在双重管理方面都做出了较为明确的制度规定，北京社会组织的双重管理体制在这一阶段基本形成。

三 2000～2011年快速发展期

进入新世纪，北京社会组织也逐步进入了一个管理规范和繁荣发展的历史阶段。这一时期北京社会组织的发展实现了历史性的飞跃。

（一）快速发展期北京社会组织基本情况

第一，社会团体发展方面。2000年7月，中共中央组织部发布《关于加强社会团体党的建设工作的意见》，重申社会团体党建工作的重要性。同年，北京市要求新申请登记的社会团体必须建立党组织，促进社会团体在首都改革开放、市场经济体制建设、首都“两个文明”建设中发挥积极作用。2001年，北京市社团办将注册登记处和社团管理处合并为社团管理处，负责全市社会团体成立、变更、注销登记的审查和报批及公告工作。同年，北京市委办公厅、市政府办公厅下发《关于确定和调整民间组织业务主管单位的通知》，要求进一步落实和完善双重负责管理体制。2003年10月，中共十六届三中全会提出为完善社会主义市场经济体制，“按照市场化原则规范和发展各类行业协会、商会等自律性组织”。北京市开始对社会团体所办的经济实体进行脱钩管理，使北京市社团经济有序发展。2007年10月，国务院办公厅发布《关于加快推进行业协会商会改革和发展的若干意见》（36号文），肯定了改革开放以来行业协会商会发展取得的成绩。自此，北京市行业协会商会得到快速发展。2010年，北京市制定《中关村国家自主创新示范区社会组织登记管理办法（试行）》，实施中关村社会组织登记管理改革试点，启动了中关村社会组织的直接登记工作。

相比较于前两个历史阶段，北京社会组织在这一阶段所处的时代背景最为有利于社会组织的发展，2000年至2011年，北京社会团体一直保持着稳定增长的发展态势（见图2）。

第二，民办非企业单位发展方面。2000年6月，北京市民政局在全市18个区县开展民办非企业单位登记管理试点工作。同年8月，确定了市级和区县民办非企业单位的业务主管单位，并授权北京市总工会等11家单位行使业务主管单位职能。2001年，北京市把民办非企业单位正式纳入民政部门的管理范畴。2003年1月，北京市民政局启动民办非企业单位年检工作。2010年10月，北

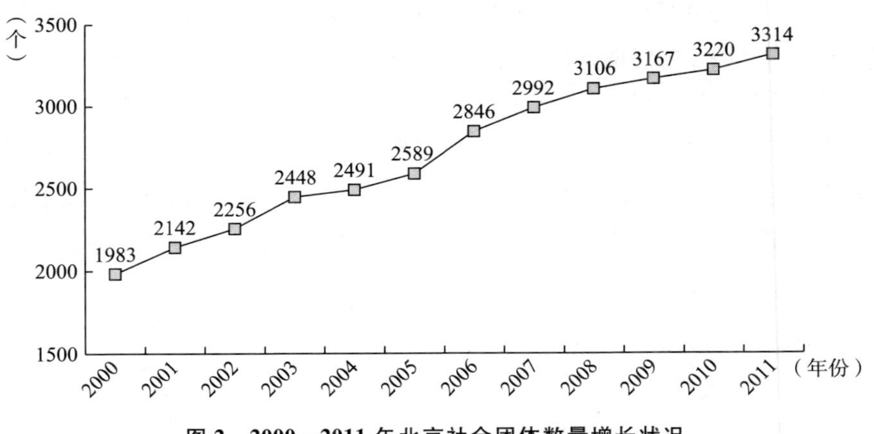

图 2　2000～2011 年北京社会团体数量增长状况

资料来源：历年北京市民政事业发展统计公报。

京市民政局将民办非企业单位成立登记、变更登记、注销登记和北京市民政局服务大厅登记咨询受理等工作移交社会组织登记处负责，实现了登管分离。同年 11 月，北京市民政局印发《北京市社会组织评估管理暂行办法》和《民办非企业单位规范化建设评估指标》，并委托第三方评估机构首次对 49 家民办非企业单位进行规范化管理评估。

自从 20 世纪末，北京市对民办非企业单位实行登记注册以来，北京民办非企业单位逐步走上了规范化的法治道路，并且在这一发展阶段实现了数量上的飞快增长。具体见图 3。

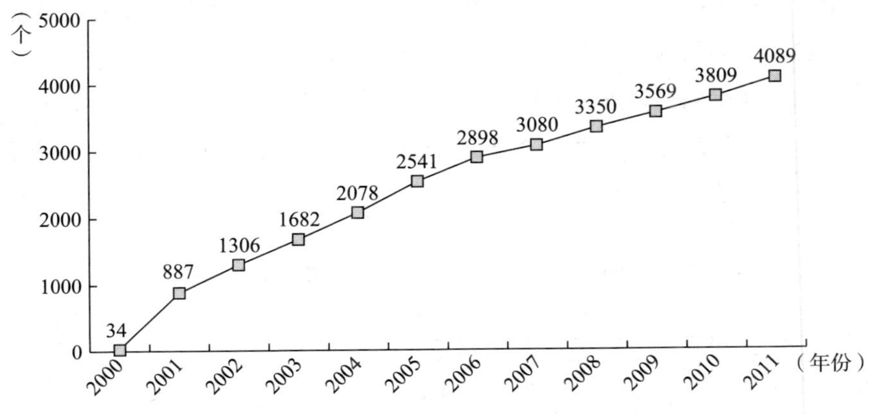

图 3　2000～2011 年北京民办非企业单位数量增长状况

资料来源：历年北京市民政事业发展统计公报。

第三，基金会发展方面。2004 年 3 月，国务院出台《基金会管理条例》，明确省及以上民政部门是基金会的登记管理机关，省及以上人民政府有关部门或省级政府授权的组织是基金会的业务主管单位。自此，基金会双重管理体制正式确立。同月，北京市民政局开始对原有基金会进行换证，并重新登记。同年 8 月，北京市社会团体管理办公室设立基金会管理处，开始有门处室负责基金会登记和管理工作。从 2004 年《基金会管理条例》出台以来，北京基金会的发展陆续走上了规范化的道路，在数量上增速很快，见图 4。

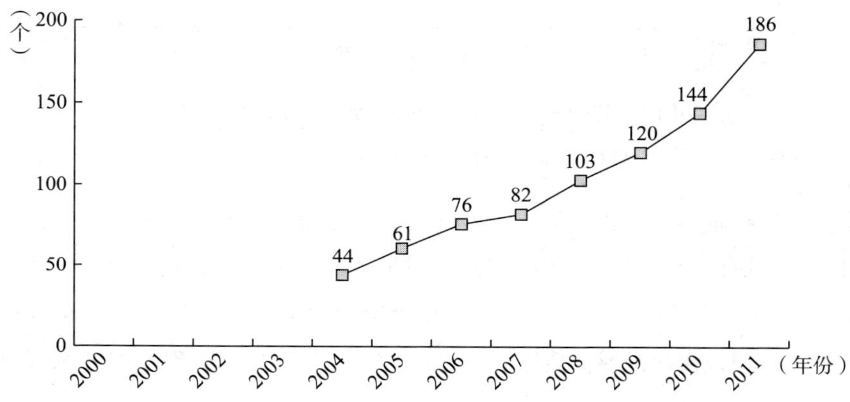

图 4　2000～2011 年北京基金会数量发展变化情况

资料来源：历年北京市民政事业发展统计公报。

（二）快速发展期北京社会组织简要述评

第一，三类社会组织数量快速增加。北京三类社会组织在快速发展期均实现了数量上的快速增长，年平均增长率达 7.37%。其中，基金会数量最少，但增长速度最快，其次为民办非企业单位，相比较而言，社会团体的增长率稍低。总体来看，北京社会组织在这 12 年间，数量增长较快，发展态势较为迅速（见表 1）。

表 1　2000～2011 年北京社会组织数量与增长情况

单位：个，%

时间	社会团体数量	社会团体增长率	民办非企业单位数量	民办非企业单位增长率	基金会数量	基金会增长率	总量	总量增长率
2000 年	1983	6.84	34				2017	8.67

续表

时间	社会团体数量	社会团体增长率	民办非企业单位数量	民办非企业单位增长率	基金会数量	基金会增长率	总量	总量增长率
2001 年	2142	8.02	887				3029	50.17
2002 年	2256	5.32	1306	47.24			3562	17.60
2003 年	2448	8.51	1682	28.79			4130	15.95
2004 年	2491	1.76	2078	23.54	44		4613	11.69
2005 年	2589	3.93	2541	22.28	61	38.64	5191	12.53
2006 年	2846	9.93	2898	14.05	76	24.59	5820	12.12
2007 年	2992	5.13	3080	6.28	82	7.89	6154	5.74
2008 年	3106	3.81	3350	8.77	103	25.61	6559	6.58
2009 年	3167	1.96	3569	6.54	120	16.50	6856	4.53
2010 年	3220	1.67	3809	6.72	144	20.00	7173	4.62
2011 年	3314	2.92	4089	7.35	186	29.17	7589	5.80
年平均增长率		4.78（2000～2011 年平均增长率）		16.51（2001～2011 年平均增长率）		22.87（2004～2011 年平均增长率）		7.37（2004～2011 年平均增长率）

资料来源：历年北京市民政事业发展统计公报。

第二，初步构建了一套规范社会组织发展的制度体系。北京社会组织在这一阶段，在国家相关制度框架下，开创性地创设了一系列规范社会组织发展的规章制度。这些制度规范所涉内容较为广泛，可操作性与示范性较强，在很大程度上激发与促进了北京社会组织的发展，还为北京社会组织的合规发展奠定了坚实的制度基础。

第三，参与首都社会建设的格局基本形成。经过前一阶段的发展，社会组织在北京社会建设、公共服务和政治民主建设等方面的作用越来越受到相关政府部门的重视。2008 年 9 月，北京市委市政府召开“北京市社会建设大会”，印发《关于加快推进社会组织改革与发展的意见》，明确北京市社会组织发展方向。同年 9 月，中共北京市委、北京市人民政府印发《北京市加强社会建设实施纲要》"1+4"文件[①]，将社会组织纳入北京市社会建设体系中，初步确立了北京社会组织在社会建设格局中的基本框架。

四 2012年至今创新发展期

本阶段北京社会组织的发展更多体现在各项业务工作中，如社会组织党建、监管、参与基层社会治理等，本部分将以社会组织的各项业务工作为分析维度，对北京社会组织在这一阶段的发展进行简述。

（一）创新发展期北京社会组织基本情况

第一，社会组织党建方面。2016年7月，北京市委办公厅印发《关于加强和改进社会组织党的建设工作的实施意见》，市委组织部印发《关于加强和改进社会组织党的建设工作三年行动计划（2016—2018）》。同年8月，市委常委会审议决定，依托市民政局党委专门成立市行业协会商会综合党委，统筹负责524家市级行业协会商会党建工作，以及市民政局作为业务主管单位的和直接登记无业务主管单位的社会组织的党建工作，[②] 总数近2000家。截至2019年第三季度，共组建联合党委52家，批复成立党支部31个，综合党委所属党组织659个，基本实现党的组织全覆盖。[③]

第二，社会组织监管方面。2012年至今，北京市在社会组织监管方面做了很多创新与探索。社会组织信息公开制度建设逐步完善。2015年北京市出台《北京市基金会信息公开实施办法》，先后印发《北京市民办非企业单位信息公开指引》《北京市社会团体信息公开指引》，2016年出台《北京市社会组织信用信息管理暂行办法》，建立了社会组织信用信息公开及查询平台，推进社会组织公开透明运作。社会组织诚信自律建设机制逐步健全。2015年10月，北京市民政局出台《北京市社会组织行政约谈办法》。次年出台《北京市行业协会商会负责人任职管理办法（试行）》，不断推进社会组织诚信自律建设，完善

---

① "1+4"文件是指1个纲要、2个意见、2个办法。其中2个意见是指《关于进一步加强和改进社会领域党建工作的意见》《关于加快推进社会组织改革与发展的意见》。2个办法是指《北京市社区管理办法（试行）》《北京市社区工作者管理办法（试行）》。

② 参见（李万钧等，2018：54~59）。

③ 北京市民政局信息中心，发布于2019年9月10日。参见（唐军、刘金伟，2015：32~34）。

守信激励和失信惩戒机制，探索建立违法失信社会组织黑名单制度。等级评估已成为规范社会组织发展的有效制度手段。评估作为引导社会组织规范化管理的制度设计，是近10年民政部门管理与支持社会组织发展的重要政策工具。[①] 2016年9月，北京市民政局制定《北京市社会组织评估机构管理办法（试行）》，不断规范第三方评估机构管理，引导社会组织评估由规范性评估向能力提升评估转变。

第三，慈善事业发展方面。2016年3月，《中华人民共和国慈善法》出台，同年8月，民政部出台《慈善组织公开募捐管理办法》与《慈善组织认定办法》，在上述慈善事业发展基本制度框架下，2019年10月，北京市出台《北京市促进慈善事业若干规定》，在慈善募捐和捐赠、促进措施、监督管理方面都做出规定。截至2019年底，北京市级慈善组织已发展至462家，认定具有公开募捐资格的有54家，慈善事业步入规范化发展轨道。

第四，社会组织参与基层社会治理方面。近年，北京社会组织在基层社会治理领域非常活跃，在社区社会组织建设与社会组织培育孵化方面尤为突出。

2017年，民政部印发《关于大力培育发展社区社会组织的意见》，要求按照社区社会组织分类扶持、分类管理机制的思路，提出培育发展社区社会组织的总体要求。在上述制度框架下，截至2018年底，北京备案的城乡社区组织共计25332个，成为北京市基层社会治理的重要力量。

培育、孵化对于促进社会组织建设与发展至关重要。北京市民政局一直注重社会组织培育孵化体系建设，2017年，北京市民政局出台《关于社会组织培育孵化体系建设的指导意见》，同年6月，北京市社会组织培育孵化平台联合体启动。截至2019年第一季度，已建立市社会组织孵化中心1个、分中心2个，区级基地16个、街道（乡镇）级基地138个，累计孵化培育社会组织1000多家，[②] 逐步形成“上下贯通、覆盖广泛、资源整合、专业规范、多层次、多类型”的市、区、街三级社会组织培育孵化网络体系。

（二）创新发展期北京社会组织简要述评

第一，创新发展阶段北京三类社会组织数量稳步增长。2012年至今，随着

① 参见（王名，2019：54～55）。

② 《北京市社会组织今年首批15家孵化机构入壳！名单在这里》，2019年4月22日，https://www.sohu.com/a/309661486_120057041。

社会组织各类管理制度的不断完善，北京社会组织在其内部治理、业务开展等方面的规范化程度不断提升。在发展速度上，社会组织年平均增长速度为7.02%，其中，基金会依然是数量最少但增长速度最快的组织类型。与上一阶段相比，北京社会组织在创新发展期的发展速度稳中有降，这也是北京社会组织由单纯的数量增长向内在质量提升转变的体现（见表2）。

表2 2012～2019年北京社会组织数量及增长情况

单位：个，%

时间	社会团体数量	社会团体增长率	民办非企业单位数量	民办非企业单位增长率	基金会数量	基金会增长率	总量	总量增长率
2012年	3392	2.35	4382	7.17	219	17.74	7993	5.32
2013年	3573	5.34	4712	7.53	275	25.57	8560	7.09
2014年	3730	4.39	5035	6.85	318	15.64	9083	6.11
2015年	3961	6.19	5378	6.81	382	20.13	9721	7.02
2016年	4267	7.73	5972	11.04	515	34.82	10754	10.63
2017年	4586	7.48	6969	16.69	609	18.25	12164	13.11
2018年	4539	-1.02	7262	4.20	729	19.70	12530	3.01
2019年	4556	0.37	7522	3.58	771	5.76	12849	2.55
2012～2019年年均增长率		4.30		8.02		19.70		7.02

资料来源：历年北京市民政事业发展统计公报。

第二，社会组织逐步成为北京地方治理的重要力量。2012年至今，北京社会组织在政府购买服务、税收优惠、免税资格认定等各类政策的支持下，以各类公益项目为服务形式，依托自身管理灵活、服务专业等组织优势，在首都环保、养老、教育、医疗卫生、助残、志愿服务、脱贫攻坚、京津冀协同发展等方面发挥了重要作用，在参与社会治理方面，逐步发展成为政府不可或缺的重要合作伙伴。

第三，在社会组织管理实践中探索了一系列创新制度规范。这一时期，北京市相关部门在实践中不断探索，在促进社会组织规范化发展与监督管理等方面，出台了一系列社会组织登记、社会组织年检、社会组织评估、政府购买服务、社会组织人才、社区社会组织发展等创新政策与制度规范，[①] 在规范北京社会组织发展的同时，还极大地激发了社会组织的活力，撬动了利于社会组织发展的各类社会资源，为北京社会组织持续向纵深发展拓展了更广阔的空间。

第四，社会组织发展的组织生态基本形成。2012 年以来，在各类支持性政策的引导下，北京出现了越来越多诸如北京市协作者社会工作发展中心、恩派公益组织发展中心等，以专业技能、操作经验等为支持内容的专业支持型社会组织。加之，北京基金会在这一发展阶段也异常活跃。至此，居于上游以资金支持为主要特征的基金会、居于中游以专业技能与实操经验支持为主要特征的专业支持型社会组织以及居于下游以提供一线服务为主的服务型社会组织组成的资源共享、协作互动的公益链条以及公益联盟机制初步建立，北京社会组织的组织生态渐具雏形。[②]

综上可见，新中国成立 70 多年以来，北京社会组织发展取得了巨大成就，积累了丰富的实践经验。社会组织数量大幅增长，组织的质量内涵不断提升。社会组织党建持续增强，党建管理体制不断创新。社会组织发展基本制度建设逐步完善，管理创新也不断深化。社会组织积极投入北京社会建设，在社会治理领域作用越发凸显。社会组织有序参与脱贫攻坚和精准救助，大力助推首都慈善事业发展。

五　北京社会组织 70 多年发展的启示与未来展望

十九大报告指出："中国特色社会主义进入新时代，我国社会主要矛盾已经转化为人民日益增长的美好生活需要和不平衡不充分的发展之间的矛盾。" 面对新时代的新矛盾，如何更好引导社会组织健康发展，发挥社会组织在社会建设领域的独特作用，是需要举国上下共同研究的新课题。基于此，对北京样本进行研究、总结与提炼，对于推进全国及其他省市社会组织发展与实践而言，具有如下几点启示。第一，要立足本土，探索符合本土社会发展实情的社会组织发展路径。社会组织的发展离不开本土社会、经济发展环境的影响，要善于立足现实，尊重历史传统，挖掘本土资源，动员本土社会力量，探索符合自身实

① 参见（唐军、刘金伟，2015：32～34）。

② 参见（徐宇珊，2010：22～25）。

际的社会组织发展路径。第二，科学发展，探索社会组织自身发展规律。社会组织作为一种独特的组织形式，有着自身的发展规律，要充分尊重社会组织自身发展的内在规律性，有计划、有步骤、有重点地发展、引导社会组织。第三，制度为基，循社会组织规范发展路径。社会组织的发展与管理要依法而治，要通过诚信建设、等级评估等制度手段不断提升社会组织合法化程度。第四，改革创新，探索社会组织发展新的生长点。要通过实践创新、理论创新、制度创新，不断增强社会组织发展的生机与活力，发挥社会组织的积极性、主动性、创造性与创造力，推进社会组织快速成长。

社会组织的发展离不开制度规范，更离不开其所处的具体时代背景。党的十九大报告提出要打造共建共治共享的社会治理格局，要加强社会治理制度建设，完善党委领导、政府负责、社会协同、公众参与、法治保障的社会治理体制。在新的时代背景下，展望未来北京社会组织的可持续发展，今后要继续努力探索与构建符合首都本土实际的新型政社关系，深化政府职能改革，把社会组织培育成社会治理的重要参与者，不断增强社会组织参与社会治理的广度与深度。[①] 要大力推动社区社会组织发展，以社区社会组织为枢纽，清理社区服务盲区，提升社会组织参与基层社会治理的能力与水平。要持续深化社会组织管理体制机制改革创新，立足本土，因地制宜，探索与首都经济社会发展相适应的社会组织管理体制、运行机制以及保障体系，积极推动首都社会组织发展管理体制、运行机制创新。

参考文献

北京市地方志编纂委员会（2003）：《北京地方志·民政志》（1949～1989）。

李万钧等（2018）：《新时代首都社会组织建设四人谈》，《前线》，第3期。

唐军、刘金伟（2015）：《北京社会组织管理体制改革的思路与对策》，《前线》，第9期。

王名（2019）：《评估改变社会——谈谈我对社会组织评估的几点认识》，《中国社会组织》，第1期。

韦克难、陈晶环（2019）：《新中国70年社会组织发展的历程、成就和经验——基

① 参见（韦克难、陈晶环，2019：46～55）。

于国家与社会关系视角下的社会学分析》，《学术研究》，第 11 期。

徐宇珊（2010）：《社会组织结构创新：支持型机构的成长》，《社团管理研究》，第 8 期。

The Development and An Overview of Beijing's Social Organization in the Past 70 Years

Li Changwen

[**Abstract**] As the capital of China, the development of social organizations in Beijing has been widely concerned by all walks of life. Based on the historical background of social development, the development of social organizations in Beijing since the founding of the People's Republic of China can be divided into four stages: budding development, recovery development, rapid development and innovation development. Each stage of social organizations' development presents unique characteristics of The Times. Taking the social development as the historical background, the historical review and objective evaluation of the development of social organizations in Beijing are of great practical significance for both academic research and social organization management practice. Since the founding of the People's Republic of China, social organizations in Beijing can be divided into four stages of development. They are Embryonic stage, recovery stage, rapid stage and innovation stage. The development of social organizations at each stage presents unique characteristics of the Times. The historical review and objective analysis of the more than 70 - year development and innovation of Beijing sample is of great theoretical and practical significance for academic research and the management practice of social organizations in other provinces and cities across the country.

[**Keywords**] Beijing; Social Organization; Stage of Development

社会企业治理主要视角：一种参与式概念框架*

罗杰·斯皮尔　克里斯·康福思　迈克·艾肯 著

游　斐** 译

【**摘要**】社会企业，指运用开拓性商业手段实现社会或环境目标的组织形态，是一个潜在的公共服务提供方，也是一个重要的社会创新工具。在私人、公共及第三部门治理改革背景下，全面理解和认识社会企业面临的治理挑战和问责问题，可以完善和提升社会企业治理实践和政策水平，为探讨和解析社会企业性质和特点提供基础支持。广义的社会企业治理类型学基于理事会产生方式，是一种指向参与式治理的概念框架，涉及自选式理事会、会员式协会与混合式结构三种类型，其中理事会可以担负监督者、指导者、代表者或支持者四种角色。社会企业主要有互助主义组织、贸易慈善机构、公共部门衍生组织以及社会创业家新成立组织四个起源，混合性或多元化组织配置是

---

* 本文原载于雅克·德富尔尼、拉尔斯·霍尔加德和维克多·佩斯托夫主编的《社会企业与第三部门：一种比较视野下的欧洲变革图景》（*Social Enterprise and the Third Sector: Changing European Landscapes in a Comparative Perspective*），劳特利奇（Routledge）2014 年版，第 133 ~ 156 页。本文是基于英国治理枢纽（UK Governance Hub）开展的研究——该治理枢纽是英国建立的一系列枢纽之一，旨在加强志愿领域的基础架构。

** 罗杰·斯皮尔（Roger Spear），英国开放大学和丹麦罗斯基勒大学教授；克里斯·康福思（Chris Cornforth），英国开放大学教授；迈克·艾肯（Mike Aiken），英国开放大学访问学者；游斐，北京师范大学国际 NGO 与基金会研究中心执行主任、高级研究员。

社会企业的一个重要特征，整合多元利益相关方利益、开发更具开拓性和商业取向文化，成为社会企业规范、发展面临的一项共同治理挑战。

【关键词】社会企业；治理；参与式；混合性；第三部门

一　引言

本文旨在探析各类公认的社会企业，如合作社、社会事务所、社区商务社、贸易慈善团体等，并探讨它们的特定治理问题。这里的治理，专指一个组织确保总体方向、监管和问责的体系和流程（Cornforth，2004）。

社会企业，在英国，特指围绕社会或环境目标进行经营的第三部门组织。这意味着它们代表更具商业取向的非营利组织以及更具社会取向的合作社。许多国家中，社会企业可以采用多种法定形式，比如英国登记为受担保公司、勤俭互助会与社区利益公司；或者，只采用一些非法人的形式。相应地，新的立法也不断在欧洲国家或更广范围内涌现。其中，最被认可的一些领域涉及：工作整合（致力于弱势群体回归劳动力市场的培训和职业活动），福利供给，以及一些国家中更加广域的社会公用或者社区公益（包括文化和娱乐服务）。

国际上，社会企业越来越重要涉及诸多原因。公认的是，社会企业在公共服务重构上具有潜在的重要作用——第三部门是混合经济条件下公共服务重构中一个日益重要的服务提供方。社会企业还是一个重要的社会创新工具，可以更加有效地解决社会问题，涵盖社区发展、城市再造、农村脱贫、文化服务和资源回收等广泛领域。社会企业既可以被视为新的组织形态，也可以看作现有组织（比如非营利组织）的再造，这种再造源于市场力量对该组织所处环境的逐步塑造。

对于社会企业治理和问责的关注，部分是因为这一领域是全新而不同的，部分是因为一系列问题引发了私人、公共及第三部门的治理改革。而且，全面理解和认识社会企业治理和问责问题，也可以确保进行和采用合适的治理实践和治理政策。但无论如何，关于解决非营利组织和合作社治理问题的研究和政策，为探讨和提出合适的社会企业分析框架奠定了一定的基础。

本文旨在运用理论和实证的研究成果阐释一种基础理论框架，以解析各类社会企业治理结构之间的基本差异，并引出各种塑造治理流程的重要议题（比如多元利益相关方结构）。全文首先从回顾公共、私人和第三部门的治理改革背景入手。继而探讨社会企业的性质和特点，并澄清它的治理结构。随之，探讨主要的治理问题，包括：理事会/管理层关系，理事会的角色和专业性，利益相关方/会员关系和问责，目标结构（社会和金融的），以及市场和规制框架。然后，借助一个近期的英国实证研究项目（Spear et al.，2008），进入对社会企业起源和转型新兴路径的讨论。这项研究选取了一系列不同类别的社会企业研究案例，这些案例都是基于社会企业的英国式定义，从数据库中甄选的。英国式定义界定了社会企业的三个实操性标准：拥有社会目标，经营所得占收入的50%，以及超过50%的利润用于再投资。但需要指出的是，这一定义不包括治理标准，因此也不同于欧洲社会企业研究网络（EMES）的理想型定义。EMES理想型定义即便不是一个对为数众多的社会企业进行甄别的实操性定义，也提供了一个关乎社会企业特点的更加宽广的视角。EMES的理想型定义界定了三个治理维度：高度自治，决策权（不以资本所有权为基础），以及参与性（涉及活动相关方）。全部入选案例都满足了前两个维度，同时，虽然绝大多数案例都存在一定形式的利益相关方的参与，但也有一些案例并不满足第三个维度。

二　治理改革的背景

这一部分首先探讨公共、私人及第三部门治理改革的背景，继而探讨社会企业的性质及其富有特点的治理结构。随后，通过考察各种治理问题和挑战，以及用以理解和分析理事会角色的主要理论视角，提出一种可以融合这些观点的辩证视角。

近来，政策制定者和学术界对法人或组织治理越来越感兴趣。这部分是由于几起私人、公共及第三部门的重大治理丑闻，导致了除了趋向法定规制框架之外，还趋向自发性自律体系（如善行准则）的变迁。其中，导致这一变迁背景的关键因素有：

- 法人世界的全球化和去规制化，随之（通常情况下去规制化）市场对法人权力的认可；

- 各式法人机构框架——涉及不同利益方（如机构投资者）的权力，以及由（不同国家兼并/收购）法人控制的市场；
- 政府规制框架衰微。

随着对理事会角色、构成及其掌控方式的不断强调，法人治理的商业伦理和规制/咨商框架被束之高阁。在一些案例中，这导致了法人治理对法定规制框架的强化，而在另外一些案例中，却强化了自发性的行为准则。

（一）私人、公共及第三部门的治理改革

私人部门中的一系列重大法人丑闻，是治理改革的一个重要推动力，也影响到了其他（公共、第三）部门。许多非常知名的国际公司都因财务欺诈卷入丑闻，涉及 Guinness、BCCI、Enron 和 WorldCon，以及更近的印度软件巨头 Satyam 计算机服务公司。市场放松规制背景下，随着全球化和各国政府规制权威的弱化，大型公司的法人权力明显获得了巨大提升。这凸显了持股人和机构投资人的影响力、金融核算透明度以及高级经理人问责等问题。

许多国家特别是盎格鲁-撒克逊国家中，迫于持股人和机构投资人的压力，治理改革突出了自律性举措——趋向实操准则。其中，一项广受支持的改革举措，改变了执行董事（公司中的高级经理人）与非执行董事或外来独立董事之间的平衡关系，通过巩固后者地位，他们可以敦促采取更加负责任的管理措施。其他举措包括：分设主席与首席执行官（澳大利亚、加拿大、英国），加强薪酬委员会建设（这似乎特别无效），任命过程更加透明和公平，以及通过董事职业培训和开发、对董事会及其成员进行绩效评价来加强董事会力量。同样的进展也发生在非营利和合作社领域，但是，对于私人以外的部门，由于其独特的价值和实践，不可能采用上述所有举措。例如，英国的消费者合作社拒绝使用外来非执行理事，因为其重视加强会员之间的关系。尽管如此，通常情况下，非营利和合作社领域也往往更加注重通过上述方法来提升治理水平，特别是可用于非营利组织、合作社理事会成员的建议、支持和培训方面（ACEVO et al.，2005；Co-Operatives UK，2005）。

（二）社会企业的性质和特点

这一部分探讨社会企业的性质和特点，并提出一个理解社会企业治理结构的新框架。

界定社会企业不是一个简单的问题，因为它从广义上是第三部门中更具开

拓性的部分。社会企业可以采用多种法定形式，法定形式不同，规则和章程各异，还可以是多元组织架构——经典的例子是，一个慈善团体却拥有商务公司。关于官方定义，则因国家而异。比如英国，政府的社会企业部门（SEU）最先提出了如下定义："社会企业是一种拥有最主要社会目标的业务形态（business），它的盈余主要用于业务或社区再投资，而不是为了追求持股人和所有者的利益最大化。"（DTI，2002）

闻名遐迩的欧洲社会企业研究网络（EMES）[①] 提出了一个适用于广泛法定背景的研究进路，这一理想型研究进路采用了涵盖治理、社会、经济特性的九个维度。一个更简单的具有实操性的界定是，社会企业指一个具有社会或环境目标的（私人、正式）组织，拥有超过50%的商业收入，而且是非营利的，或者限定绝大多数营收用于再投资。这意味着，为了满足财务目标，社会企业不得不以一种具有开拓性的方式运营，但也可以依托于补贴或社会资本。同时，它们通常采用一种多维进路测评其社会、经济和环境绩效。

社会企业治理类型的一种概念性分析框架

治理是整个社会企业领域的一个重要问题。但是，社会企业是多种多样的，治理结构也各不相同，比如不同的规范化水平[②]、理事会规模和构成。

第三部门中，各种社会企业争奇斗艳——根据法定形式，其中许多是没有区别的，但通常只是自贴标签。不过，就治理而言，这些表面不同的类型之间，在结构和问题上却存在相当大的相似性。这一部分着力推荐一种广义类型学上的理想型治理结构类型，以简化社会企业的这种表面差异，以及辨识不同类型中某些特定的治理挑战。

这一推荐的治理结构类型基于一个与理事会产生体系相关联的维度。有三种类型：

- 自选式治理机构或理事会，即没有会员或有限会员（与理事会一致或几乎一致）；
- 会员式协会，即理事会由本组织中的广大会员民主选举产生；
- 混合式结构，即理事会成员和广大会员对理事会的遴选与任命都具有影

① 欧洲社会企业研究网络（EMES）网站（www. emes. net）可查看不同国家如何看待社会企业的概览，也可在维基百科（http://en. wikipedia. org）上查找"社会企业"。

② 大多数社会企业为规避金融风险，以有限责任登记。

响力。

引起这些差异的潜在原因，是关键的问责和掌控问题；比如，理事会对会员正式负责，原则上可以被成员罢免；而且涉及会员范围的宽窄区别。表 1 总结了这些广义的类型。

表 1　三种广义的社会企业治理结构

自选式理事会	混合式结构	会员式协会
理事会新成员由现有理事会任命	理事会是任命和选举成员的混合体	理事会成员由本组织中的广大会员选举产生

第一类“自选式理事会”，是指没有会员的第三部门组织，比如一些志愿组织、慈善基金会和信托基金①，其会员实际上仅限于理事会成员。这样，在这种组织中，理事会成员的权力是非常大的，因为本质上他们是对自己负责的。但是，在一定程度上，这可能会被他们完成使命（或慈善目标）的强烈驱动力所平衡；在慈善机构中，慈善宗旨/目标（同时指定受益人与地域）的实现，为问责提供了一种参照系；这具有一种比公司宗旨更强大的力量②。自选式理事会可能拥有一种能从广大网络中遴选的优势，而且可能事实上选择从利益相关方群体中进行提名，但是，也仍然存在被广大利益相关方代表公共利益的问责问题。

“会员式协会”（比如合作社以及其他拥有广泛会员的志愿组织或慈善机构）中，理事会由会员选举产生。在这些组织中，解决成员参与问题很重要（Spear，2004），不仅涉及成员如何对经理人施加影响或掌控问题，而且涉及理事会和管理层如何鼓励成员参与问题。按照这一方式，通过强调理事会成员问责制，这种成员享有的民主权利能够扩展治理的概念。特别是，在会员式结构中，成员的影响是通过代表这些成员的理事会理事施加的，即经由年度大会，选举理事会成员或理事，以及讨论重大问题。这样，在以成员为基础的治理结构中存在两个重要的结构关系：成员影响理事会，以及理事会影响经理人。

“混合式结构”囊括了上述两种类型的特点。这种结构拥有广泛的会员，

① “信托”一词通常较广泛地用于志愿和社区领域；这里是指非法人信托，是一种传统的捐赠、筹资的慈善信托形式。

② 公司主页网址：“宗旨是指公司做什么。例如，‘通商交易’”。

但是，会员只选举一部分理事会成员，剩余岗位是任命的。比如，其中一些人可以由理事会进行任命或指派，填补技能短缺，或者由特定“利益相关方”的组织进行提名。这种混合式治理结构具有驾驭上述两种类型优点的潜力，因为，它不但确保对成员一定程度的民主问责，驾驭着成员支持，而且还允许理事会遴选一些成员，确保理事会拥有必备的技能和经验。但是，它也具有潜在的缺点：如果理事会其他（由任命产生的）成员被认为具备更强的专业性，由选举产生的成员角色可能会被边缘化；外部利益相关群体的理事会成员，诸如投资者，以代表组织或利益相关群体最佳利益的方式行事，可能导致利益冲突和不确定性。比如，如果考察一个慈善机构理事会中的角色，那么需要对应受托人管理好他们自身与慈善机构之间的利益冲突：

> “受托人不能收受任何利益”原则，是基于“不允许受托人从其慈善机构收受任何利益”的要求，一旦他们分配慈善资源，就不会有任何利益冲突。这在一定意义上是出于一个广义的规则：受托人不应该将自己置于一种受托人职责可能与其自身利益相冲突的境地。受托人也是慈善服务对象，鉴于这双重身份，受托人潜在地处于利益冲突之中，并且需要小心谨慎地辨识任何一个冲突。
>
> （Charity Commission，2012）

但是禁制令较少适用于间接利益，它强调的是公共利益，不涉及私人利益。这种情况可以与其他一些以成员为基础的结构进行对照，比如合作社和互助社，后者明确为成员利益而设置，因此被剥夺了慈善身份。

多元利益相关方维度：治理结构各不相同，涉及单一或多元利益相关方。多元利益相关方理事会可能具有整合不同群体利益并形成更大社会资本的潜力，但是也更具潜在冲突性，协调利益相关方的不同利益可能需要花费高昂的交易成本。

专栏1　多元利益相关方理事会的优势和劣势

提高效率成本需要更大的社会效益平衡。

效率成本：交易成本被内化于社会企业之中，产生一种潜在的目标冲究，等等。

社会效益：

- 社区联系优势（合法性）
- 吸纳外部利益相关方
- 涉用户结构

除此之外，以下问题也有相关性。

经济优势：更好地联结多方资源（包括社会资本）。

合法性更大：资源再分配（特别是通过国家机构）。

另一个重要方面是，要认识到许多社会企业的多元化组织特征（例如，慈善团体及其下设贸易分支机构，以及不太常见的内部交易网络和集群）。这样的结果是，许多社会企业需要解决另外一个层面的治理问题。实操上，要包含这一点，比如，建议设立重叠性理事会，把风险分解于更具开拓性的结构之中。

从一个更广的层面，这三种不同的治理类型可以概念化为不同的政治问责体系，即：理事会为（与利益相关方有关的）行为承担的外部责任，可能落槌的惩处，以及如何通过信息和公开化实现的透明度（Greer et al.，2003）。自选式理事会（特别是一些慈善机构）通常不对利益相关者承担直接责任，但它需要一种更强大的规制体系，以确保与它的（公共利益）目标一致的行动透明度和合规性。民主式结构（特别是合作社）对成员承担直接责任，这有利于私人和社会利益的传送，因而不需要这样一种强有力的规约机制（特别当它不享受任何财政优惠之时）。[①] 混合式结构（特别是一些慈善机构中）能够影响一些成员利益相关方（一些受托人是由利益相关方选出的，虽然并不代表他们的利益），同时具有强有力的规约机制，而且特别强调（慈善）目标。

这一治理体系更具系统性或制度性的政治问责视角，蕴含着规制性框架的交互作用，如果不考虑其他影响治理的外部因素，也会是不完整的。这些外部因素包括：法人掌控（兼并和收购活动）市场，以及专业化流程（一种制度理论视角）。

（三）常见治理问题

这一部分继续探讨主要治理问题及挑战：

① 英国社区利益公司要求体现社区利益，并锁定资产，将重点转向社会或社区利益。

- 理事会/经理人的关系
- 理事会的特性（角色、专业性等）
- 利益相关方/成员的关系（问责）
- 目标结构（社会/金融的）
- 市场和规制框架

理事会/经理人的关系

这里主要考虑两个重要问题。第一，理事会与管理层之间的关系最好是一种伙伴关系，还是理事会监督和控制管理层？第二，究竟能在多大程度上划分理事会和管理层之间的不同职责？原则上，理事会的正式职责是引领、指导管理层根据所有者/利益相关方利益行事。但是，经理人基于可获得的组织的信息、专业和资源，在这一关系中拥有巨大的权力。因此，许多人认为是管理层控制了理事会，而组织的所有者/利益相关方及其理事会代表相对弱势（Berle & Means，1932）——这导致了"理事会是经理人决策'橡皮图章'"的观点。最近一些年，尽管试图通过非执行理事加强理事会力量，让薪酬委员会更加独立，将高管薪酬与绩效更加紧密地联系在一起，但是绩效仍在下降，高管薪水却在增长，这即可佐证上述观点。然而也有些人认为情况比较复杂，而且理事会通过其"意愿"或"技能"，能够运用专业性、信息源、网络和权威对经理人施加影响（Pettigrew & McNulty，1995）。

理事会/经理人之间关系的第二个问题是澄清各自的职责。如此，理事会应该关注治理，经理人关注管理；理事会应该负责战略，经理人负责执行和运营事宜。但是，划分这些职责并不总是件容易的事，因为双方通常是相互依存的；比如，经理人也需要战略性地思考，以及将战略性方案提交给理事会。另一方面，理事会要想有效地做出战略决定以及监督执行情况，也需要掌握一些运营问题。因此，一般性指南是有用的，但是预留有弹性空间，而且，定期再评估二者关系也是重要的。

理事会的角色和专业性

当我们考虑理事会在其关系管理中担负的不同角色时，情况会变得更加复杂。理事会涉及以下角色：监督者——确保资源运用与组织目标一致（与所有者和受益人相关）；指导者——在与经理人的伙伴关系中，提供战略引领；代表者——以一种民主/负责的方式，维护组织内不同利益相关方的利益；支持者——与管理外部关系、资源，依赖性和合法性相关。

这些角色基于理事会职能的不同视角，或许是对理事会内部、理事会与经理人之间在具体问题上每个角色的适当性的不同理解。而且，在某种程度上，这些不同视角之间可能存在张力（Cornforth，2003，2004）。

上述理事会担负的不同角色，以及全球化和去规制化深入背景下日益突出的治理重要性，都越来越强化遴选具备恰当技能和人脉的人才，以及强调对更高层次治理专业性的开发。治理改革还进一步突出了理事会成员责任。这种对理事会专业性的强调给理事会成员提出了越来越高的要求。而且第三部门组织的理事会中通常拥有无薪志愿成员，这可能限制理事会成员的潜在储备及其运用自身技能、时间开展日益复杂的理事会工作的意愿。

利益相关方/成员的关系（问责）

商业组织中，持股人是主要的利益相关方，要求董事会按其利益行事；但公共组织里，机构投资者（津贴基金、保险基金等）通常拥有充足的份额，可以对理事会以及理事会成员选举施加相当大的影响。在合作社和非营利组织中，情况则更加多样：合作社通常实行单一的利益相关方会员制（消费者、生产者和工人），而非营利组织可能拥有代表不同利益（社区、受益人和创始人等）的相关方。而且，许多非营利组织还拥有数量可观的成员。这也带来成员/利益相关方的问责问题，以及管理更加复杂、代表多元利益相关方的理事会问题。

会员制对于成员如何影响理事会，以及理事会如何在维持积极的会员制中发挥作用，提出了重要的治理挑战，特别是随着规模的扩大，处理这样的问题更加困难。但是，当会员制活跃时，通过替补理事会成员、提供资源来源、构建社会资本，以及提升问责水平，会员制可以成为一个相当大的优势。这适用于合作社和拥有众多会员的非营利组织。

目标结构（社会/金融的）

典型的商业组织拥有单一的基本利益相关方（持股人或所有者），追求投资回报，管理层对其负责，而第三部门中，会员制组织成员都是基本的利益相关方，这可以简化目标结构。但是，典型的第三部门组织既有社会目标，也有经济目标。拥有多元利益相关方治理结构的第三部门组织，除了各不相同的利益相关方利益之外，还具有更为复杂的经济和社会目标。这对于确定目标优先顺序，以及衡量组织绩效具有意义。

市场和规制框架

私人部门中，法人治理改革的一个恒定主题是对于加强法人掌控（兼并和收购）市场的需求，但是第三部门中，由于不同的原因，这更加困难。这涉及影响力（类似股权比例）集中上的困难、意识形态差异，以及法律/金融上的困难。法人掌控市场疲软，理事会和经理人绩效压力降低。

人们也越来越重视规制框架。一些国家强调自我规制，其他一些国家注重国家规制，而且，两种路径之间的适当平衡中存在重要问题。

（四）治理的主要理论视角

这一部分概述关于组织治理的主要理论视角，包括代理理论、管家理论、民主理论、利益相关方理论、资源依赖理论，以及经理人主导理论（Cornforth，2004）。

人们已经进行了一些有益尝试，将一些不同的治理理论进路集合在一起，在某种程度上阐释理事会和经理人面临的复杂局面。这种较为综合的进路，集合不同的理论视角，揭示理事会通常协商的不同张力，似乎既能提高对治理问题的理论认识，也能协助更好地设计治理体系的规范思考（Cornforth，2003，2004；Sundaramurthy & Lewis，2003）。孙达拉姆斯和李维斯（2003）认为，为了理解治理绩效，有必要开发一种融合控制视角（如代理理论）和协作视角（如管家理论）的进路。代理理论假定经理人和利益相关方具有不同的利益，理事会的主要角色是约束管理层的不符合利益相关方利益的机会主义行为。管家理论（Davis et al.，1997）假定利益相关方与经理人在推进组织目标实现上拥有共同利益，因而在绩效管理上也是一样的。这一进路的最早提法源于凯和西尔贝斯顿（1995），他们提出一种治理的受托人模式，管理层被视为资产的受托人。

孙达拉姆斯和李维斯（2003）还认为，设计治理体系时，过度依赖其中的一种视角，可以引发导致绩效低下的自强化机制，因此，这需要一种平衡。控制进路通过警戒和纪律，有助于抑制人为局限，而协作进路通过合作和授权，可以激发个人抱负。如果过分强调其中一种进路，群体思维或者不信任的风险可以加剧强化循环。然而，从更加综合的角度来看，容纳并平衡上述两种进路，能够提高学习和适应能力。

康福思（2003，2004）的观点对非营利部门做出了特别有影响力的贡献。

他认为，人们已经提出了各种相互竞争的理论，试图理解私人部门中董事会的角色。每种理论都提出一种不同的模型，提示董事会如何运作，以及谁应该担任董事会成员。下文简要探讨每一种理论的视角及相关模型，以及如何有效地拓展这些视角及模型，进而为非营利理事会应扮演的角色提供启示。表 2 总结了不同模型的主要特点。

代理理论——一种合规性模型

代理理论一直是关于法人的主导理论，指导着私人部门的法人治理改革（Keasey et al.，1997）。代理理论（Fama，1980；Ben-Ner & Van Hoomisseen，1994；Jensen & Meckling，1976；Hansmann，1996）假定创业组织的所有者与经理人（代理人）拥有不同的利益。因此，任何创业组织的所有者或持股人都会面临一个问题：经理人可能更倾向于按照自己的利益行动，而不是考虑所有者的利益。因此，除非进行督查，否则强势的经理人将运营组织。自由市场被视为制约经理人自主权的最好方法，代理理论则把法人治理安排视为另一种确保经理层按照持股人最佳利益行动的手段。这意味着董事会的大多数成员应该独立于管理层之外（强调非执行董事角色），他们的最主要角色是确保经理人的合规性，即监督管理层行为，如有必要，控制管理层行为，确保按照持股人最佳利益行动。这一模型可以拓展到非营利组织，而且同样暗示理事会的主要角色是确保经理人按照组织的最佳利益行事。

表 2　理事会运作的不同模型

理论	利益	理事会成员	理事会角色	模型
代理理论	组织与经理人拥有不同利益	非营利使命的守护人	一致性： • 捍卫“所有者”利益 • 监督管理层 • 确保守法合规	合规性模型
管家理论	组织与经理人拥有共同利益	“专家”	提升绩效： • 增加组织战略/顶层决策价值 • 伙伴/支持管理层	伙伴关系模型
民主理论	成员/公众拥有不同利益	“外行”代表	政治的： • 代表成员利益 • 制定政策 • 控制执行	民主模型

续表

理论	利益	理事会成员	理事会角色	模型
利益相关方理论	利益相关方拥有不同利益	利益相关方代表	政治的： • 平衡利益相关方需求 • 制定政策 • 控制管理层	利益相关方模型
资源依赖理论	利益相关方与组织拥有不同利益	影响关键利益相关方的人	跨界： • 保障资源 • 利益相关方关系 • 外部视角	吸纳模型
经理人主导理论	组织与经理人拥有不同利益	“重量级人士”	象征性的： • 批准决策 • 赋予合法性（经理人拥有真正的权力）	“橡皮图章”模型

资料来源：Cornforth，2003。

管家理论——一种伙伴关系模型

管家理论基于一种人际关系视角，提出的假定与代理理论相反（Muth & Donaldson，1998）。它假定经理人想做好本职工作，同时也会像一个组织资源的有效管家一样行事。结果是，组织里的高级管理层被视为理事会较好的伙伴。因此，理事会的主要职能不是确保经理人合规性或一致性，而是与管理层合作，提升组织绩效。理事会的基本角色是战略性的：增加顶层决策价值。在这样的背景下，管理层的理念和实践会被应用到治理上，这不足为奇。根据这一视角，理事会成员会基于专业性和人脉被选出，从而处于能够为组织决策增加价值的位置上；理事会和经理人会获得恰当的导引和培训：他们会知道如何有效地运营一个团队，等等。类似的理念在关于理事会“如何做”的文献中很常见。

民主理论——一种民主模型

民主理念和实践一直处于思考公共机构治理、会员式协会治理的中心位置。民主政府是西方社会中的一个中枢机构。关键性理念和实践包括：基于一人一票的公开选举；多元主义，即代表们代表着不同利益；对选民负责；划分制定政策的选出成员与执行政策决定的行政人员。许多这类理念都体现在公共机构和非营利会员式协会治理的支撑性原则之中。

就治理而言，民主理论主张理事会的职责在于代表组织成员的利益。理事会担负的职责是平衡不同群体的利益，或在不同利益中做出选择，设置随后可由全体成员执行的整体政策。这一观点的核心是关于外行或非专业理事会的理念，即：任何成员都可以举荐他/她自己选任理事会成员。如果是在上述理事会伙伴关系模型中讨论，专业性则不是一个核心要求。

利益相关方理论——一种利益相关方模型

利益相关方理论基于的假定是：组织应该对社会中的一系列群体（或利益相关方）负责，而不仅是对组织的所有者或成员负责（Hutton，1997）。通过将不同利益相关方吸收到理事会中，组织或许更有望回应更广泛的社会利益，而不是仅回应范围有限的单一群体利益。这赋予了理事会一种政治角色，即：对不同利益相关群体之间的潜在利益冲突进行协商和调解，从而为组织确定目标，制定政策。这也引发了一个问题：除了成员之外，其他重要的利益相关方的利益应该如何被代表?

资源依赖理论——一种吸纳模型

资源依赖理论认为组织与环境相互依存（Pfeffer & Salancik，1978）。组织赖以生存的关键是从其他组织和行为体处获取资源。于是，它们需要寻找管理这种依赖性的方式，确保获取所需的资源和信息。根据这一视角，通过在组织之间创建比如连锁理事（interlocking directorates）般的有影响的人脉，理事会被视为一种减少不确定性的手段。理事会的主要职责是与关键外部利益相关方维持良好关系，确保组织资源流进出，帮助组织回应外部变迁。选择理事会成员是出于他们能给组织带来重要的外部人脉和知识，以及努力吸纳潜在的外部威胁。

经理人主导理论——一种“橡皮图章”模型

经理人主导理论的相关论题是：尽管持股人法律上拥有和控制着大型法人机构，但是实际上不再控制，实际控制权已经让与新的专业经理人阶层（Berle & Means，1932）。从这一视角看，理事会之于管理层决策而言，最多是个“橡皮图章”。理事会的职能本质上只是象征性的——使管理层行动合法化。尽管这一理论是由大型商业法人在研究中创立的，但是其中许多的流程似乎恰好与公共和非营利组织相关：比如，管理层的日益增长和专业化。这也引发了这样的问题：到底怎样做才能确保非营利组织理事会能够实施和施加真正所需的权力和影响力呢?

（五）消弭悖论与张力的进路

这些不同理论，单独而言是相当单维度的，仅能阐释理事会工作的某个特定方面。这要求建立一种新的概念框架，整合这些不同视角的洞见（Hung, 1998; Tricker, 2000）。一个悖论的角度提供一个有希望的进路，对于这一新的概念框架而言，可以吸收每种模型提供的洞见，而不必从中做出选择（Cornforth, 2003）。这些理论视角结合在一起，有助于阐明理事会面临的一些悖论和张力。而且，理事会能在多大程度上管理这些张力，是理事会能否成功的关键之一。对于谁应该任职于理事会，不同的模型具有不同的启发。伙伴关系模型与民主模型之间的对比是最清晰的。伙伴关系模型强调理事会成员应具备专业性和经验，能够为组织绩效增加价值。该模型的启示是选择理事会成员应依据专业性和技能。与此相反的是，民主模型强调理事会成员是外行代表，服务于所代表的成员。其他模型提示选择理事会成员应依据他们的人脉和经验，或者根据他们所代表的利益相关方利益。

不同的治理视角对理事会主要角色的侧重点也不相同。代理视角和管家视角之间的反差是最明显的——前者强调监督和控制，确保经理人按照组织最佳利益行事，也倾向于风险规避；管家模型则强调伙伴关系，从而增加组织战略和顶层决策价值。这需要前瞻性，理解组织及其环境，或许还需要更强的冒险意愿。因此，融合这些角色会给理事会造成巨大的张力，因为它们对理事会成员提出非常不同的行为要求，同时对理事会成员的态度也不同。

代理视角和民主视角强调理事会监督和控制经理人（高管）工作的重要性。与之相反的是，管家理论强调理事会的角色是管理层的伙伴，从而提升高级管理层决策的价值。既要控制高级管理层，又要是管理层决策的支持者和其伙伴，可能是理事会成员角色冲突和张力的源头之一。而且，理事会成员将其角色定义为管理层的“诤友”，他们发现这种方式是有用的。

理事会成员对谁负责也可能存在张力。不同的治理模型，问责的侧重不同，理事会对谁负责也不同。利益相关方视角提示可能存在一系列利益相关方，对于组织做什么，以及能以何种方式问责，拥有一种正当的利益。理事会成员可以体验到张力，因为他们感觉到不只是对某一群体负责，或者不清楚应该对谁负责，抑或在应该对谁负责上存有异议。

三　社会企业的起源和转型

这一部分基于一种路径依赖视角，尽管一些社会企业是新成立的，但是许多都处在转型中，受到起源和环境因素（如市场）的塑造。因此，这一部分结合不同发展模式，对社会企业的混合性及其各类治理问题进行探讨。

一种社会企业的界定方式，是视之为第三部门中更具开拓性的部分，而第三部门中诸如非营利组织、社区组织、慈善团体以及合作社或其他互助型组织，都不是公共和私人部门的一部分。而且，这些组织正越来越多地参与商业活动（营收数额是一个组织是否划分为社会企业的依据，尽管一般性经验法则是全部收入的50%，但是仍然可以开放讨论）。

由于社会企业领域处于一种萌芽和被认可的状态，新的混合形式在成长，各种转型突出。社会企业的起源无论是对治理结构的构建和发展方式，还是对出现的问题类型，都具有巨大的影响。因此，根据起源及选择路径，可以对社会企业进行区分。社会企业的产生路径有四种：互助主义组织孕育，由现有慈善或非营利组织产生，公共部门衍生，以及社会创业家草创。

合作社或互助社是最古老的社会企业形式之一。它们是贸易组织，成立目的是让组织成员受益，这些人通常被认为在某些方面处于劣势，不是利益相关方。依据合作社想要满足的需求，可以划分出许多不同类型，比如消费者合作社、工人合作社、住房合作社或者信用合作社。合作社的一个关键特征在于是会员制组织，也就是说，在“一人一票”基础上，通过会员制拥有和民主控制合作社，这对于合作社治理具有重要的意义。

另外一类社会企业产生于现有的慈善或非营利组织之中，这些组织除诸如募捐和捐赠等更传统的筹资方式外，选择开展贸易活动为它们的主要活动筹集资金。在英国，贸易不是慈善使命的中心目标，却是筹资活动的最主要手段，慈善机构需要建立一个独立的分支机构开展贸易活动。

有些社会企业产生于公共部门活动之中。比如，休闲信托，是从地方当局中衍生出的一种独立创业组织，运营地方当局之前运营的运动中心和游泳池等休闲服务。再比如，健康和社会关怀领域中，建立社会企业是新的公共服务供给方式。

还有些社会企业是由社会创业家草创的，目的是处理特定的社会问题，比如，“大问题（Big Issue）”支持无家可归者，或者杰米·奥利维亚（Jamie Olivier）宾馆“15（Fifteen）”为青年弱势群体提供机会。有些社会企业是从新的社会运动中诞生的，例如公平贸易，在这些社会企业中，非营利/社团结构被视为开展经济活动最适当的工具。

实践中，这意味着社会企业之间以及社会企业部门与其他部门之间的边界非常模糊，而且社会企业可以拥有多元身份。比如，一个社会企业可以是一个慈善机构或一个合作社；它可以与商业部门或公共部门保持密切联系。社会企业还可以根据处理问题和提供服务确认自己的身份，对自己进行归类。比如，英国建有为在劳动力市场中处于弱势的人提供就业机会的“社会事务所”，或者致力于建设成功地方社区的发展信托。

（一）影响治理的其他因素

客户群提供了另外一个维度，这经常用于区分不同类型的社会企业。比如，社会事务所，把目标锁定为心理健康和学习障碍群体，如今已扩展到一般性缺陷群体；发展信托，聚焦弱势社区；公平贸易，定位为第三世界生产者。这些组织，每一个都与贸易慈善团体具有高度的相似性（而且频繁采用这种法律形式）。这种客户群维度，对于用户参与、用户理事会成员利益冲突，以及理事会技能，都具有特殊意义。

规模影响正式程度、经理人理念、专业化水平以及成员关系：建立一个价值5000万英镑的新组织与建立一个小型社会企业相比，必然需要一种完全不同的治理结构进路。发展初期，小型社会企业的治理结构不可避免地非常不正式；事实上，这可能是开发一个凝聚紧密、会员有限的群体的动机和承诺中所蕴含的重要因素。但是这种群体可能也会发现很难在治理结构选择上获取博识的建议，限制了对可获得选项的仔细探索。

服务的市场类型或获取的主要资源同样也可以对治理产生影响：比如，公共部门合同、消费者市场（如公平贸易）、补贴——或者这几项混合在一起（Spear & Hulgård, 2006）。对治理的影响主要与风险有关。通常认为，公共部门的合同及补贴条件是非常苛刻的，而且受突发政策转变制约。当贸易发生于公共部门时，规制水平是一个重要因素；公共问责和透明度问题可以通过严格的合同程序加以落实；同时，还可能存在特殊要求，比如健康类社会企业要达到用户参与和临床诊治标准。这可能对在这一准市场中进行贸易的社会企业造成更大的治理负担。

（二）社会企业的治理议题

尽管社会企业是多种多样的，但是，伴随着社会企业发展的不同起源和路径、与不同类型相关的具体议题，也出现了一些一般性治理议题（Spear et al.，2008）。这一部分总结这些一般性治理议题，以及与不同类型相关的具体性治理议题。

收入水平（通过合同或消费者市场）不断提高，正对无论是否给自己贴社会企业标签的第三部门组织提出巨大挑战。严格成本驱动的承包机制与消除商业投机的政策转变相叠加，则给小型社会企业带来特别不确定的风险。政策框架改变市场的两个实例是：信用合作社通过英国政府增长基金已经挤进金融排斥市场，以及弗洛伊德（2007）报告倡导以工代赈（工作整合）的社会企业采用对市场具有巨大潜在影响的大型区域性合同。

以下是英国实证研究中出现的社会企业一般性治理议题（Spear et al.，2008）。

- 尽管许多第三部门组织通常乐于创新它们的服务，但是它们并没有能力辨识和管理新的开拓性风险。面临从筹资到承包机制的变革，经理人比理事会更适合调整，但是，不断转换的文化和实践，对于许多组织来说，仍然是一种挑战。除非极大地提升善治能力，否则第三部门的名誉风险可能转化为重大的名誉损害，这并不是夸张。

- 管理这类风险的治理还涉及开发适当的选项，控制相互联结的开拓性结构，比如慈善团体通过贸易分支直接开展贸易活动。

- 选择和开发适当的开拓性活动治理结构复杂而困难，这一开始即需要好的建议，否则，糟糕的决定会反过来影响治理结构。一些结构中，理事会实质上管理着自身更新，问责体系明显很脆弱，或者完全不存在。

- 满足于绩效低下，意识不到理事会无力进行有效治理，特别是在开拓性风险上，通常的做法是通过过度谨慎的程序规避风险。

- 理事会遴选："遴选或选举"具备适当技能和经验者问题——可供选择的人似乎有限，但是急需这样的人才，而且涉及几个理事会。理事会寻找适当的人选通常费尽波折，特别是在弱势群体中；这往往导致缺乏理事会所需的对专门知识的战略评估/审计。通常缺乏的专门知识领域有：金融、商业和战略技能。小微型组织尤其如此。

- 会员制造出第二部分提及的特定治理挑战；也存在与自选式理事会关联的不同（问责）问题。

• 管理社会目标和商业目标之间的张力存在问题，一些社会企业可能过于聚焦商业目标，以社会目标为代价，或者反之过于聚焦社会目标，以建立强大的商业为代价。使命和价值也涉及如何完成事项，而且使命可以发生“漂移”。

• 社会企业通常处于创新和新专营市场（如公平贸易、资源回收、工作整合）开发前沿；这种初创社会企业通常是由坚守价值取向的人驱动的，他们发现治理是件苦差事；但是，增长带来至关重要的治理问题，并为构建业务带来更长期的考虑。

• 管理不同利益相关方的需求存在问题，这些需求通常是竞争性的——特别是在公共服务承包方面，而且涉及多元利益相关方理事会。

• 理事会/职员的角色有时不够清晰，特别是在一些小微型组织中，而且，通常情况下，发动职员支持理事会有效发挥职能是无法实现的。

• 提升治理水平可能是非常苛刻的，原因是，培训资源有限，理事会时间宝贵，以及理事会成员有时不适合对开拓性活动要求更严苛的机制——理事会进行批量式重新遴选，可能是一个不得人心的选择。

• 创业者推动治理水平提升的悖论：优秀的经理人意识到创业者是许多组织里最强力的人物，包括社会企业在内，但是，经理人也意识到理事会需要详细核查，而且如有必要的话，需要挑战理事会战略；而不太出色的经理人仅仅想与理事会维持良好的关系，这样最起码他们的战略和经营决策受到干扰的程度会降到最低。尽管提升治理水平存在风险，但是优秀的经理人是提升治理水平的重要驱动力。

• 围绕创业者/创始人对理事会的影响，以及组织如何管理发展中向专业管理和治理的转型，都可能存在相当大的挑战。规模问题也同样重要，特别是在发展初期（例如，社区合作社创始人在早期生命周期中，可以担负发展工人、创业者和受托人的角色，乡村商店也是如此）。随着社会企业数量增长和成功发展，可能出现一些更独特的治理角色规范化。因此，不管何种形式的小微型组织，都可能具有一些非常相似的治理需求——强调解决这些问题的灵活性。

下面是社会企业具体性治理议题。

社会企业领域是一个相对新的领域，随着市场的扩大，开展了越来越多的活动。“转型”是当前不同类型社会企业从创建以来开拓性活动模式的共有特征。

小商业起源的社会企业

- 进入社会企业领域的商人并不总是能意识到透明度和问责的必要性；他们的兴趣主要源于公共承包商/资助者的压力及其对治理充分性的关注。

小微型/非正式组织

- 小微型社会企业中，治理、管理和运营问题之间的界限可能非常模糊。现有指导建议和支持材料并不那么适合这些组织。

会员型组织

- 这一类社会企业通常更乐于涉足开拓性风险，但是吸引适当技能者任职于理事会往往存在问题；这些人之所以加入理事会是因为对“事业”感兴趣，而不是对治理感兴趣。
- 选举过程特别要求理事会成员从会员中选择，这可能意味着理事会没有“适当”的技能组合（FEA, 2007）。
- 维持会员的参与性和忠诚度可能存在问题，特别是组织成长和更加专业化的时候。
- 当职员在理事会中（如工人合作社）突出时，管理冲突会更加麻烦。

慈善起源的社会企业

第三部门这一部分的治理水平提升，具有充分的证据。但是，尽管有许多慈善团体成功参与开拓性投资或政府分包合同的重要案例，特别是较大规模的慈善团体，但对于许多中小型组织来说，仍然存在相当大的挑战。

- 一个重要的问题是，为贸易构建适当的治理结构——慈善团体之内，而且在许多情况下，社会企业拥有多元化组织配置：例如，慈善团体及其下设贸易分支机构，以及不太常见的内部交易网络和集群。
- 源于一种“慈善”文化的转换也是一个问题，这可能是从一种更喜欢项目式的心态转向一种更具开拓性的心态；理事会成员可能并没有做好商业化的充分准备；他们可能缺乏可持续性商业模式，经常规避风险；一些受托人可能非常关心法律义务与责任，甚至“鸵鸟政策”也不是鲜为人知的。
- 管理商业风险不仅是理事会的问题，也是职员的问题，治理进路过于谨慎，可能导致过度治理和过度程序，从而妨碍开拓性活动。
- 收入流不断发展可能导致使命“漂移”，理事会没有充分意识到“喧宾夺主”而去保护价值和愿景。

• 合同分包可能存在巨大风险，比如，克服实现全成本回收的困难，过度依赖单一或少数几个资助来源。有时会有这样一种感觉，即承包方从金融上利用了慈善团体的利他价值。

公共部门的衍生组织

• 新型公共服务市场发展可能给社会企业适当的治理安排和结构造成巨大的不确定性。在市场建设阶段，这一不确定性可能因以下因素而加剧，涉及客服专员做法变化、规制性要求，以及养老权益和聘用期限带来的人员调转困难。对于许多社会企业而言，确立合法性和市场地位特别具有挑战性。一些较大的社会企业已成立备受瞩目的理事会，实践证明这在获取合法性和运营商业上是有效的。有些社会企业拥有涉及用户的多元利益相关方理事会，另外有些社会企业则由职员和经理人控制。

• 一个关键性挑战是发展理事会应对市场挑战和文化变革——转变官僚性流程和结构，重新配置并平衡强大的利益，比如贸易联合会、临床医生、经理人与用户之间的利益。

• 管理多元利益相关方理事会——挑战是从“代表症候群”（各部分利益代表）转换成作为一个团队的理事会，职员/经理人理事会成员容易占主导地位，对于主要创始人成为理事会成员存在不同的看法。

• 开发适当的机制，让用户参与摆在优先位置，但是，众所周知，难以实现；职员参与更容易些，但仍是一个挑战（特别是在组织的较低层次），需要遴选和就职支持政策。

• 管理者与主要资助者的承包关系可能具有挑战性，特别是在金融方面——一年筹资周期和减少开支的压力——而这必须落实公共问责和增加透明度。

四　结论

本文讨论了社会企业一般性采用的不同治理结构、理事会可以担负的不同角色，提出了一种基于起源、简单的社会企业类型学，而且探讨了一些不同类型社会企业面临的常见治理挑战。这进一步详细阐述了欧洲社会企业研究网络描述的一个社会企业特征，即：参与式治理，由社会企业相关方决策。显然，会员式协会是高度参与式的，拥有民主选举出的理事会；混合式治理结构组织通过比如提名的方式，也可以赋予一些成员和其他利益相关方理事会代表资格。然而，自选式理事会组织可能没有成员或利益相关方参与，这提出了问责问题。

本文还简要讨论了理事会中多元利益相关方的代表资格，这或许既有积极的一面，也有消极的一面。一般情况下，许多社会企业的治理挑战与非营利组织的治理挑战相似，但是，开拓性精神以及管理商业、金融机遇与风险，也给社会企业带来了独特方面。这些独特性包括：寻找和开发拥有必备商业、金融和开拓性技能与经验的理事会成员；确立适当的法律和治理结构，让社会使命融入开拓性活动之中；管理（不断增加的）多元利益相关方治理体系中各种利益相关方利益；平衡组织的商业决策与社会使命；在小型和成长型社会企业中，开发理事会角色并使之专业化。

本文另外一个重要贡献是，基于社会企业的起源和发展路径，提出了一个新的社会企业路径依赖视角，这一路径指向一种新的混合式模式。其中，社会企业主要有以下四个起源：互助主义组织（如合作社和信用社，为满足自己需要成立），贸易慈善机构（慈善团体为拓展收益而设立的创业组织），公共部门衍生组织（如为承担公共机构之前服务而组建的创业组织），以及新成立的社会企业（新的业务形态，由社会创业家草创，或者源于新社会运动，如公平贸易）。这些社会企业的不同起源和发展路径，无论是对于治理结构发展，还是对于面临的挑战，都可能产生某种重要影响。比如，慈善团体开展商业活动通常需要建立贸易分支机构，还需要维持和管理一种多层次的治理结构。公共部门衍生组织则面临着职员流转以及建立新的治理和管理结构的问题。而且，这两种类型都面临着开发一种更具开拓性和商业取向的文化的挑战。

参考文献

ACEVO, et al. (2005), *Good Governance: A Code for the Voluntary and Community Sector*, NCVO, London.

Ben-Ner, A. & Van Hoomissen, T. (1994), "The Governance of Nonprofit Organizations: Law and Public Policy", *Nonprofit Management and Leadership* 4, p. 4.

Berle, A. & Means, G. (1932), *The Modern Corporation and Private Property*, New

York: Macmilan.

Charity Commission (2012), *Users on Board: Beneficiaries Who Become Trustees* (CC24), London, www. charitycommission. gov. uk/publications/cc24. aspx.

Co-Operatives UK. (2005), *Code of Best Practice for Consumer Co-operative Societies*, May, www. co-operatives-uk. coop/live/welcome. asp? id = 327.

Cornforth, C. ed. (2003), *The Governance of Public and Nonprofit Organizations: What Do Boards Do?*, London: Routledge.

Cornforth, C. (2004), "The Governance of Co-Operatives and Mutual Associations: A Paradox Perspective", *Annals of Public and Co-Operative Economics* 75 (1), pp. 11 - 32.

Davis, J. H., Schoorman, F. D. and Donaldson, L. (1997), "Towards a Stewardship Theory of Management", *Academy of Management Review* 22, pp. 20 - 47.

DTI (2002), *Social Enterprise: A Strategy for Success*, London: Department for Trade and Industry.

Fama, E. (1980), "Agency Problem and the Theory of the Film", *Journal of Political Economy* 88, pp. 288 - 307.

Freud, D. (2007), *Reducing Dependency, Increasing Opportunity: Options for the Future of Welfare to Work*, An independent report to the Department for Work and Pensions, Leeds: HMSO.

FEA. (2007), *Corporate Governance in Credit Unions: Key Findings Report*, www. foa. gov. uk/pages/Doing/small_firms/unions/pdf/corporate_kfr.

Greer, A., Hogget, P. and Maile, S. (2003), " Are Quasi-Governmental Organizations Effective and Accountable?", in Cornforth, C. ed., *The Governance of Public and Nonprofit Organizations: What Do Boards Do?*, London: Routledge.

Hansmann, H. (1996), *The Ownership of Enterprise*, Cambridge, MA: Bellknapp.

Hung, H. (1998), "A Typology or Theories of the Roles of Governing Boards", *Corporate Governance* 6 (2), pp. 101 - 111.

Hutton, W. (1997), *Stakeholding and Its Critics*, *Choice in Welfare*, Paper 36, The Institute of Economic Affairs.

Jensen, M. & Meckling, W. (1976), "Theory of the Film", *Journal of Financial Economics* 3, pp. 305 - 360.

Kay, J. & Silberston, A. (1995), "Corporate Governance", *National Institute Economic Review* 153, pp. 84 - 98.

Keasey, K., Thompson, S. and Wright, M. (1997), "The Corporate Governance Problem-Competing Diagnoses and Solutions", *Corporate Governance Economic and Financial Issues*, Oxford University Press.

Muth, M. M. & Donaldson, L. (1998), "Stewardship Theory and Board Structure: A Contingency Approach", *Corporate Governance* 6 (1), pp. 5 - 28.

Pettigrew, A. & McNulty, T. (1995), "Power and Influence in and around the Boardroom", *Human Relations* 48 (8), pp. 845 - 873.

Pfeffer, J. & Salancik, G. R. (1978), *The External Control of Organizations: A Resource Dependence Perspective*, New York: Harper & Row.

Spear, R. (2004), "Governance in Democratic Member Based Organizations", *Special Issue of Annals of Public and Cooperative Economics: Governance in the Social Economy*, pp. 33 - 60.

Spear, R. & Hulgård, L. (2006), "Social Entrepreneurship and the Mobilization of Social Capital in European Social Enterprises", in Nyssens, M. ed., *Social Enterprise, Public Policy and Civil Society*, London: Routledge.

Spear, R., Cornforth, C. and Aiken, M. (2008), *For Love and Money: Governance and Social Enterprise*, London: Governance Hub, National Council for Voluntary Organizations, available from http: /oro. open. ac. uk/view/person/cjc9. html (accessed on 27/1/14).

Sundaramurthy, C. & Lewis, M. (2003), "Control and Collaboration: Paradoxes of Governance", *Academy of Management Review* 28, pp. 3, 307 - 315.

Tricker, B. (2000), "Editorial-Corporate Governance—The Subject Whose Time Has Come", *Corporate Governance* 8 (4), pp. 289 - 296.

Major Perspectives on Governance of Social Enterprise: A Participatory Conceptual Framework

Authored by Roger Spear, Chris Cornforth, Mike Aiker, Translated by You Fei

[**Abstract**] A social enterprise refers to an organized form that uses entrepreneurial business approach to achieve social or environmental purpose, which is both a potential public service provider and an important tool for social innovation. In the context for governance reforms in private, public and third sector, a comprehensive understanding and recognizing of the governance challenges and accountability issues faced by social enterprises can improve the level of social enterprise's governance practices and policies, and provide basic support to explore and analyze the nature and characteristics of social enterprises. The broad social enterprise's governance typology is a conceptual framework pointing to participatory governance based on the system of board reproduction, involving three types of self-electing board, membership association and hybrid structure, in which the board can play four roles: supervisor, director, representative or supporter. Social enterprises can be seen as emerging from four main origins: mutualism, trading charities, public sector spin-offs and new-start social enterprises, hybridity or multi-organizational configurations is an important character of social enterprises, and integrating diverse stakeholder interests as well as developing more entrepreneurial and business-oriented culture has been becoming a common governance challenge faced by social enterprises for normalization and development.

[**Keywords**] Social Enterprise; Governance; Participatory; Hybridity; The Third Sector

编辑手记

本卷以“慈善文化”为主题，继上一卷马昕女士提出慈善的道德价值和文化基础命题后，本卷收录了五篇关于慈善文化的主题文章。其中本刊副主编马剑银副教授从慈善话语的角度系统梳理了中西方慈善的文化源流，从两希文明、基督教传统到英美百年现代慈善，从中国传统文化中的儒、墨二家到近代的慈善转型和当代慈善与现代性的融合，作者精炼而清晰地呈现了慈善文化的发展谱系；史迈、安姗姗两位作者则基于对中国和世界其他国家慈善样态的观察及背后慈善文化的理解，提出了一个超越市民社会、第三部门等西方理论基础的国别慈善样态描述框架，这一尝试对于文明互动中的去西方中心化和反观中国特色慈善事业发展的文化基础非常有意义；王宁博士则着重分析了中国慈善文化中非常重要且非常有特色的“公共善”和爱国思想；武幺、赵瑞芳、隋胜杰三位侧重探讨了我国儒商慈善观的发展脉络，这在我国企业家财富快速积累、财富传承成为重要议题的当下尤其具有启发意义；最后郭素博士以洛克菲勒基金会为例，管窥了美国家族慈善的文化基础与发展脉络。过去一两年来，慈善文化成为国内学界乃至行业讨论的热门话题，这反映了中国公益慈善事业的文化和理论自觉，我们相信相关讨论仍将持续相当长的一段时间。

除了上述主题文章外，本卷收录了三篇专稿。王名老师和张祺好博士的这篇《商会论纲》在中外比较的视野下，对商会的性质、组织形态、公共性、商会治理等重要问题进行了系统论述，视野开阔，结论清晰；另外两篇专稿则分别针对互联网公益和儿童公益这两个热点议题进行了综述，对相关研究和实践议程进行了展望。《中国非营利评论》的专稿主要为面向知名学者就重要话题的约稿，其他学者针对重要研究或实践议题而写作的宏观综述性、展望性文章也可以专稿形式推出。

在论文部分，我们选入了几篇有特色的文章。其中王华凤、施从美两位的文章通过个案研究尝试从话语权的独特视角探讨社会服务机构的成长过程及这一过程中的政社关系变迁；林顺浩对二十年来社会组织相关政策文件的联合发文主体进行了社会网络分析，得出了对中国社会组织管理体制及其变迁特征的洞见；郑南、刘树禄的文章基于对日本大阪 NPO 中心的详细描述，探讨了支持型组织的社会企业模式及其对地方社会公共性生成的价值。另外两篇文章是从上一期抗疫专题征稿中留下来的，其中一篇探讨了公共危机中的志愿服务演变机理，另外一篇则从现代社会的不确定性、复杂性特征的宏大视野出发，结合新冠肺炎疫情应对案例探讨了公共危机治理中慈善组织的角色。

今年 4 月，新一版中文社会科学引文索引 CSSCI（2021—2022）再次收录本刊，感谢《中国非营利评论》的作者及读者对本刊的大力支持。同时，作为一个相对细分领域的刊物，我们也有很强的危机感。过去几年来，主流公共管理期刊也极大地关注社会组织政策、政社关系相关研究，很多非营利组织相关学术论文投向这些主流期刊。好在中国非营利组织的发展也到了从关注制度环境到关注非营利组织本身的阶段，非营利组织在治理结构、领导力、项目管理、筹款、投资等方面的问题也开始受到研究者关注。欢迎更多同人的关于非营利组织管理、非营利领导力、慈善与志愿行为、慈善文化等组织或个体行为层面的文章，《中国非营利评论》始终是我们这个细分领域学术共同体的自留地！

最后，我们第二十七卷由新的合作伙伴深圳市文和至雅公益基金会支持出版。我们首先要感谢增爱公益基金会从 2007 年创刊起历时 14 年的长期陪伴，这 14 年见证了中国公益慈善事业和非营利组织的勃兴，也见证了相关研究从边缘进入主流。同时我们非常感谢文和至雅公益基金会的慷慨加入，能够有一家新基金会大力投入行业基础设施建设——尤其知识生产是公益慈善学者群体的幸事！我们也将以此作为契机和新的开端，在数字时代提高审稿效率，拓展传播途径，把《中国非营利评论》办得更好，让更多人读到《中国非营利评论》作者们的文章！

本刊编辑部

2021 年 6 月

稿　约

1.《中国非营利评论》是有关中国非营利事业和社会组织研究的专业学术出版物，分为中文刊和英文刊，均为每年出版两卷。《中国非营利评论》秉持学术宗旨，采用专家匿名审稿制度，评审标准仅以学术价值为依据，鼓励创新。

2.《中国非营利评论》设“论文”“案例”“研究参考”“书评”“观察与思考”等栏目，刊登多种体裁的学术作品。

3. 根据国内外权威学术刊物的惯例，《中国非营利评论》要求来稿必须符合学术规范，在理论上有所创新，或在资料的收集和分析上有所贡献；书评以评论为主，其中所涉及的著作内容简介不超过全文篇幅的1/4，所选著作以近年出版的本领域重要著作为佳。

4. 来稿切勿一稿数投。因经费和人力有限，恕不退稿，投稿一个月内作者会收到评审意见。

5. 来稿须为作者本人的研究成果。作者应保证对其作品具有著作权并不侵犯其他个人或组织的著作权。译作者应保证译本未侵犯原作者或出版者的任何可能的权利，并在可能的损害产生时自行承担损害赔偿责任。

6.《中国非营利评论》热诚欢迎国内外学者将已经出版的论著赠予本刊编辑部，备“书评”栏目之用，营造健康、前沿的学术研讨氛围。

7.《中国非营利评论》英文刊（*The China Nonprofit Review*）是Brill出版集团在全球出版发行的标准国际刊号期刊，已被收录入ESCI（Emerging Sources

Citation Index)。英文刊接受英文投稿，经由独立匿名评审后采用；同时精选中文刊的部分文章，经作者同意后由编辑部组织翻译采用。

8. 作者投稿时，电子稿件请发至：chinanporev@163.com（中文投稿），nporeviewe@gmail.com（英文投稿）。

9.《中国非营利评论》鼓励学术创新、探讨和争鸣，所刊文章不代表本刊编辑部立场，未经授权，不得转载、翻译。

10.《中国非营利评论》已被中国期刊网、中文科技期刊网、万方数据库、龙源期刊网等收录，为适应我国信息化建设的需要，实现刊物编辑和出版工作的网络化，扩大本刊与作者知识信息交流渠道，在本刊公开发表的作品，视同为作者同意通过本刊将其作品上传至上述网站。作者如不同意作品被收录，请在来稿时向本刊声明。但在本刊所发文章的观点均属作者个人观点，不代表本刊立场。本声明最终解释权归《中国非营利评论》编辑部所有。

由于经费所限，本刊不向作者支付稿酬，文章一经刊出，编辑部向作者寄赠当期刊物2本。

来稿体例

1. 各栏目内容和字数要求：

“论文”栏目发表中国非营利和社会组织领域的原创性研究，字数以8000～20000字为宜。

“案例”栏目刊登对非营利和社会组织实际运行的描述与分析性案例报告，字数以5000～15000字为宜。案例须包括以下内容：事实介绍、理论框架、运用理论框架对事实的分析。有关事实内容，要求准确具体。

“研究参考”栏目刊登国内外关于非营利相关主题的研究现状和前沿介绍、文献综述、学术信息等，字数为5000～15000字。

“书评”栏目评介重要的非营利研究著作，以5000～10000字为宜。

“观察与思考”栏目刊发非营利研究的随思随感、锐评杂论、会议与事件的评述等，字数以3000～8000字为宜。

2. 稿件第一页应包括如下信息：（1）文章标题；（2）作者姓名、单位、通信地址、邮编、电话与电子邮箱。

3. 稿件第二页应提供以下信息：（1）文章中、英文标题；（2）不超过400字的中文摘要；（3）2～5个中文关键词。书评、随笔无须提供中文摘要和关键词。

4. 稿件正文内各级标题按“一”“（一）”“1.”“（1）”的层次设置，其中“1.”以下（不包括“1.”）层次标题不单占行，与正文连排。

5. 各类表、图等，均分别用阿拉伯数字连续编号，并注明图、表名称；图编号及名称置于图下端，表编号及名称置于表上端。

6. 本刊刊用的文稿，采用国际社会科学界通用的“页内注 + 参考文献”方式。

基本要求：说明性注释采用当页脚注形式。注释序号用①②③……标识，每页单独排序。文献引用采用页内注，基本格式为年份制（**作者，年份：页码**），外国人名在页内注中只出现姓（容易混淆者除外），主编、编著、编译等字眼，译文作者、国别等字眼都无须在页内注里出现，但这些都必须在参考文献中注明。

文末列明相应参考文献，参考文献中外文分列（英、法、德等西语可并列，日语、俄语等应分列）。中文参考文献按照作者姓氏汉语拼音音序排列，外文参考文献按照作者姓氏首字母排序。基本格式为：

作者（书出版年份）：《书名》（版次），译者，卷数，出版地：出版社。

作者（文章发表年份）：《文章名》，《所刊载书刊名》，期数，刊载页码。

author（year）, *book name*, edn., trans., Vol., place: press name.

author（year）, “article name”, Vol.（No.）*journal name*, pages.

图书在版编目(CIP)数据

中国非营利评论. 第二十七卷, 2021. No.1 / 王名主编. -- 北京 : 社会科学文献出版社, 2021.7

ISBN 978-7-5201-8525-7

Ⅰ. ①中… Ⅱ. ①王… Ⅲ. ①社会团体-中国-文集
Ⅳ. ①C232-53

中国版本图书馆 CIP 数据核字(2021)第 114611 号

中国非营利评论(第二十七卷)

主　　办 / 清华大学公益慈善研究院
　　　　　明德公益研究中心
主　　编 / 王　名

出 版 人 / 王利民
组稿编辑 / 刘骁军
责任编辑 / 易　卉
文稿编辑 / 侯婧怡

出　　版 / 社会科学文献出版社 · 集刊分社 (010) 59367161
　　　　　地址: 北京市北三环中路甲 29 号院华龙大厦　邮编: 100029
　　　　　网址: www.ssap.com.cn
发　　行 / 市场营销中心 (010) 59367081　59367083
印　　装 / 三河市龙林印务有限公司

规　　格 / 开　本: 787mm × 1092mm　1/16
　　　　　印　张: 19.75　字　数: 330 千字
版　　次 / 2021 年 7 月第 1 版　2021 年 7 月第 1 次印刷
书　　号 / ISBN 978-7-5201-8525-7
定　　价 / 98.00 元

本书如有印装质量问题, 请与读者服务中心 (010-59367028) 联系

版权所有 翻印必究